卓有成效的

企业量化管理

科学化管理
构建企业量化管理体系

王磊

夸克书院 ◎ 著

中国铁道出版社有限公司
CHINA RAILWAY PUBLISHING HOUSE CO., LTD.

图书在版编目（CIP）数据

卓有成效的企业量化管理 / 王磊，夸克书院著 .— 北京：
中国铁道出版社有限公司，2023.5
ISBN 978-7-113-29131-0

Ⅰ.①卓… Ⅱ.①王… ②夸… Ⅲ.①企业管理 – 研究
Ⅳ .① F272

中国版本图书馆CIP数据核字（2022）第081577号

书　　名：**卓有成效的企业量化管理**
　　　　　ZHUOYOU–CHENGXIAO DE QIYE LIANGHUA GUANLI
作　　者：王　磊　夸克书院

特约策划：王若妍　　　　**编辑部电话**：（010）51873005　　　　**投稿邮箱**：zzmhj1030@163.com
责任编辑：马慧君
封面设计：夸克书院
责任校对：安海燕
责任印制：赵星辰

出版发行：中国铁道出版社有限公司（100054，北京市西城区右安门西街8号）
网　　址：http://www.tdpress.com
印　　刷：河北宝昌佳彩印刷有限公司
版　　次：2023年5月第1版　2023年5月第1次印刷
开　　本：710 mm×1 000 mm　1/16　印张：21.25　字数：298千
书　　号：ISBN 978-7-113-29131-0
定　　价：85.00元

序　言

从清华毕业后，我一直梦想着成为一名生物科学家，从心底相信掌握越来越多的科学技术知识是人生成功的唯一道路。随后我在懵懵懂懂之间加入宝洁公司，第一天就发现，虽然同学们分在不同部门，却有一个共同的名字——管理实习生。我们被告知："你们在大学的专业与现在的工作基本没有相关性。"于是，热爱生命科学的我被公司安排负责市场研究项目，无奈之下，我只好开始了我的管理生涯。

宝洁公司前任董事长约翰·白波曾说："宝洁是全球范围内最早提出品牌量化管理系统的公司，许多人认为宝洁是一家神秘的公司，而它真正的神奇，则源于一套客观、科学的量化管理系统。"

在宝洁五年的时间里，所有事情都要讲数据，一个产品好不好，要做调研，看消费者评价数据；一件衣服洗得白不白，要用紫外线光测量，看看它的白度数据……这使我养成了凡事依靠数据思考的习惯。

1996 年离开宝洁之后，我从事了五年的市场调研工作，同时也接触了大量国内的企业。最初是帮南孚电池做关于品牌的优势、劣势和消费者满意度等方面的市场调研。

调研完成以后，客户提出了问题：得到市场调研的数据后，该如何在企业里应用？

于是我开始了人生中的第一份顾问的工作，帮助他们解读数据，并基于市场调研的数据进行新产品的研发或产品升级。根据当时调研的结果我总结出消费者对于电池的需求：他们需要能够防漏液、防漏电，防伪的电池。

后来我辅导南孚进行新产品研发与上市，最后在我们共同努力下推出了一款大家都熟知的产品：聚能环电池。聚能环电池在电池领域，是从概念层面的创新。

在我看来，国内企业需要的不仅是调研，更多的是调研以后如何根据调研的数据得出正确的结论。鉴于此，我决定将调研公司转为咨询公司，专门做营销类的工作。

2002 年开始，在往后的三四年时间里，我们研究、开发了很多模型，其中最为大家广泛熟知的就是 ADP 模型。这一模型到今天都被验证是一个正确高效的营销领域模型。

可当我与客户一起完成营销类咨询板块的工作时，客户提出的问题中都会涉及到企业内部出现的问题，他们期望我可以一并解决这些问题。

2007 年，我偶然间阅读了一本关于中医的书籍，内容是阐述人体运作基本原理。一番思考后我发现，想要厘清企业内部是怎么进行管理的，可以参考人体运作。

企业是一个系统，每个员工就像一个细胞，领导者就好比传递刺激的神经，这个系统要想高效率运作，必须建立一套相互匹配的系统逻辑。照搬宝洁的管理方法这条路是走不通的，企业管理者不能用一套固有的标准为企业的各项管理活动套上枷锁，而是应该结合企业先天基因与自身特质，用量化管理思维对企业的人、事、物进行全面梳理、整顿和融合，为企业"量体裁衣"，打造一套系统完善的量化管理方案。

在认真研究人体运作原理，并重新系统分析了企业内部的运作流程后，我总结出了量化管理最核心的思想：十大契约。

法国启蒙思想家卢梭在《社会契约论》中论述了自己对契约的理解，他认为契约必须建立在两个基础上，一个基础是自愿，另一个基础是互惠。

企业建立各种契约，可以将企业内部一切权、责、利都量化，并以更为明确的方式落实到执行环节，谁该负责哪些事务、拥有何种权利、会得到哪些报酬、承担什么样的责任，都会在契约中一一明示。

十大契约结构诞生以后，我很快又把契约之间的相互关系全部找到，从组织管理的角度总结出 13 条企业发展的基本规律。

从萌发项目管理思想到十大契约的总结，再到 13 条基本规律的出现，量化管理思想体系不断完善。从基本理论到具体的方法论，从一种思想变成几十家中国企业管理提升的实践，它借鉴了中国管理中的系统思考模式，在方法论中采用了西方管理中的量化科学思想，同时还借鉴了进化论的思想和生物学中基因的概念，以及大量的心理学、行为学思想。

量化管理思想体系是我个人多年的研究成果，在 20 多年的研究与实践过程中，逐步证实了它的科学性与适用性。它既能保障战略与年度计划的落实，又能建立起日常公司的运作模式，帮助企业实现科学管理，减少内耗、提升效率，形成高效管理的核心竞争力。

很多展开咨询合作的伙伴，在导入量化管理体系的两到三年内，人均利润都以三到五倍的速度增长。企业经营业绩也逐年翻番，逐渐发展成为各自行业的领军者。这一系列的转变不仅仅是只针对于领导者的转变，更是对于组织架构、工作方法、薪酬绩效等公司内部管理进行改变。

知易行难，我希望可以尽我所能的为正在迷茫中的企业带来新的方向，于是将 20 多年来的研究成果汇编成为这本书，为奋斗拼搏的企业家们贡献出自己的一份力量。企业发展的道路必然不会一帆风顺，即使前方路途艰辛，我也会陪伴着大家一起乘风破浪，通过企业量化管理体系，共建基业长青的百年企业。

王　磊

2023 年 3 月

目　录

第1章

量化管理才是科学管理

管理的目的是"不再管理"

好的管理方法可以帮助企业实现完美进化，当组织可以实现自我更新和修复时，管理的使命也就完结了。

　　"经营管理"是一位技艺高超的幽默大师，很会开玩笑，虽然会清晰地告诉你目的地在哪里，但是却拒绝给你地图。于是，在探索路途中种种慈祥而狡黠的目光下，我们在追求的原野上艰难地跋涉。行程中，偶尔领悟一些人生道理——最辛苦的并非路程本身，而是我们不知道是否选对了方向……

　　是的，灯塔对航船至关重要。我们需要清晰地知道企业要去哪里，这条路有多远，并且不能永远处于寻找的状态中。事务纷繁复杂到一定程度后，就再也不能凭借一个人或几个人的力量自由操控。组织进化是必然的，只有进化到更高级的生存形态，才能适应"物竞天择，适者生存"的竞争环境。

　　管理，最初的目的是控制组织进化的方向和结果，但最终的目的却是"不再管理"——当组织的自我更新和修复机制形成后，管理会变得越来越多余。想要实现这一点，企业必须引入系统的量化管理方法。

　　企业经营，如同一个活生生的生命机体，从出生的那一刻起，不停地生长、代谢、成熟。

　　很奇怪，是什么力量让那些长寿企业永远年轻？为什么这些企业就能躲过一次又一次的衰退，一次次地在竞争的烈火中涅槃？

　　这不是它们的运气好，而是这些企业都拥有一套高效的管理系统。

　　管理的奥秘也正在于此，卓越的管理者不会用"蛮力"管控企业的各项事务。他们会在企业内部建立一套系统，与企业的各个部门、各个层级、各个职能、各个岗位达成有效共识，并逐渐构建一套管理规则，让组织中的每个成员自动自觉地遵守执行。

只有这样，指令在发出以后，才会以管理规则为载体，将脉冲信号以共振的方式传达下去，上下协同运作，用最小的功率，完成最大的执行效果。当企业中的"特定频率"形成以后，管理者就"不需要再管理"了。

紧张的时候，心脏会自动加快跳动，保障身体各处的供氧量；休息的时候，心脏也会自然而然地降低频率，从而得到充分调整。从此，无论外界环境如何变化，机体都能在最短的时间改变状态，适者生存！这就是量化管理模式给企业带来的革命性变革。

这是一种不同于常规管理方法的全新管理模式。

我在长期的管理咨询实践中发现，持续经营的企业，无一不具备组织共振、协同工作的特性。市场竞争的日趋激烈，让组织进化势在必行。管理，也必须从经验性向科学性进化，这正是量化管理受到褒赏的重要前提。

02

什么是企业量化管理模式

企业量化管理模式是一种科学、标准的工作方法，是通过将人与事进行量化，确保所有工作高效完成的科学化系统管理模式。

有一家快餐企业，主做油炸食品，很受消费者欢迎，几十年来发展得也比较好。对于能够取得比同行业其他企业都好的发展成绩，这家企业的管理者总结了一个原因，他说："无论何时，无论何地，无论何人操作，我们的产品服务都不会有差异，因为我们有严格的量化操作手册。"

这家企业所售卖的产品及服务，与其他几家同类企业并没什么不同，但它可以保证，不论顾客走入哪个地区的门店，所享受的服务都是一样的。一家企业能够做到不因人而异、不因时而异、不因地而异，为客户提供无差别服务，那这家企业能取得成功也就很正常了，而且因为有独特的管理体系与方法，这家企业的成功还会延续很长时间。

举这家企业的例子，并不是为了说它有多成功，而是想谈一谈它的"量化操作手册"。一家企业的发展如果仅靠一个、两个优秀的管理者推动，那当这些优秀管理者退出后，企业便会开始走下坡路。企业对管理者的依赖度越高，此后下滑的速度就会越快。真正优秀的企业是靠管理方法推动发展的，一套成体系的管理方法能够让企业不因人员变动、架构变化等因素而中断持续发展的进程。

这家企业的"量化操作手册"就是企业量化管理模式，这是一种将企业发展各个关键路径的重要决策以量化数字的形式展现出来的管理方法，是一种适用于各种不同规模企业的优秀管理方法。

在详细介绍企业量化管理模式之前，我们需要先系统了解企业、管理和量化这三个重要概念，清楚这三个概念的基本内涵，可以帮助我们更好地理解企业量化管理模式。

（1）企业

企业是深度工业化运作的商业组织，其内部深入贯彻了专业协作的工作方法，如果缺少这方面的内容，那这一商业组织便不能算是真正的企业。

当下有些企业是以非工业化方式运作的。它的主要特征是什么呢？是作坊生产。而工业化企业靠的是专业协作。

同样是一块地，非工业化企业会将这块地分块承包给不同农民耕种，最终所有农民的耕种收入便是这块地的全部收入。如果某个农民出现一些问题，比如，生重病了，或者是田地没耕种好，那整块土地的收入就会受到影响。此外，由于不同农民的耕种方法和耕种水平有差异，不同地块土地的收入差异也比较明显，土地的整体收入可控性较低。

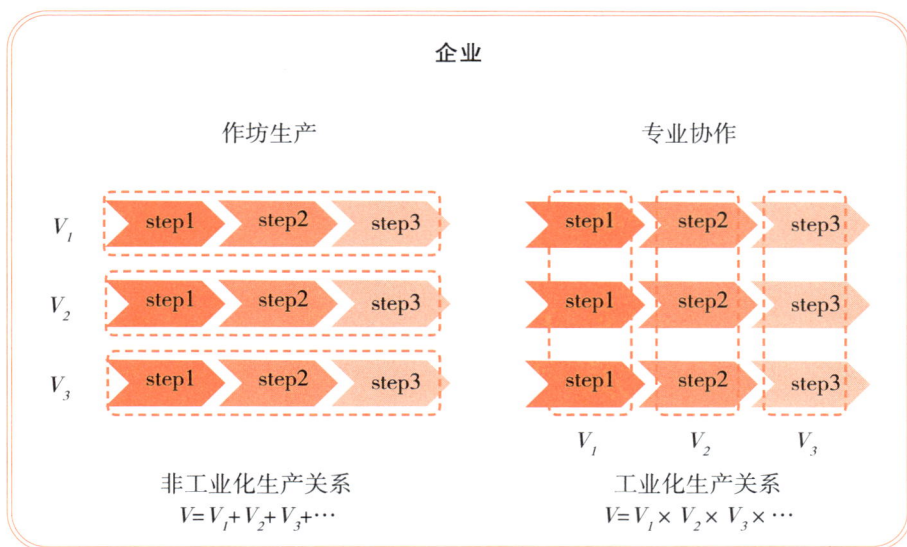

工业化企业会怎么做呢？召集同样数量的农民，并将他们分成几个小组，每组配置两到三个人（视总人数而定）；而后，将耕种涉及的所有任务打包成项目，再将项目中的各个任务分给对应的小组，比如有的小组负责采买种子，有的小组负责除草耕地，有的小组负责播种，有的小组负责收割，有的小组负责仓储运输。

在不同的时间段，不同的小组有不同的任务，各个小组需要协同工作，才能完成整个耕种项目。

工业化企业的这种安排，可以把擅长播种的农民分配到播种小组，擅长收割的农民分配到收割小组，如此一来，参与劳作的农民并不需要掌握所有耕种技巧，只要能够精通某个环节，就可以创造最大的效益。即使一个农民在某个环节出现失误，小组中的其他人也会补齐相关工作，这样整体的耕种计划仍然可以顺利实施。

在工业革命之前，许多手工作坊采用的都是非工业化运作方式，而在瓦特改良蒸汽机之后，工业化运作方式成为那些配备机器的大工厂的首选。手工作坊的生意逐渐被机器大工厂所取代，专业协作的工作方式也越来越得到认可。

宝洁公司在大中华区的业务扩张用了 16 年时间，收获了近 4 000 倍的销售额增长，这种成绩也是靠工业化运作方式实现的。一家位于东莞主营电梯电缆业务的企业曾找到我，尝试引入这种工业化运作方式。

当时这家企业的销售额是 2 000 万元，有 5 个专业销售人员，每个人每年大约能够完成 400 万元的销售额。

最初，我建议这家企业先保留原有的销售部门，作为销售一部，同时再开辟一个新的销售二部，并招聘 8 名大学生，可以没有相关行业工作经验。销售一部依然是 5 名专业销售人员，按照原工作方法进行推广销售活动。销售二部中，8 名大学生被分为 4 组：1 组为客户信息组，主要负责收集客户信息；2 组为商务接洽组，主要负责与客户接洽，介绍公司业务及产品；3 组为招投标组，主要负责参与招投标活动；4 组为跟单组，主要负责已签订单的跟踪及售后服务工作。

一年后，销售一部的销售额依然为 2 000 万元，销售二部的销售额只有 800 万元；第二年，销售一部的销售额降到 1 500 万元（有一个销售人员跳槽），销售二部的销售额达到 4 000 万元；第三年，销售一部的销售额只剩 800 万元（又有两个销售人员跳槽），销售二部的销售额达到 8 000 万元。

在第三年后，这家企业取消了销售一部，完全以销售二部的工作方法开展工作。第四年，这家企业的销售额达到 1.2 亿元，并继续发展完成上市。

短短三年时间，这家企业真正实现了向工业化的转变，并在市场竞争中占得先机，成功上市，这也是为什么我们要强调企业必须是深度工业化运作的商业组织的原因。因为没有工业化运作这个基础，企业的经营效益提升就无从谈起，更不必说引入什么样的管理方法更好了。所以企业这个概念，最重要的便是工业化的专业协作方法。

（2）管理

如果企业是一台计算机，那它想要正常运行，就要具备相应的硬件和软件。对于企业来说，它的硬件就是员工的素质，而软件就是企业的管理系统。硬件不达标的计算机，运行的效率会很低；软件不达标的计算机，根本就开不了机。

管理系统的好坏也影响企业的运营效率。

想要更新管理系统，需要先理解管理的概念，大多数人对管理并不陌生，但企业管理究竟是什么呢？

是把事情做好的技巧，还是提高效率的过程？又或是做正确决策的方法？

从组织行为学的角度来讲，管理其实是一个建立与维护组织秩序的过程。对于组织发展来说，"乱"是最为严重的问题，一旦组织内部没了秩序，任何工作就都难以开展。只有做好管理，企业的各项工作才能有序开展。

企业可以通过管理提升系统的运作效率，强化系统的稳定性，节省资源，提高对环境的适应性，这些既是管理的目的，也是管理所能达到的效果。那究竟要如何实现建立与维护组织秩序这一过程呢？孔子给出了自己的解答。

道之以政，齐之以刑，民免而无耻；道之以德，齐之以礼，有耻有格。

——《论语·为政篇》

在孔子看来，如果想要建立一种秩序，主要有两种选择：一种是用政令约束百姓的行为，用刑罚惩处违反政令之人，这样百姓便会为了免受处罚而遵守政令；另一种是用道德思想引导百姓，培养百姓的礼制习惯，这样百姓便会有廉耻之心，并自觉遵守各项规定。

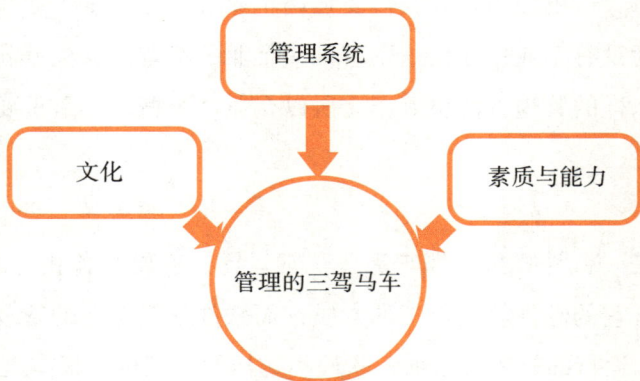

管理系统

文化

素质与能力

管理的三驾马车

从孔子的这段论述中，我们可以总结实现良好管理所需的三方面因素：一是文化理念，企业内部必须要有统一的文化；二是管理系统，企业必须构建良好的管理系统；三是素质与能力，企业必须不断提高员工的素质与能力。如果想要把管理做好，企业就必须在这三方面多下功夫。

文化是企业内部所有员工共同遵守的一套价值观、行为准则和习惯，其中，价值观是思想层面的内容，行为准则是规则层面的内容，习惯则是最终的结果。所以企业的文化最终需落到习惯上，不论管理者将企业的文化描述得多么天花乱坠，别人也能从员工的习惯中发现企业的文化究竟是什么。真正优秀的企业文化可能并不能用语言来形容，却能从企业所有员工的一言一行中发现。

管理系统就是企业的操作系统，是一整套的组织运作规则。企业的所有工作都需要搭载在管理系统之上，才能顺利开展。想要构建完善的管理系统，企业需要在组织内部构建一整套完整契约，在员工与员工、员工与企业之间搭建关系。在管理学理论中，这些契约共有十个，即组织系统的十大契约，完成这些契约的构建，企业的管理系统才算构建完成。

素质与能力是企业内部所有员工的基础素养与能力水平，只有高素质的团队才能做到高水平输出。再好的管理方法，如果执行人员的素质与能力不达标，也是没法导入企业的，这便是管理为何要强调素质与能力的原因。大企业对高学历情有独钟，并不是真的认为学历就能代表一个人的能力水平，只是因为这是一个简单区分应聘者素质与能力的方法，借此筛掉一部分人之后，企业才能更有针对性地发掘那些真正拥有高素质与能力的人才。

（3）量化

尤瓦尔·赫拉利在《人类简史》中提到，推动人类不断成长进化的力量主要有两个，一个是信仰，另一个便是科学。赫拉利书中的信仰指的是人类总能够构思出那些自己还并不拥有的东西，比如，当人类观看鸟儿飞翔时，便慢慢有了建造飞机的信仰，而后才一点一点地建造出飞机。

按照他的观点，科学是实现信仰的力量，信仰先于科学而存在，也要依靠科学来实现。那科学又是什么呢？科学就是能够用数字描述的规律。牛顿如果只是用嘴和别人说苹果从树上掉落说明地球是有引力的，这显然算不得科学，但当他用数学表达式将万有引力定律描述出来时，这便是科学了。

因此，我们判断一个事物是否属于科学，也要从数字和规律两方面着手，只有那些能够用数字描述的规律，才能称得上科学。而管理若要走向科学，就必须不断发现管理的规律，而后再用数字将其量化。

在这里，量化并不是将企业的所有东西全部量化，而是用数字的方式表达管理学之中的规律，也就是对规律的量化，重点在于描述规律，而不在于数字。如果想要计算一块规则木板的体积，可以测量的数字是非常多的，包括木板的长度、宽度、角度等，但我们没必要测量如此多的数字，只要测量木板的长、宽、高，然后代入公式计算即可。

只有那些与规律有关的内容值得用数字去量化，其他多余的内容并不值得量化。当下一些企业开展的数字化管理，或是精细化管理，容易陷入一种凡事皆数字的误区，员工去洗手间的时间要量化到 3 分钟以内，公共厕纸每次使用要量化到 3 格之内，这样的量化完全是没必要的。

将规律数字化的一个显见好处在于，大多数人在理解这些数字时都不会出现问题。领导会用数字化的方式告诉下属，怎样做是对的，怎样做是错的；下属也可以通过数字化的标准去衡量工作的完成情况。如此一来，领导交代的工作清楚了，员工完成的工作也容易评估了，企业的运营效率也就容易提升了。

当下许多企业在管理和营销方面积累不少经验，却很少能将其用数字化方式表达，这就使得那些经验没办法传承。老员工技术实力过硬、经验丰富，但新员工就是学不会，等到老员工退休了，新员工没有继承老员工的技术经验。如此，企业失去的便不是一名老员工，而是一项提升企业生产效率的专门经验。

通过对上面这三个概念的介绍，我们可以总结企业量化管理的基本定义：量化管理是一种基于系统管理和项目管理的组织解决方案，它是基于契约，以事实为基础的科学化系统管理模式。

量化管理是通过对企业目标进行科学分解，从而清晰表述达到目标的关键路径有哪些，同时利用项目分解的方式将关键路径中的重要决策点找出，对每一个重要决策点建立一套科学的工作流程与评价标准，可以不论何时、不论何地、不论何人在进行重要决策点的工作时都要按既定方法工作，以达到既定标准要求的一种标准工作模式。由于每一个关键路径重要决策点的标准是最易理解和掌握的量化数字，因此，这种模式被称为量化管理模式。

"任何事情，如果你不能把它量化，你就不能够真正了解它（也就是如果你不能把这件事用数字描述，实际上你对这件事的了解是模糊的）。如果你不能够真正了解它，你也就不能够把握它；如果你不能把握它，你就不能改变它。"比尔·盖茨这句话用来解释企业量化管理模式是再贴切不过，如果你不能用系统科学的方法把规律用数字描述，那你的企业便没办法长久稳定地发展。

企业量化管理并不是将知名快餐企业的管理方法照抄过来就能开快餐店，更不是将所有任务与数字对接就能实现管理，而是要将量化管理的思想体系、方法论，与自己企业的实际情况有机结合，实现真正的管理量化。

企业是有生命的，每个企业都有自己本质、先天的基因。如果把成功的管理制度照搬照抄，按照别人的标准制定自己的管理制度，这就相当于把别人的肢体移植到自己的身体上，会发生排斥异体的现象，甚至有可能危及生命。

因此，企业必须知道什么是适合自己的。企业量化管理最难的地方也正在这里，不是按照一套标准的度量衡将企业的管理活动附上条条框框的限制就可以了，而是要结合企业自有的特质，用系统的量化思维进行全面梳理、整顿、融合，最终形成一套真正合适的管理方案。

在面对各种各样的决策时，量化管理模式可以保证企业决策正确的概率，让企业用模型、规律、数据做决策，而不是单纯依靠感觉与经验。在确保决策准确性的同时，量化管理模式还能帮助企业搭建科学的决策平台，这既有利于提高企业决策的效率，又有利于企业员工的成长。

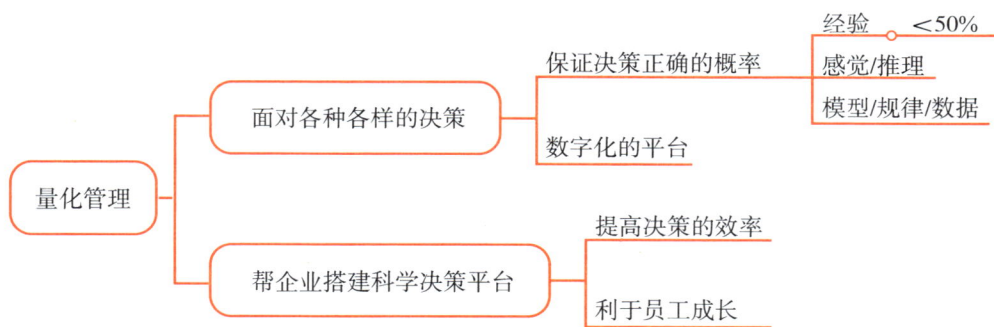

在长期的管理咨询实践中，我深刻体会到企业量化管理的重要性。那些持续经营的企业，无一不具备组织共振、协同工作的特性，它们的存续与发展大多依托于自身独特的量化管理体系。不少企业之所以成功正是良好运用这种基于理性的、科学的量化管理模式的结果。企业需要在管理思想与管理模式上，逐渐从模糊管理、经验管理，向量化管理模式转化。

企业为何需要量化管理

量化管理体系是为企业量身定制的管理方法，借鉴科学方法，但不照抄照搬方法，一切从企业基础和现状出发，梳理、整顿、融合企业的人、事、物。

那些处于创业初期的企业，是不需要过多考虑管理问题的，因为对他们来说，最紧迫的是生存问题，是初生牛犊如何在群狼环伺下生存的问题。当生存问题解决之后，伴随着企业的逐渐发展，管理问题便会逐渐显现，这时企业管理者的工作重点就应该聚焦在管理变革上，而不应再将眼光局限在市场营销上。

当企业规模发展到一定程度后，管理上的问题便会接踵而至，主要表现在以下几个方面：

（1）管理者分身乏术

当企业规模较小时，企业所有事务都由核心管理者敲定，这是没问题的。但当企业规模变大后，核心管理者便没有时间和精力再事无巨细地处理各种事务。如果不及时变革管理方法，核心管理者的精力便会被虚耗，很多错误决策也会因此产生。

（2）人才的匮乏

核心管理者想要将工作分配给其他员工，却发现没人有能力承担做决策的工作。因为之前所有的事情都由核心管理者决策，企业员工只是执行者，临时让他们做管理，自然难以取得理想效果。

（3）混乱无序的培训

人才缺乏便会引入培训，但究竟该让员工学什么呢？学习销售技巧，学习技术能力，学习商业知识……到最后核心管理者会发现，每年投入培训的钱并没有为企业带来预期的效果。问题并不在于接受培训的人，而在于企业选择的培训方法。

（4）组织架构反复调整

培训没能取得良好效果，一些企业便会在组织架构上做文章。既然都是半斤八两的管理者，倒不如让亲朋好友做主管，这样既省心又稳定。但实际上，这种随着人员变动而不断调整组织架构的行为，只会让企业管理秩序变得更加混乱。

（5）部门冲突不断，新产品上市失败

组织架构反复调整还会引发部门间的冲突。虽说都是自家人，但毕竟分管的是不同业务，彼此间若不能协调配合，部门运作效率就会大为降低。而这种情况所带来的最为直接的一个影响，便是企业无法顺利研发新产品，最终导致整个市场策略的失败。

（6）冗长的会议与频繁的加班

相比前面几种问题，开不完的会与加不完的班是更为常见的企业管理问题，在大多数企业中都很常见。什么样的工作非要员工"996"才能完成？仔细量化后会发现，8 小时工作是绰绰有余的，剩下的时间基本都被浪费了。

如此多的问题，如果不能及时解决，即使企业依然在狂奔、依然在扩张，最终也会走向停滞、走向衰败，只会是攀得越高、摔得越狠。为此，当规模发展到一定程度时，企业必须引入科学系统的量化管理方法。

量化管理体系能给企业带来什么变化？给企业带来怎样强劲的动力？作为全球最早施行科学量化的企业之一，宝洁公司可以为我们提供这些问题的答案。

宝洁公司始创于 1837 年，发展至今已有 180 多年的历史，是全球日用消费品巨头之一。在宝洁公司的官网上，产品和行业技术是其宣扬的重要成功经验。而在这些通用经验之外，宝洁公司在管理方面也有其独到之处。

宝洁公司的组织结构主要由全球事业部、销售和市场运作、全球商业服务和企业职能构成。其中，全球事业部负责制订整体品牌战略，制订新产品升级与创新计划、营销计划；销售与市场运作负责制订并执行地方层面的产品上市计划；

全球商业服务负责运营宝洁的基础设施、业务、系统和共享服务，并提供相关支持；企业职能负责提供企业层面的战略和产品组合分析、企业会计核算、财务、税务、治理、人力资源、信息技术和法务能力。

可以看出，宝洁公司的组织结构划分是非常明晰的，每个组织部门都有其特定的权责分工。在组织部门内部，每个小组、每个个体也都有各自量化的权利与职责。**宝洁公司前任董事长约翰·白波曾说："宝洁是全球范围内最早提出品牌量化管理系统的公司，许多人认为宝洁是一家神秘的公司，而它真正的神奇，则源于一套客观、科学的量化管理系统。"**这种客观、科学的量化管理系统正是我们在前面提到的企业量化管理模式。

宝洁公司利用这套量化管理系统维持了 180 多年的快速发展。在 2020 年上半年，宝洁公司的有机销售增长达到 6%，核心每股收益增长 18%；在 2020 年下半年，宝洁公司的 10 个产品品类更是有 9 个实现了销售额的增长。可以说，在这充满挑战的一年中，宝洁公司不仅没有退步，反而展现出更为强劲的发展势头。

如果企业能用系统科学的管理方法从事生产经营，必能越走越远、越做越强！某些企业并不缺人才，也不缺创意，更不缺市场需求，缺的只是系统科学的管理方法！

这正是宝洁公司 180 多年成功经验的总结。宝洁公司完成了从经营机会到经营能力、从经营产品到经营品牌、从经营个体到经营组织、从经营渠道到经营终端的进化，这就是量化管理模式建立的过程，整个过程并不是一蹴而就的。企业需要探索属于自己的量化管理方法。

在商业市场中，每个企业都有其独到之处，这是企业的先天基因。如果我们不加改造地将成功管理制度挪用，别人制定什么样的标准，我们就制定什么样的标准；别人设置什么样的目标，我们就设置什么样的目标……一番操作下来，管理制度算是移植成功了，但真正运作时便会发现，排斥反应是非常严重的，控制不好甚至会威胁企业的存续。

照搬方法这条路径是走不通的，企业管理者不能用一套固有的标准为企业的各项管理活动套上枷锁，而是应该结合企业先天基因与自身特质，用量化管理思维对企业的人、事、物进行全面梳理、整顿和融合，为企业"量体裁衣"，打造一套系统完善的量化管理方案。这正是企业量化管理最难处理的地方，在开展这一工作前，企业管理者必须先深入了解量化管理的一些问题。

04

企业如何实现量化管理

想要实现系统的量化管理，企业需要先完成对人和事的量化，再通过各个模块契约化约定，量化企业内部的权、责、利，让企业管理变得更加透明、更为高效。

我们的身体拥有一套复杂的运转系统，这个系统始终保持专业协作的工业化运作方式，所有器官和组织的功能虽然千差万别，却能协调统一地组合在一起，完成各自的使命。肠胃主要负责消化和吸收，肝脏主要负责解毒，肾脏主要负责代谢，皮肤主要负责防御……这些器官与组织之所以能够彼此协调配合，中枢系统发挥着重要作用。

如果企业中的各个组件也能做到这种天然的默契，企业运转的效率也会得到显著提升。可究竟要怎样使企业内部的各个组件做到这种天然的默契呢？量化管理体系中的契约就是帮助企业内部各个组件建立天然默契的重要理论方法。

契约就是用各种职责、制度、规程等规定、约束各种关系，约定所有管理机构以及管理人员的行为。其要求用相对固定、清晰的格式，约定各个层级、各个方面的职能、责任及相互关系等。这种约定应该是紧扣主要关系、主要方面，而不是无序的、庞杂的。

法国启蒙思想家卢梭在《社会契约论》中论述了自己对契约的理解，他认为契约必须建立在两个基础上，一个基础是自愿，另一个基础是互惠。自愿是指契约是自我意志的表达，缔结契约应当是人们的自愿行为；互惠是指契约是一种交易行为，缔结契约必须要公平。

在某种意义上，契约与合同相当。当我们与他人做交易时，签署有关权利与义务的合同是很有必要的。在合同中，我们需要与对方约定与交易有关的各方面内容，以此来约束双方行为。在这种情境下，合同也就相当于契约。

　　大多数企业管理者都知道在对外交易中订立契约，但有些却没有在企业管理方面使用契约。上级部门向下级部门传达指令的方式，就是上级部门领导对下级部门领导随口一说，上面给的指令本就不清晰，下面做起事来必然错漏百出。如果一开始就在上下级部门间订立指令传达的契约，后续的很多麻烦与错漏就能够避免。

　　将契约引入企业管理之中，在我国可以追溯到许久以前。虽然那时的契约还不能将企业管理中的各个细节量化到位，但也能在很大程度上解决企业经营规模扩张产生的各种问题。

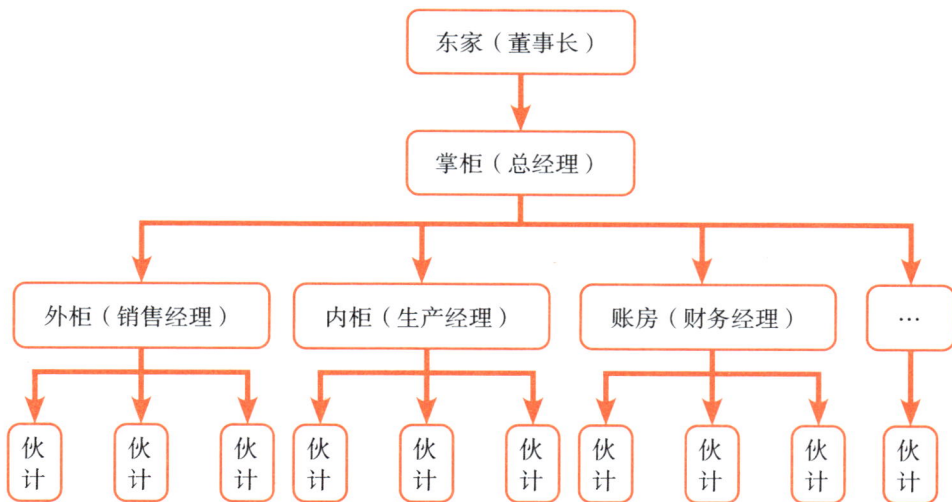

　　明清时期，晋商崛起，但由于交通不便、信息不通，晋商管理者很难在各地铺开生意。为了能够扩大经营规模，获取更多的经营收益，晋商管理者实行"两权分离"的制度，在各地雇用掌柜为自己管理生意。

　　在选定掌柜时，东家会设宴邀请公证人与掌柜，并当着公证人的面将权利授予掌柜，同时还会签订契约合同，规定商号由掌柜自主经营，东家不能进行干预。当然掌柜也要承担相应义务，这与现在的企业经理人制度颇为相似，从本质上讲，就是一种量化权、责、利的企业管理方法。

一方面,商号的产权是非常清晰的。作为出资者,东家对商号资产拥有所有权,对经营成果拥有支配权;作为经营者,掌柜对经营期内资产具有支配权,却无权对经营成果进行分配。

另一方面,商号的权、责、利是非常明确的。东家对商号的具体经营活动不加干涉,对掌柜的经营策略只能建议,不能代替其做决策。在商号内部,掌柜拥有决策权,所有大事小情都由掌柜决定,当然,出了什么问题也都要由掌柜承担。

这种量化企业内部权、责、利的做法,正是企业量化管理体系中的契约管理。它通过量化的形式将各方面应承担的权、责、利关系,落实到自愿、互惠的契约环境之中,能最大限度地发挥企业组织的能动性,提升企业管理的效率。

企业建立各种契约,可以将企业内部一切权、责、利都量化,并以更为明确的方式落实到执行环节,谁该负责哪些事务、拥有何种权利、会得到哪些报酬、承担什么样的责任,都会在契约中一一明示。这种以公平、公开方式将企业内部所有事务都量化在阳光下的做法,能够让企业的管理更为透明,也更加高效。

具体来说,企业若想实现量化管理,必须建立十大契约。这些契约涉及企业管理的方方面面,从战略规划到年度经营计划,都需要形成相应的契约。在契约强有力的约束作用下,不仅上下级间指令的传达更通畅、准确,企业的办事效率也将大幅提升。当十大契约建立之后,企业的量化管理体系的框架也就搭建完成了。

第2章

量化管理中的量化与契约

企业量化管理的十大契约

量化管理体系中的十大契约，涉及企业管理的方方面面。这些契约作用各不相同，却能够相互协调配合，共同成为企业量化管理的支撑。

量化管理体系有十大契约，分别是：战略契约、期权契约、制度契约、年薪契约、岗位职责契约、职业发展契约、项目管理契约、薪酬绩效契约、组织架构与部门职能契约、年度经营计划契约。这十大契约共同构成企业的组织环境，它们是量化管理体系的基础，任何企业想要开展量化管理，都离不开这些契约。

量化管理体系的十大契约覆盖企业内部的所有人，既能覆盖企业的所有者与经营者，也可以覆盖管理者和执行者。

企业所有者和经营者之间，会达成战略契约、期权契约、制度契约和年薪制契约。其中，战略契约与期权契约为一组，制度契约和年薪契约为一组。当经营者达成战略契约约定的战略目标时，他便能从所有者那里获得期权契约约定的奖励；当经营者达成制度契约要求时，他便可以享受年薪契约中的利益。

管理者与执行者之间，会达成岗位职责契约、职业发展契约、项目管理契约、薪酬绩效契约。其中，岗位职责契约与职业发展契约为一组，项目管理契约与薪酬绩效契约为一组。当执行者按照岗位职责契约的约定具备相应岗位职能后，他便可以从管理者那里获得职业发展契约约定的岗位晋升奖励；当执行者根据项目管理契约的要求完成相应工作后，他便可以从管理者那里获得薪酬绩效契约中约定的薪酬收益。

前面八个契约是从纵向解决企业内部各层级之间关系的契约，组织架构与部门职能契约、年度经营计划契约则是从横向解决部门与部门之间相互关系的契约。组织架构与部门职能契约是对企业各部门间职责权利的约定，而年度经营计划契约则是以年为单位，企业多部门间围绕如何实现经营目标而达成的一种约定。

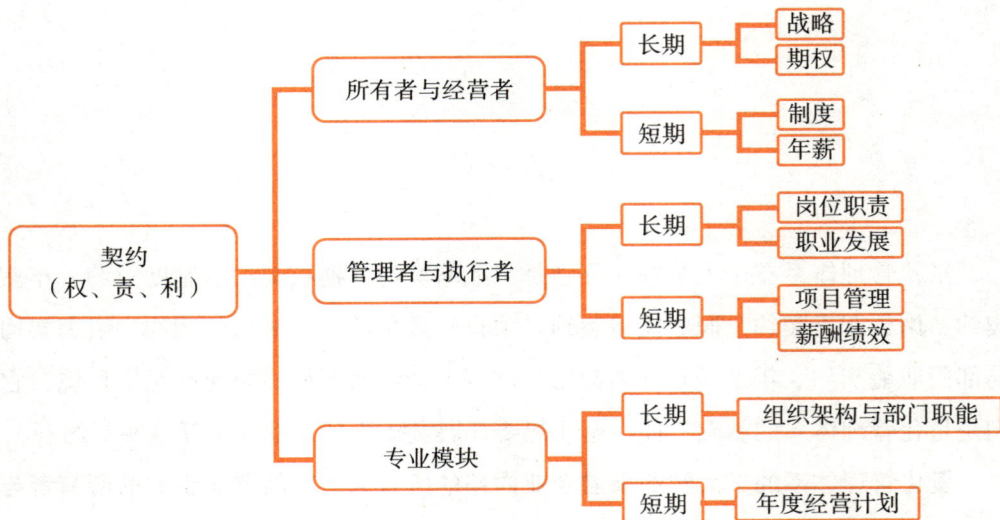

```
                                              ┌──── 长期 ──┬── 战略
                              ┌── 所有者与经营者 ─┤          └── 期权
                              │               └──── 短期 ──┬── 制度
                              │                          └── 年薪
                              │
┌─────────────┐              │               ┌──── 长期 ──┬── 岗位职责
│   契约      │              │               │          └── 职业发展
│（权、责、利）│──────────────┼── 管理者与执行者 ─┤
└─────────────┘              │               └──── 短期 ──┬── 项目管理
                              │                          └── 薪酬绩效
                              │
                              │               ┌──── 长期 ──── 组织架构与部门职能
                              └── 专业模块 ─────┤
                                              └──── 短期 ──── 年度经营计划
```

（1）战略契约

战略是企业发展的顶层设计，是关于企业发展方向和发展目标及远景的问题。企业制定了什么样的战略，企业经营者就会产生什么样的行为。一个企业如果没有战略规划，那企业的经营者就会像无头苍蝇一样，没有方向、没有目的地乱飞。

一旦战略目标明确了，行为就会统一，各层级的执行力就自然而然地向某个特定方向形成合力，这就是契约的约束特性在潜移默化地发挥作用。因此，企业所有者需要与经营者达成战略契约，让经营者能够清楚地知道企业的价值观是什么，远景在哪里，未来五年要发展到什么程度。只有让经营者清楚企业的战略，明白自己在其中的权利与责任，他才能在企业中更好地发挥作用，企业的整体执行能力也才能得到显著提升。

（2）期权契约

期权是对经营者制定、执行战略规划的一种约束与激励，是既不影响企业的股权分配，又能让经营者享受足够高收益的激励手段，是量化管理体系中不可忽视的。

对于经营者来说，战略契约是权责，期权契约是利益。经营者必须忠诚于组织的战略和目标，达成战略和目标，才能获得相应的期权奖励。

制定和执行战略规划，是一个较为长期的工作，在五到十年的时间里，仅用优厚的基本工资是留不住高层的。期权契约是对经营者收益的一种保障，也是量化他们的职责后给出的公平报酬，这一契约的建立，对于维护企业经营管理团队的稳定具有重要意义。

（3）制度契约

制度契约是关于组织管理的一些基本的规章制度和原则，是所有契约中最不容易建立的一项契约，也是最容易被破坏的契约。企业所有者与经营者达成制度契约，不仅是为了让经营者更好地遵循和践行企业的规章制度和原则，更是为了让经营者努力维护这些规章制度和原则。

制度需要根据企业的实际不断调整，就像企业的法律体系一样，规定企业中哪些事情是对的，哪些事情是错的，什么行为应该做，什么行为不该做……一旦制度契约形成，经营者便需要在制度契约下行事，发生矛盾冲突时，也需要依靠制度契约解决。如果经营者不自律，不断做出破坏组织制度的行为，组织的制度体系就会崩坏，组织成员的基本行为也将失去制度约束。

（4）年薪契约

年薪契约与制度契约相对应，是对企业经营者的一种激励契约。企业经营者的薪酬是以年为周期计算的，所有者会根据经营者所负责工作的多少，以及一年中的工作表现，与经营者约定合适的年薪待遇。

对于制度契约的维护情况，便是确定经营者年薪的一个重要考核标准。只要经营者能够维护企业或本部门的规则与秩序，他便可以确保自己每月收入的稳定。

年薪契约是强化企业经营者经营管理意识的重要契约，它不是一个简单的薪酬公式。在建立年薪契约时，企业必须将固定薪酬与制度和管理的指标相联系，而将薪酬绩效与工作的最终结果相联系，这样才能充分发挥年薪契约的作用。

（5）岗位职责契约

岗位职责契约是管理者与执行者之间相互约定的，是对岗位的责任和权利的描述。岗位职责这一概念，在各类企业管理理论中都很常见。现在很多企业也都有自己的岗位职责体系，但如果用量化的方法来看，当下一些企业的岗位职责体系是有问题的。

翻阅各类招聘平台上的招聘启事，可以大致了解各类企业的岗位职责规定。"完成上级领导交代的工作""协调好部门的辅助服务工作"……这类岗位职责描述的典型问题是太过抽象，说了相当于没说；"领导安排工作后 1 分钟内回复""去洗手间不得超过 3 分钟"……这些岗位职责的典型问题是太抠细节，缺少公平性。

作为一种契约，岗位职责契约也要建立在科学量化的基础上，不能太过复杂，更不能完全偏向一方。当然，这一契约更多还是对各个岗位要承担什么职责、具备什么能力和素养的规定，相应的权益部分则是职业发展契约的内容。

（6）职业发展契约

职业发展契约是与岗位职责契约相对应的一项契约，是关于员工在组织内部不断晋升的一个组织约定。企业的每一个员工都可以成为职业发展契约的受益者，只要完成相对应的项目或任务，获得该岗位技能，便可以获得相应的晋升。

在晋升至更高的岗位后，员工继续提升自己的岗位能力，便可以一直沿着职业发展契约所设定的路径走上更为广阔的舞台。职业发展契约的存在，可以让员工始终对企业保持忠诚和热情。他们不必担忧自己取得成绩却没有晋升空间的问题，只需要考虑如何承担自己的岗位职责，完成相应的项目和任务，获得更多的岗位技能就可以了。

（7）项目管理契约

项目管理契约是对员工日常工作流程及标准的约定，通过这一契约可以统一全体员工的工作模式，改善工作效能，培养一批合格的项目经理，帮助企业更好地落实年度经营计划契约。

企业将所有事务打包成项目，然后在项目单上注明时间要求、质量要求和评估标准，这样一来，执行者完成项目，便算是完成本职工作。长期来看，如果执行者能把每个项目都完成，那便算是尽到岗位职责了。

当企业内部的工作都变成项目，所有员工的工作方式就会得到统一。不管他之前是在财务部，还是在生产部，抑或是在市场部、销售部，他都会用处理项目的方式解决眼前的工作。这时候，员工们所负责的就不再是各部门中的一项工作，而是企业中的一个项目。当所有员工都能在这一契约下自愿、互惠地完成本职工作时，企业量化管理体系也就慢慢建立了。

（8）薪酬绩效契约

薪酬绩效契约是与项目管理契约相对应的利益契约，也是必须白纸黑字规定清楚的一项契约。

个别企业的薪酬管理做得一塌糊涂，除基本工资，所有的绩效奖金都要看管理者的脸色，管理者高兴，奖金就多一点，管理者生气，奖金就少一点。一个企业如果连执行者都算不出自己的薪酬，那这家企业的薪酬管理制度一定是存在问题的。

完成工作，就应该得到报酬。根据薪酬绩效契约，每个员工在确定自己完成几个项目、多少个任务后，便应该能计算出自己可以获得的报酬，这种透明化的薪酬绩效体系，体现的正是契约精神中的公平与互惠原则。

（9）组织架构与部门职能契约

组织架构和部门职能契约是对企业内部的组织架构及各个部门职责的描述，它不仅规定企业该设置多少个部门，各个部门之间的隶属关系，还规定组织中各个部门的职能，以及各个部门的权、责、利等内容。

建立组织架构与部门职能契约，一方面可以让各个部门充分发挥专业能力；另一方面也能裁撤、消除职能交叉或重复的部门，使企业管理效率达到最高。

（10）年度经营计划契约

年度经营计划契约跟组织架构与部门职能契约协调配合、相辅相成。组织架构的配置和年度计划管理模式是企业走向专业化、量化管理的必备工作。实现每年的年度目标，企业才能逐步实现长远的战略规划。

量化管理体系中有一些年度经营计划测算的模型，可以计算企业每年应当实现怎样的目标和策略，比如 ADP（Attitude 态度、Distribution 渠道、Price 价格）营销模型。如果不加测算胡乱设定目标，企业的年度经营计划便会失去意义，量化管理体系中的其他契约也将失去效果。

这十大契约不仅是本书要重点讲解的内容，也是量化管理理论的精髓，需要企业认真学习和掌握。它们一方面以合同的形式限制所有者与经营者、管理者和执行者的各种工作行为，另一方面也激励所有者与经营者、管理者与执行者努力实现个人价值。

量化管理的基础，
定义基本单位

量化管理体系的建立，要从找对基本单位开始，只有这样，才能完成对事、对人的量化，才能在企业内部逐步推进十大契约的建立。

改革开放四十多年来，成就斐然，很多企业在这一过程中完成了原始的资本积累。这些企业在各自行业中都处于龙头地位，市场竞争问题的重要性已经居于次席，持续发展问题成了这些企业面临的最大考验。

近年来，一些企业在形成一定规模后，便丧失了锐意进取的心气，对市场变化的观察不再敏锐，经营管理日趋保守，业务规模停滞不前甚至开始萎缩，最终在一波波市场大潮的冲击下逐渐沉没。当相对固定的环境发生改变时，生物体不努力适应，就会被大自然所淘汰，这样的法则在商业市场中同样也是存在的。

现代企业想要完成进化，要走量化管理的道路，尤其是在出现管理危机时，企业更应该果断推进管理方法的更新与迭代。

一家规模庞大的房地产集团如果发生现金流危机，既无法从商业银行借出钱，又没办法发行债券融资，那唯一度过危机的方法便是变卖核心资产。在使用这种断臂求生的方法摆脱危机后，企业便应该努力改进经营管理流程，不盲目扩大企业规模。

如果这家企业不舍得牺牲自身利益，依然耗费很多时间和精力在金融运作和宣传上，那便是走入了死胡同，即使度过眼前的危机，将来还会遭遇新的危机。这是一种没有远见的做法，对于企业没有一点好处。

盲目追求利润和规模是某些企业的痼疾，这种经营管理思维的弊端或被经济红利所掩盖，但潮水退去之后，依然留有这种经营管理思维的企业已经都搁浅在沙滩上了。企业的存续与消亡多由企业的内在因素决定。传统企业只有逐渐将旧有的模糊管理、经验管理，转变为先进的量化管理模式，才能在新的市场环境下存续发展，创造企业新的辉煌。

管理的最终目的是"不再管理"，量化管理能帮助企业掌控管理进化路径，完成从经验到专业的转变，使企业在管理进化的路上不再产生逆向变异。这也是企业管理升级的必经之路，在这个过程中，标准的建立是所有企业的必修课。

从这一过程也可看出，标准的建立确实是一个很复杂的过程。很多管理者都知道企业需要管理才能健康发展，但却不知道管理企业究竟该管些什么，让他拿出一个精确的标准或系统的方法，更是难上加难。有一些管理者可以将小规模企业管理得有声有色，但当企业规模扩大时，便力不从心，每天东奔西走没少忙活，却没做成多少事。由此可见，量化管理是企业由小到大、由经验型向科学型转变的必由之路。系统的量化绝对不是一件简单的事，也绝对不能毫无标准地盲目量化。

企业想要进行量化管理，要先定义一个单位，然后才能用它去衡量、分解企业中的所有事务。但商业市场中的企业千差万别，行业不同、发展阶段不同、规模也都不同，如何才能用统一的标准度量它们呢？

围棋的棋子只有黑白两种颜色，但借助于棋盘上的布局变化却可以演化出各式各样的棋局。黑白两色的棋子就是棋局的基本单位。企业要进行量化管理，就必须找到自己的基本单位，然后通过定义这个基本单位，完成对企业管理体系的衡量与测算。这个基本单位就是统一的度量标准，它可以将企业的所有事务都衡量、分解。

在一场名为"量化管理争效益"的讨论会上，销售部的王经理和生产部的李经理围绕产品包装问题吵得不可开交。

销售部王经理：今年销售部的目标是将销售额提升 20%，通过市场调查，我们发现竞争对手最近换了新产品包装。在这一点上，我们也不能落后，必须抓紧时间为产品换一个新包装。

生产部李经理：这不行，今年生产部的目标是将成本降一个档次，所以我们已经集中采购了全年需要用的包装材料，这个时候你要换包装，我采购的包装材料岂不是都要报废吗？

销售部王经理：我们的销售额上去了，公司的经济效益自然就好了，你如果不换新包装，那我们的销售目标肯定达不成。

生产部李经理：你们的目标达成了，公司的生产成本上去了，我们的目标怎么办？我们降低采购成本也是为了给公司争效益，不能总随着你们的意思改。

眼见两人都开始撸袖子了，总经理赶忙站起来调解，会场内逐渐静了下来，最终在一片沉寂中结束了讨论。

为什么会发生这种现象？表面上看是销售部和生产部配合得不好，但实际上却是企业在定义基本单位时出现了问题。如果企业用不同的单位衡量、分解不同部门的工作，那必然导致各部门无法协调工作的情况发生，严重的还会加大各部门间的壁垒。

企业要建立科学的量化管理体系，首先要做的就是找到合适的基本单位，这个基本单位要不大不小、不松不紧，正好可以衡量企业事务运作的方方面面，使企业从抽象的决策过程到具体的执行过程，都能够得到规范。

量化管理方法所做的是将劳动力资源转化为切实的劳动，进而创造相应的价值，因此，量化管理的基本单位也应该围绕劳动力和劳动确立，也就是围绕企业中的"人"和"事"确立。

```
┌─────────┐      ┌─────────┐      ┌─────────┐
│ 劳动力   │ ───→ │ 专业协作 │ ───→ │  劳动    │
│         │      │ 工业化系统│      │         │
└─────────┘      └─────────┘      └─────────┘
      ↑                                 ↑
┌──────────────────────┐    ┌──────────────────────┐
│ 职业素养量化（人的量化）│    │ 全面项目管理（事的量化）│
└──────────────────────┘    └──────────────────────┘
```

　　"人"的量化，主要是对企业员工能力的量化，以确定员工适合做哪些工作，不适合做哪些工作；"事"的量化，主要是对员工所做工作的量化，以确定员工所做工作对企业有何价值。只有找到这两方面的基本单位，才能让企业管理逐渐走向科学化，才能推进量化管理体系中十大契约的建立。

事的量化，全面项目化

　　企业中的所有事项都可以按照事件结构模型划分层级，项目便是量化管理体系的基本单位，依托全面项目化，企业便可以完成对所有"事"的量化。

人们所从事的活动（不单单是经营管理活动），都可以用事件结构模型描述。依靠这个模型，可以将复杂的事情拆解为简单的事情，将那些简单事情做好，也就可以处理好整个复杂的事情。这就像拼积木或玩拼图一样，从复杂整体到简单个体，然后再从简单个体到新的复杂整体。

这个模型呈一种金字塔结构，共分为五个不同的层级：系统、计划、项目、任务和活动。

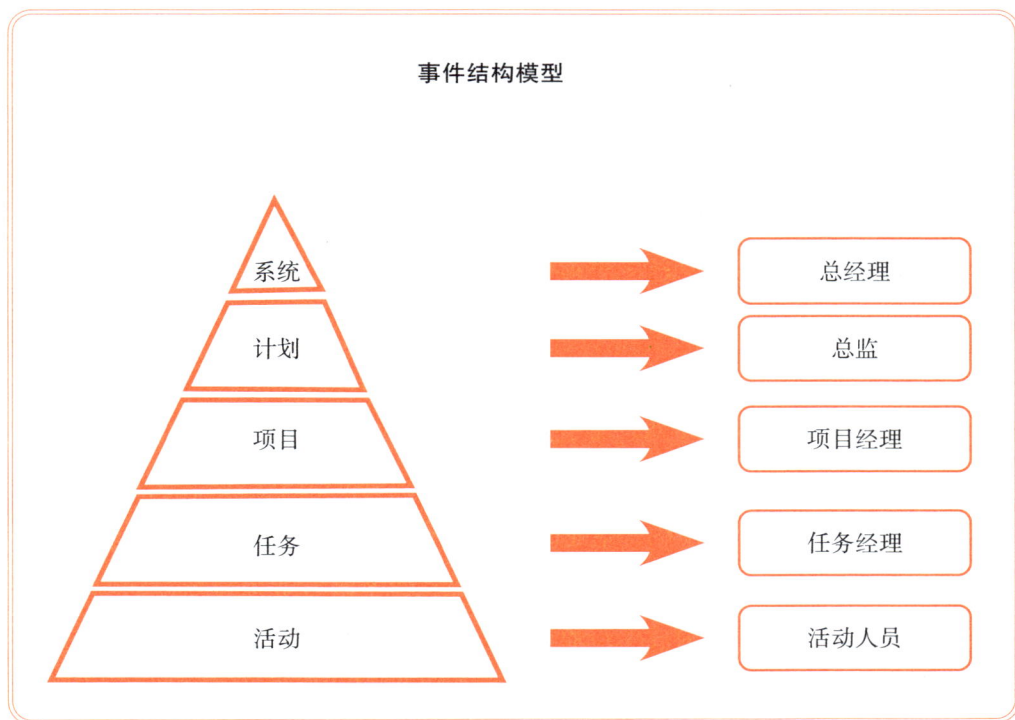

事件结构模型

金字塔层级	对应角色
系统	总经理
计划	总监
项目	项目经理
任务	任务经理
活动	活动人员

事件结构模型的顶端是系统，包涵企业所有复杂的事情。将这些复杂事情规划拆解后得到计划，再继续拆解便得到许多项目。在项目之下，还有任务和活动，这也是一层一层拆解得来的，层级越是向下，内容就越是细致。

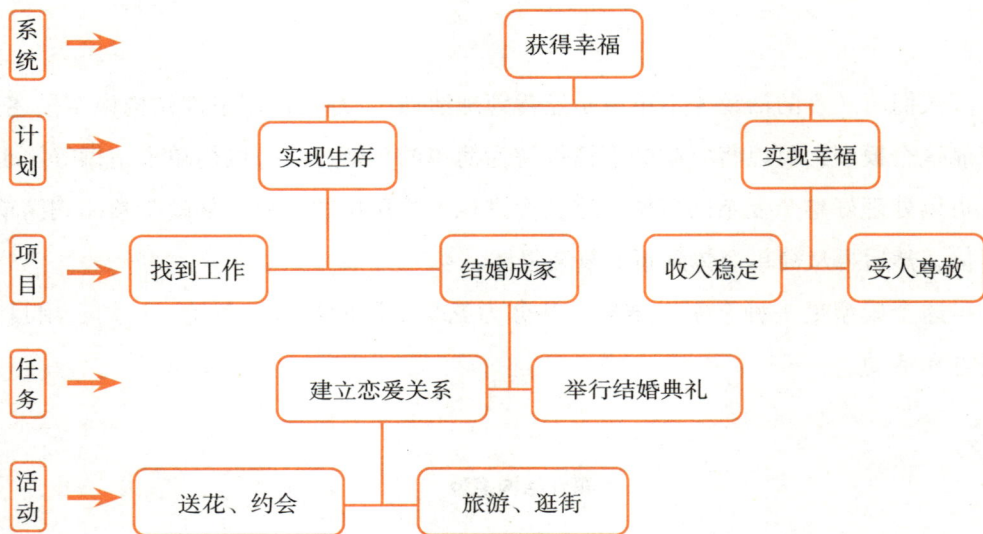

企业的工作正是由于这几个层级的划分，才设置了不同层级的管理者：总经理是一个公司的系统管理者，总监是计划管理者，部门经理是项目管理者，主管是任务管理者，普通员工是活动管理者。许多公司在管理上出现问题，就是因为不懂这个模型造成的。

就拿部门总监和部门经理这两个岗位来说，它们的管理职能就经常被混淆。很多企业的总监不懂得做计划，而是只抓项目和任务层级的事。如此一来，总经理则要既抓系统，又制订计划，所有的顶层设计工作都交给总经理，部门经理成了可有可无的闲职。长此以往，企业的办事效率自然会直线下降。

正常的企业经营应该是怎么样的呢？首先，总经理负责系统部分，提出企业当年的工作目标——如年内成为行业第一；其次，总监负责计划部分，将目标分解为具体的工作计划——销售部完成40%的市场占有率，研发部开发10款新产品，人事部招聘 5 位策划人员，财务部做出清晰的预算规划；再次，部门经理负责项目部分，将每一项计划分解为若干项目；然后，主管负责任务部分，将自己的项目细化为不同任务，分配给员工执行；最后，普通员工负责活动部分，认真执行主管分配的各项工作活动。

这便是按照事件结构模型开展的正常企业经营活动，在这一流程中，部门经理所负责的项目部分便是企业量化管理的基本刻度。为什么要将项目层级作为量化管理的基本刻度，而不是更高的计划层级，或是最低一层的活动层级呢？

如果将基本刻度定在计划层级，在量化计划层级的内容时，就会出现计划无法全部落实的情况。比如，企业规定总监每年要做出固定量的计划，当总监做出这些计划并分配到各个部门时，就一定会造成有些计划执行不下去，或是有些计划没人能完成的情况。

如果将基本刻度定在任务层级，去量化活动层级的内容，又有些太过精细化，容易起到反作用。比如在电脑前愣神的时间限制在 10 分钟内，这样的规定足够量化，但真正施行起来就会发现，根本无法执行到位，即使用严格的惩罚措施加以规制，也很难保证达到效果。更何况，谁能保证效率更高的企业，市场利润就一定丰厚呢？

再比如搬家这项工程，有四种雇主：

第一种雇主：不做任何准备，指着屋里的东西对搬家公司说："搬吧，就这些！"到了新家后，要用的东西一件都找不到，还丢失损坏很多。

第二种雇主：做简单规划，对搬家公司说："搬吧，注意这些东西，要轻拿轻放；这些是贵重的东西，小心保管。"到了新家，重点物品能找得到，但是效率还很低。

第三种雇主：进行项目化管理，打包装箱。对搬家公司说："搬吧，总共 23 只整理箱，到新家我要查验。"这样，物品几乎都得到妥善安置，但由于打包的物品没有归类，还是会发生找不到的现象。

第四种雇主：全面项目化管理，将所有物品按照一定的标准放到整理箱里，并且清晰标注。易碎的东西注明"小心轻放"，怕潮的东西注明"防水防潮"。所有物品被安排得井井有条，一件没有损坏，一件没有丢失。

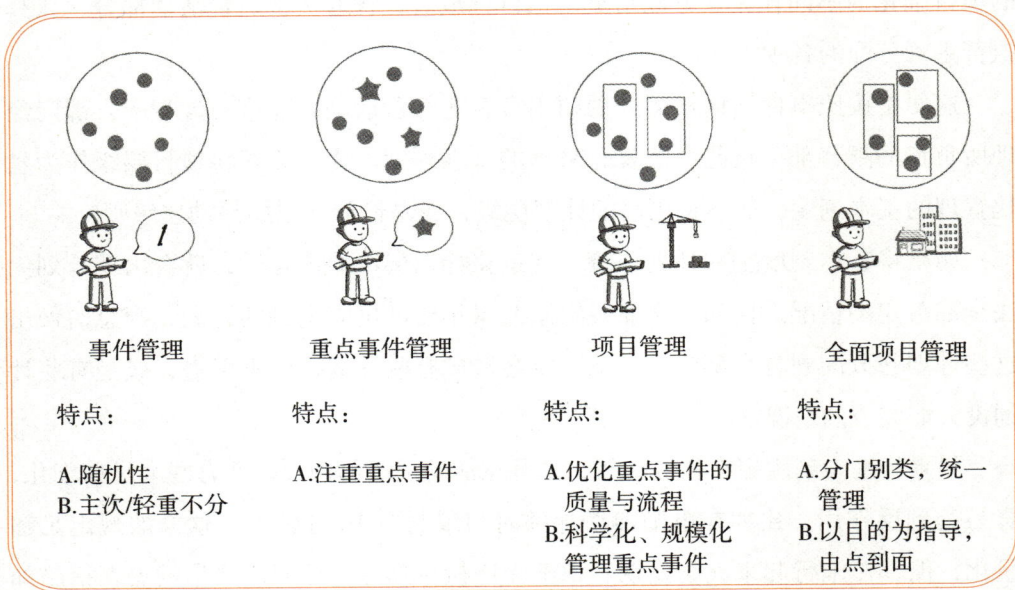

事件管理	重点事件管理	项目管理	全面项目管理
特点：	特点：	特点：	特点：
A.随机性 B.主次/轻重不分	A.注重重点事件	A.优化重点事件的质量与流程 B.科学化、规模化管理重点事件	A.分门别类，统一管理 B.以目的为指导，由点到面

企业对事件管理的成熟度如同搬家，最初是随机管理，工作没有任何划分，哪个在手边，就关注哪个；下一个阶段是重点事件管理，有主次之分，把工作按轻重缓急做了分类，像一个青年人，成熟些了，有一定的判断性；第三阶段是有规划的重点事件管理，把重要的工作按项目进行管理，如同中年人，开始意识到必须用多大精力保证哪个项目顺利完成，在质量和投入上开始博弈；最终的阶段是全面项目管理，把所有的工作分门别类，这时企业成熟度已经到了知天命的年龄，一切尽在掌握之中。

如此来看，只有以全面项目化，将项目作为对"事"量化的基本单位，将企业的各项日常事务打包成项目，才能提升企业的经营管理能力。但从事件结构模型来看，以项目作为对"事"量化的基本单位似乎不那么容易量化比项目更细小的活动，为了能够更好地量化企业所有工作，项目积分便应运而生。

所谓项目积分，就是根据项目的历时、操作复杂程度和不可控性对各个项目进行评分，以此对项目进行更为具体的描述。一个 80 分的项目和一个 40 分的项目相比，在完成难度上肯定要更大，那完成 80 分项目的员工，就会比完成 40 分项目的员工，多获得一些回报。

通常情况下，一个完整的项目需要由多名任务经理共同完成，那最后这个项目的积分便由所有项目组成员共同分配。在具体分配时，需要根据不同任务经理在项目中的不同任务目标进行分配，负责的任务越多，获得的积分也就越多。此外，一些对于项目具有突出贡献的项目组成员，也可以获得较多积分，但需要前期制订积分分配的规则。

通过项目积分，企业可以将员工所做工作进行量化，并据此对员工的工作能力进行评价。拿到更多项目积分的员工，显然要比拿到较少项目积分的员工，对企业贡献更大。

企业将项目和项目积分作为对"事"量化的基本单位，可以将经营过程中的大小工作逐一量化，这种全面项目化的管理方法，可以帮助企业制订切实可行的工作计划，最大效率地实现企业目标，提升企业经营效率。

全面项目化是量化管理体系中对"事"的管理方法，是建立量化管理十大契约的重要基础。作为提高企业执行力的必要保障，全面项目化将为企业量化管理体系的建立奠定坚实基础。

04

人的量化，职业素养量化

科学的量化管理体系既能将企业内部的各项事务量化，也能对企业中人的能力进行量化。与全面项目化一样，职业素养量化也是量化管理体系中的一项重要基础。

一支优秀的球队，不会依赖球星的超常发挥——尽管它可能拥有众多的球星。企业对人才的管理也是如此，人尽其才、才尽其用，整体就会产生最大的效率。

职业素养量化，是量化管理体系的另一个重要基础，只有把合适的人放在合适的岗位上，也只有在合适的岗位上培养合格的人，企业对"球星"的需求才会越来越少，人力资源管理才不会出现真空地带。最终，"不需要人才"的企业将自觉地按照预定轨迹运转，因为企业里的每一个人都是人才，至少是适合某个岗位的人才。

有一次，我去江苏一家生产饮料的企业调研，企业总裁邀请我参观他的生产线，他的生产线自动化程度很高。

这套生产线有一个环节是给空白的饮料贴标签。传送带把饮料瓶一个一个地传送过来，上方有圆筒状的机械手，把标签准确地套下来，再经过热收缩工艺，标签就被贴到瓶上了。我们参观这个加工环节的时候，机械臂出了问题，可能是对焦不准，标签只能套到瓶口。旁边有一个工人，还有一个车间主任正在研究解决这个问题。

这时候，企业总裁马上就凑过去，说："你们走开，我来，这事我在行。"他调节一个半小时，把这个问题解决了。当时已经是晚上十点多了，工厂参观一半左右，很晚了，剩下的就来不及参观了。

后来，我问了总裁一句话："你是不是每天很忙？"

他回答说："我每天只睡三个小时，剩下的时间都在工作，天天电话不断，所有的事情都来找我。"

其实很多企业家都是这种工作状态，公司越大，管理者越忙。随后，就会引发另外一个问题——人才的匮乏。当企业规模达到一定程度以后，你会发现招聘工作越来越难，尤其是找一个合适的中高层领导。很多企业，愿意出 50 万元年薪聘请一位市场总监，但就是找不到。再有，新员工进入公司之后，培养新员工需要很长时间，就像师傅带徒弟一样，大概需要两三年，这个人才能在某一个岗位上干点实事。刚来的一两年，这个人就是给上级做助手、扮演秘书的角色。

那我们怎么才能把所有"球员"全培养成"球星"？怎么才能像宝洁一样确保各个人才梯队的后备力量都十分充足呢？

我们可以在组织内部建立一套通过职业素养分量化个人能力的系统，就像大学的学分系统一样。简单说，就是把岗位能力需求列成一张表，再将每个具体能力需求评估出固定的分数，当某员工获得这种能力以后，比如说学会渠道建设中安全库存管理的知识，或者具备开拓经销商能力的时候，我们就给他加上相应的分数。员工可以通过累计职业素养分提升自己的能力，企业也能通过职业素养分了解员工的能力大约在什么水平。

职业素养量化是构建职业发展契约的基础，也是企业进行量化管理的必要条件，它不仅可以为企业制定薪酬制度提供依据，也可以帮助企业明确各个岗位的职责需求，为员工职业发展规划清晰路径。企业在设计职业发展路径时，需要借助职业素养量化的内容，将员工分类定级，并建立相应的职业发展契约。

在量化管理体系中，职业素养量化需要经历四个重要步骤，即分类、定级、核分和建档。分类就是对企业员工类别进行划分，定级则是根据员工类别细化职级要求，核分是对各层级员工的职业素养分进行核定，建档是在企业内部建立员工职业素养档案。

下面详细介绍这四个重要步骤的具体内容。

1. 职业素养量化第一步——分类

在职业素养量化的第一步中，企业需要根据员工的职业素养表现，以及企业当前的制度体系，对员工进行类别划分。通常来说，一个企业会存在四种不同的成员，即领导者、管理者、技术专家和执行者。

人员类型	重点素养要求	重点内容
L层	高纬度的管理素养	整体感、方向感、偏重宏观
M层	优秀的管理素养	规则与沟通、偏重微观
E层	突出的专业素养	钻研、突破、创新
A&T层	态度执行	耐心、认真、坚韧

领导者是企业这艘航船的船长，既可以是一个人，也可以是几个人，企业的发展方向和最高决策权都掌握在他（他们）的手中。在事件结构模型中，领导者主管系统层级，需要从大方向和战略角度管理企业。

管理者是企业这艘航船的秩序维护者，统筹管理企业的人、财、物等战略资源，确保企业能够正常经营发展。当领导者指定了企业的发展方向后，管理者要运用各种管理手段，努力推动企业朝着这个方向前进。

技术专家是企业这艘航船的智囊，主要负责解决企业经营过程中遇到的各种技术困难。他们不需要具备过强的管理能力，但在专业领域一定要有较高水平，这样才能保证企业在技术领域始终保持竞争力。

执行者是企业这艘航船的船工，他们是企业日常事务的执行者，小到会议记录，大到活动筹划，都需要他们全力执行。

企业需要在一开始就将现有员工按照这四个类别进行划分，这样才有利于为所有员工进行量化打分。如果少了这一步，高层管理者和基层员工在一起比拼职业素养分，显然是没有意义的。

2. 职业素养量化第二步——定级

在职业素养量化的第二步中，企业要在同一类别的员工之间，按照技能水平的高低，划分员工的职业素养等级，这一环节需要引入前面提到的职业素养分体系。

大学生需要修够学分才能毕业，企业也可以在内部建立一套学分体系，通过职业素养分量化员工的个人能力。具体来说，企业需要先将岗位能力需求罗列在一张表中，而后将每个具体的能力需求评估出固定的分数。这样，当员工获得某种能力后，便可以获得相应的职业素养分数，而企业也能通过员工的职业素养分，了解员工的职业能力达到何种水平。

企业可以根据自身情况对事件结构模型中的各层级进行素养分规定，下面是某企业制定的职业素养分示例。

层　级	职　　级	素养分域	素养分来源说明		
			基础素养	专业素养	管理素养
系统层级	M7总经理	85～100分	·完成商务聆听、商务演讲、商务概念、商务写作与项目管理的培训与考核 ·该项满分为10分	·按部门完成所在岗位要求的专业素养点（专业素养点源自项目中的关键任务）考核 ·员工以专业素养汇报方式获得素养分，该项满分为30分	·员工通过企业管理大学培训与考核、年度绩效评估以及公司特别嘉奖等方式获得该素养分 ·该项满分为60分
计划层级	M6副总经理	75～85分			
	M5部门总监	60～75分			
项目层级	M4高级项目经理	45～60分			
	M3中级项目经理	30～45分			
	M2初级项目经理	20～30分			
任务层级	M1任务经理	12～20分			

3.职业素养量化第三步——核分

在日常工作中，企业还需要通过面试、笔试等方法，继续对全体员工进行职业素养分测评，由此确定每个员工的基础素养、专业素养和管理素养的具体分数。在这种动态测评过程中，职业素养分累积达到一定标准的员工便可以晋升到更高等级之中。

（1）基础素养

基础素养也可以称为职业习惯，宝洁公司将这一方面的能力定义为"听、说、读、写、行"这几个方面的习惯。每一个进入宝洁公司的员工，都需要在培训期内掌握这些习惯，就像士兵入伍训练一样，只有掌握最基础的立正、敬礼、踢正步，才有资格学习射击、驾驶等更高级别的能力。

　　"听"指的是商务聆听，也就是建立商业的思维习惯，能够正确理解商务人士话语的中心意思。"聪明"这个词中的"聪"指的便是听的能力，不仅是听得到，还要听得懂，这反映的是一个人接纳信息和整理信息能力。

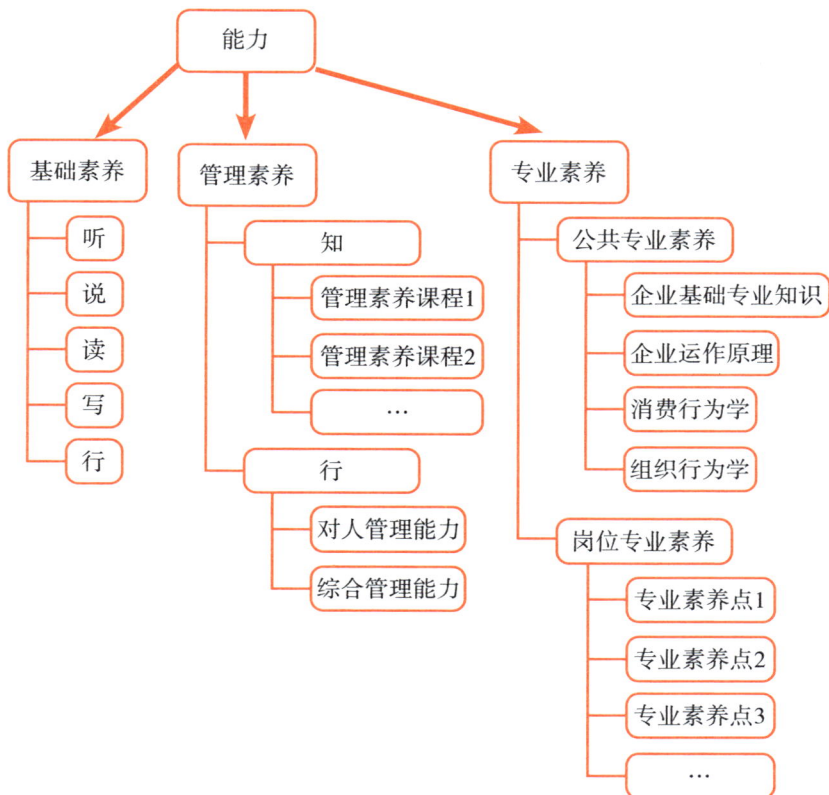

```
                        ┌──────┐
                        │ 能力 │
                        └──────┘
        ┌──────────────────┼──────────────────┐
        ↓                  ↓                   ↓
   ┌──────────┐      ┌──────────┐       ┌──────────┐
   │ 基础素养 │      │ 管理素养 │       │ 专业素养 │
   └──────────┘      └──────────┘       └──────────┘
        ├─ 听             ├─ 知               ├─ 公共专业素养
        ├─ 说             │   ├─ 管理素养课程1     ├─ 企业基础专业知识
        ├─ 读             │   ├─ 管理素养课程2     ├─ 企业运作原理
        ├─ 写             │   └─ …               ├─ 消费行为学
        └─ 行             └─ 行               └─ 组织行为学
                            ├─ 对人管理能力   └─ 岗位专业素养
                            └─ 综合管理能力       ├─ 专业素养点1
                                                  ├─ 专业素养点2
                                                  ├─ 专业素养点3
                                                  └─ …
```

　　"说"并不是不着边际地说，更不是语无伦次地说，而是专业性更强的商务演讲。一个现代的职业经理人，尤其是管理者，必须具有很强的语言表达能力，只有自己懂是不行的，必须把自己的信息很准确地传递给别人。

　　"读"指的是对商务概念的理解，就是对企业内部所涉及的各种关键性词汇有一个系统的理解。什么是品牌？什么是产品？什么是终端？什么是安全库存？很多人认为这些常用词汇没必要定义，但实际上，每个人对这些常用词汇的理解都有所不同，若不加以定义将导致企业各部门在协调配合上出现问题。

"写"指的是写计划、写总结、写便条，并不是一般场合的书写，而是一种商务写作习惯。当下，许多企业的商务公函都像写私人信件一般随意，语句不严谨，行为的逻辑性也明显不足。一些企业公关部门的公告，且不说事实表述是否准确，就连内容表达都不甚清晰，这是完全不行的。

宝洁公司为了说明"写"这种基础素养的重要性，当时特别刊登一位员工写的家信，以说明商务人士的习惯和普通人的习惯是不一样的。

没接受基础素养培训之前：

亲爱的爸爸妈妈：

你们好。我即将毕业了，毕业之后，我将加入宝洁工作。

在这个暑假，我不回家了，我计划和同学一起出去旅游。

我们暂定先去云南，之后去四川，大概需要 15 天左右的时间。我们同行的有 6 个同学，你们不要担心。

我很想念你们，希望爸爸妈妈能来学校看我。

儿子：小帅

2010 年 5 月

经过三个月的培训之后：

To：爸爸，妈妈

From：儿子小帅

Re：3 个月的生活

时间：2010 年 9 月 1 日

亲爱的爸爸妈妈，我加入宝洁已经 3 个月了，在这 3 个月里，我主要做了以下几件工作：

1．接受了专业的基础素养培训，我掌握了如下能力：

……

2．现在正在进行岗位适应训练，在这些方面还需要加强锻炼：

……

3．对未来的规划，有几点预期：

……

我非常想念你们，希望你们来看我，如果你们有来的计划，我未来两个月的时间表如下：

未来2个月时间安排表							
11月				12月			
第1周	第2周	第3周	第4周	第1周	第2周	第3周	第4周
已安排	已安排	★	已安排	★	已安排	已安排	★

备注：带星号的表示我有时间。

这仅仅是个虚构的案例，写家信并不必像写商业公函一样措辞严谨。但是，如果你仔细看就会发现，现在一些公司的商务公函都像家信一样随意，想到哪儿说到哪儿，没有条理性和逻辑性。还有一些公司写年度总结，10 个人能写出 10 种格式。每个员工都按自己的习惯做事，公司的效率在哪里？

"行"就是项目管理，这项基础素养能力就是用项目管理的方法，对企业日常工作进行管理。在宝洁公司，每一个员工都需要接受项目管理培训，以更好地融入企业日常管理运作之中。

在具体操作中，企业可以从商务聆听、商务演讲、商务概念、商务写作和项目管理几个方面对新员工进行基础素养能力考核，每个方面的考核分值多为 2 分，即：

基础素养能力考核	分　值
商务聆听	2
商务演讲	2

续表

基础素养能力考核	分　值
商务概念	2
商务写作	2
项目管理	2

以商务写作为例，这一员工基础素养考核点的考核标准为清晰、准确、正确、简洁地写作，能够达到这些标准，员工便可以获得 2 分的职业素养分。

考核标准	说　明
清晰	逻辑清晰，论证严谨，证据充分；结构清晰，层次分明，一目了然
准确	数据、概念、理论等准确无误，条理分明
正确	文字描述基于事实，不能产生歧义，每一句话甚至每一个词在表意上具有唯一性
简洁	避免空洞的修饰词，使用简单的陈述句，文章简洁干练

在培训期间，新员工如果可以完成上面全部的基础素养考核，那他便可以拿到 10 分的基础素养分，这些基础素养分便是员工走上职业道路的最初积累。在此后的工作中，员工需要继续提升其他方面的职业素养能力，不断累积职业素养分，实现职级和人生的跃迁。

（2）管理素养

管理素养就是组织管理的能力，宝洁公司将这方面的能力归入不同年级管理大学的课程，不同岗位职级的员工要完成对应年级管理大学的课程。

事件结构模型的不同层级员工需要完成不同管理大学的课程：活动执行人员需要学习管理大学一年级的课程，这是他们晋升任务经理的必要通道；任务经理需要学习管理大学二年级的课程，以掌握更多项目管理的方法与技巧，朝项目经理的方向发展；项目经理要学习管理大学三年级的课程，只有具备这一课程的管理素养能力，才有可能独立领导一个部门。

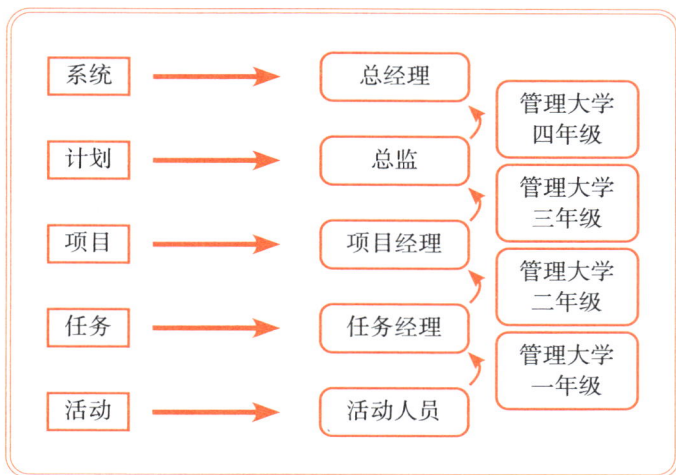

　　不同年级管理大学的具体课程是不同的。管理大学一年级主要学习一些基础的管理理论和管理方法，目的是让刚接触管理的员工了解什么是管理。管理大学二年级的课程要更丰富一些，但也多是一些通用的管理知识。到了管理大学三年级，员工便要学习一些影响企业发展大局的能力，比如年度经营计划管理、组织架构与编制管理等。最后到管理大学四年级，参与学习的基本都是部门总监级别以上的员工，他们所需要掌握的能力，就是如何为企业这艘航船掌舵，怎么制定战略规划，如何用制度约束下属行为，又如何用期权和年薪激发下属的热情。

管理大学 二年级	组织行为学1 中级项目管理 职业规划 流程建设与优化	沟通与冲突管理 人员性格分析与任用	品牌量化管理 目标成本与预算 产品供应链概述
管理大学 一年级	管理者职业与素养 管理的原则与方法	与上级工作 直接经理的职业 与工作内容	团队建立与角色划分

（3）专业素养

从上面的介绍可以看到，管理大学所有的课程都围绕管理而设计，不讲营销，也不讲业务，只立足于管理，其目的在于教会员工提升管理素养，至于在具体工作上的能力，则是通过专业素养来体现的。

专业素养就是对工作具体方法、流程和标准的掌握，企业内部不同部门员工的专业素养能力有所不同。比如，市场部要求员工对市场变化高度敏感，懂得各种市场分析方法；销售部要求员工掌握较高水平的营销技巧，能够策划并开展营销活动。

在厘清企业中人的分类和人的必备能力之后，企业便可以着手对"人"进行量化了，具体要如何操作呢？这里需要引入的基本单位就是职业素养分。

员工从加入企业之初，便被要求获得相应的职业素养分，只要掌握相应能力，便可以获得相应的分数。在分数分配上，职业素养分主要围绕基础素养、管理素养和专业素养进行分配，员工需要在相应的岗位，拿到相应的职业素养分。

职业习惯（基础素养）	管理能力（管理素养）	专业能力（专业素养）
听（2分）	管理大学一年级（5分）	·产品规划项目（2分）
说（2分）	管理大学二年级（10分）	·消费者需求调研任务（1分）

续表

职业习惯（基础素养）	管理能力（管理素养）	专业能力（专业素养）
读（2分） 写（2分） 行（2分）	管理大学三年级（15分） 管理大学四年级（30分） （备注：每年项目排名、客户嘉奖也是管理素养提升的一种方式）	·新产品上市项目（4分） ·新产品上市规划任务（1分） ·新产品设计出样任务（1分） ·新产品测试调整任务（1分） ·渠道开发项目（2分） ·渠道谈判任务（1分） ……

　　新员工每通过一门基础素养培训课，便会获得 2 分的基础素养分，成功通过听、说、读、写、行这五门课程，就会获得 10 分的职业素养分。这是新员工在宝洁公司的起始分，拿到这些基础分数后，新员工才有资格走上工作岗位。那些分数不达标的员工，必须补齐相应课目的分数，如果在一段时间内始终补不齐分数，那便没办法顺利转正。

基础素养

分类	主要培训内容	考核预算	职业素养分	带教负责人
听	聆听与理解，增强聆听能力 有效提问 锻炼思考与解决问题的思维能力 ……		2分	
说	口头工作汇报 信息反馈技巧 讲演、销售技巧培训 掌握演讲控场技巧 ……		2分	
读	基本商务词汇专业概念 学会月度专业商务报告 信息收集能力培训 ……		2分	

基础素养				
分类	主要培训内容	考核预算	职业素养分	带教负责人
写	学习计划书、各类报告、商务文书撰写 专业模块对等训练（绘图、制表等） ……		2分	
行	项目管理原理 执行技巧训练 岗位工作流程培训 统一行为模式 ……		2分	

其实，大多数企业的岗前培训便是对员工基础职业素养的训练，但当前一些企业的岗前培训，要么是流于形式，要么是针对性不强，员工基础素养训练得不扎实，便匆忙入职工作，最终影响企业整体的运转效率，也有碍于其他素养的训练。

在基础素养训练之外，企业还需要对员工进行管理素养和专业素养的训练，以帮助员工拿到管理素养和专业素养方面的分数。

管理素养方面的分数主要围绕涉及管理的各项能力，比如理论方面的组织行为学、流程规划与建立、企业文化建设等。企业员工达到相应要求，便可以获得相应的分数。下属获得晋升后，也为上级管理者增加相应的管理素养分，这也是对管理素养能力的一种量化。

管理素养			
知	提升分值	行	提升分值
组织行为学	××分	综合管理能力	××分
人才能力分析	××分	对人管理能力	××分
员工职业发展规划	××分		
团队建设	××分		
流程规划与建立	××分		
部门行政管理	××分		
跨部门沟通	××分		
全面项目化管理	××分		

续表

管理素养

知	提升分值	行	提升分值
组织建立与规划	××分		
战略规划	××分		
企业文化建设	××分		

企业有一些通用的公共专业素养能力考核，各部门也会针对部门岗位特征考核员工的相应能力，专业素养方面的分数在分配上也会有所差异。研发人员有研发的课程，财务人员有财务的课程，通过课程考核后，员工便可以拿到固定的分数。一些企业将改造与创新企业生产（研发）流程，作为专业素养方面的加分项，鼓励员工积极投入生产技术研发。

专业素养

公共专业素养	提升分值	岗位专业素养	提升分值
企业运作原理	××分	人力资源部素养点	××分
消费者行为学	××分	总经办素养点	××分
组织行为学	××分	销售部素养点	××分
生产安全知识	××分	市场部素养点	××分

4. 职业素养量化第四步——建档

职业素养量化的最后一步，是对职业素养量化成果（前三步所得成果）、职业素养量化制度和职业素养量化管理办法进行宣导和归档记录；同时还要建立标准的档案管理流程及管理制度，将职业发展契约落实到企业人才管理上。

员工职业素养卡

初始资料

建档日期	姓名	部门	岗位	分类	定级	描述	员工签名
2021/3/1	王微	HR	初级项目经理	M	M2	基础素养10分 专业素养9分 管理素养10分	王微

		职业素养变动记录表		
日期	变动方式	变动内容	结果描述	员工签名
2021/3/31	专业素养汇报 管理素养培训与考核	晋升为M3	基础素养10分 专业素养15分 管理素养14分	王微
2021/12/31	专业素养汇报 管理素养培训与考核	晋升为M4	基础素养10分 专业素养20分 管理素养18分	王微
……	……	……	……	……

在这一环节中，企业除了需要设计完整的职业素养点及素养分量化表，还需要设计员工职业素养卡。这种员工职业素养卡相当于一种凭证，既是职业发展契约落地施行的凭证，也是员工一步一步朝着职业未来前进的凭证。

如上表所示，每一个想要实现职业晋升的员工，都要通过专业素养汇报和管理素养培训与考核。通过专业素养汇报，员工不仅可以实现自身加薪、升职，还能让企业内部的知识得到传播，提升企业员工的整体素养。这种近乎公平、公正的方式，可以让能者居其位，劳者得其偿，远比依靠领导者的直觉、管理者的经验筛选人才更为高效。

利用职业素养量化体系在企业与个人之间建立长期利益契约，不仅能够为企业储备丰富的人力资源，还可以让员工认清自己的职业晋升方向，是一种互惠双赢的契约关系。

职业素养分既是对员工职业素养能力的综合表达，也是量化员工能力的基本单位。宝洁公司的一位前任董事长曾说过，如果你把我们的资金、厂房及品牌留下，把我们的人带走，我们的公司会垮掉；相反，如果你拿走我们的资金、厂房及品牌，而留下我们的人，十年内我们将重建一切。

这就是职业素养体系带来的本质变化。当然，这里仅介绍了职业素养量化管理的一个局部，但这却是全面施行量化管理体系的关键部分。

第3章

战略契约，量化管理的顶层设计

01

战略是企业的第一契约

————————————

战略作为企业的第一契约，是企业未来发展的顶层设计，也是其他各项契约制定的基石，是企业基于事情发展规律，对未来发展方向的一整套约定。

战略是企业量化管理体系中的第一契约，从不同的角度理解战略规划，往往会产生有不同的感悟。

从企业未来发展的角度来看，战略表现为一种计划，一种谋划未来的计划；从企业过去发展的角度来看，战略则表现为一种模式，一种经营决策的模式。如果从产业层次来看，战略表现为一种定位，即企业在行业中的定位；而从企业层次来看，战略又表现为一种观念，即实现发展目标的观念。

1965 年，管理学家安索夫提出企业战略这一概念，经过后人的补充和完善，现在的企业战略一般指企业为谋求长期生存和发展，在对外部环境和内部资源条件分析研究的基础上，对企业的目标、经营方向、重大经营方针、实施步骤做出总体性的谋划。

但某些企业的"战略"就是老板脑中的想法，这些想法不仅经常更换，而且很多还很无用。如果将战略规划比作企业发展的方向规划，那这些企业就是在毫无方向地发展，今天向东，明天向北，后天可能又转向西面，如此一番折腾后企业是在原地踏步。

这么说可能其管理者并不服气：谁说我们的企业没有战略？我们的战略就是赚钱。不要说十年二十年之后怎么赚钱，我们要的是现在、立刻、马上赚钱，除了赚钱其他战略都是胡扯！

赚钱确实是必要的，但将企业战略规划全归结为赚钱，那格局就太小了。那些长远的、看起来像梦想一样的战略，对企业来说是十分必要的，赚钱只是其中的一个附带结果。

"充分发挥勤勉认真的技术人员的技能，建立一个自由豁达、轻松愉快的理想工厂。"这是一家巨头企业《创立宗旨书》中的内容，就像那句"活着就是为了改变世界"一样，其战略宗旨被外界解读为"用科技愉悦人类"。

在量化管理体系中，战略规划指的是围绕目标（梦想），基于事情发展基本规律，对未来发展方向与道路的一整套组织约定。要对企业未来发展做出预测，更要统一组织内部所有成员的思想。

商业市场中，制定战略规划的流派主要有两个，一个是机会战略流派，另一个是能力战略流派。

机会战略流派以预测未来市场机会为核心，围绕可能出现的市场机会提出相应战略，成败关键在于能否精准预测未来市场机会。一旦预测正确，企业便可能扶摇直上，但若预测错误，那便是一切努力都成空。从这一角度来看，机会战略流派更像在赌博，赌对了就能赚得盆满钵满，赌错了一切投入便都会变成亏损。

能力战略流派将关注重点放在企业自身能力上，较少预测可能出现的市场机会，他们认为只要企业自身能力达到一定水平，就可以把握各种市场机会。这也是量化管理体系所提倡的战略契约制定方式，将企业未来发展押注在自身能力上，要远比押注在市场机会上更为可靠。

由此我们可以发现战略契约制定最为重要的指导思想，就是用规律预测未来，按照规律定战略。确定好战略后，企业便要着手落实相关战略，也就是要统一组织内部所有成员的思想。

制定什么样的战略，就会产生什么样的行为。企业的所有行动都是从战略出发的，于战略无益，或是违背战略意图的行动是必须避免的。这也就是说，在企业战略形成后，还需要让战略落地，让企业中的所有成员都了解企业战略目标。

如果企业中的所有成员没有对企业战略目标达成共识，他们便会按照自己的本能、想法开展工作，各行其是，组织的整体效率就会变低。当前世界所有高效组织,无一不对战略规划有清晰描述。只有这样,组织中的成员才能按照既定目标,完成各自工作，彼此协调配合，组织架构间的摩擦便会减少，整体工作效率也会相应增高。

战略规划是企业量化体系中最重要的组织约定，它由高层管理者制定，由所有组织成员共同遵守。一个企业如果没有战略契约，那它的经营发展就会出现问题。今天大家还在朝着东边使劲，明天就瞬间转向西边，来来回回相当于什么也没做。因此，战略契约是企业发展的基石，也是企业要最先确立的一种契约。

在具体流程上，企业战略规划的制定一般需要经历以下六个关键流程：

第一，制定企业远景、使命与价值观。

第二，选择战略规律，确认需要建设的能力。

第三，制定 5 年战略评估结果（M）与战略目的（O）。

第四，制定阶段目标（G），将战略能力分配到各个阶段。

第五，基于企业实际情况与阶段目标制定策略集合（S）。

第六，修正 5 年评估结果。

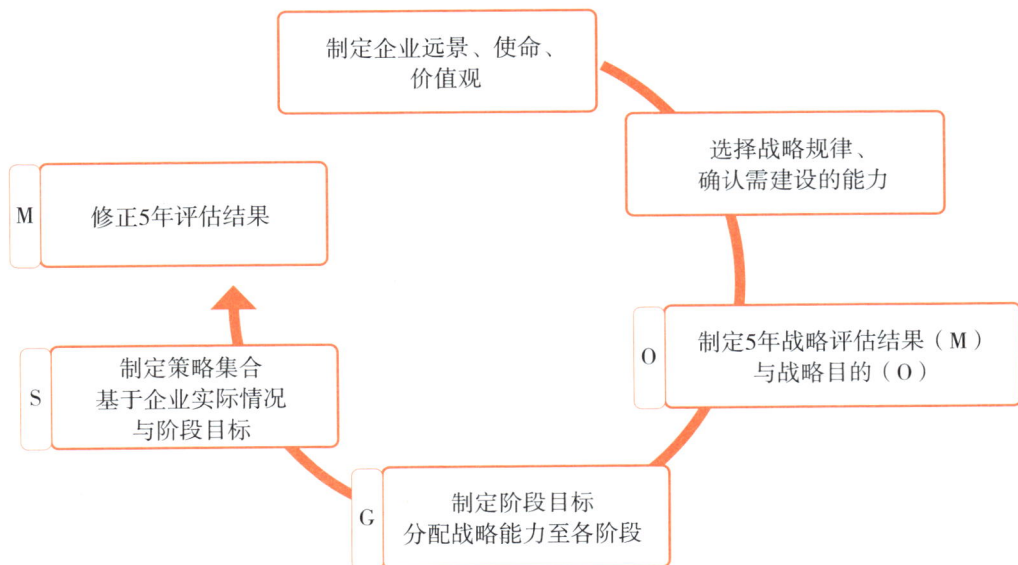

战略规划制定流程

这六个关键流程主要涉及战略规划的三方面内容：第一方面是企业的总体战略规划，即企业的远景、使命和价值观；第二方面是企业战略规划制定需要遵循的 13 条规律及一些需要建设的具体能力；第三方面则是五年战略规划，即利用 OGSM 模型制定企业五年的战略目标及执行策略。

企业在制定战略规划时，需要先深入了解每个工作流程具体的操作方法，这样才能更好地推进战略规划的制定。

远景，指明企业未来方向

　　企业远景是战略规划的重要组成部分，是一个前瞻性的目标，是对企业理想存在状态的形象表述，更是凝聚和调动全体员工工作热情的重要内容。

经过十年发展，我们已经成功度过了从诞生到成长的初级发展阶段，现在，公司已经进入了快速发展的新阶段。随着中国经济的崛起和发展，中式快餐企业也迎来了千载难逢的发展机遇。新的发展机遇和发展阶段，对企业的经营思想和管理模式提出了新的要求。为了明确未来的发展目标，规划未来的发展道路，管理团队特制定了2020—2025年的战略发展规划，供董事会审批。

这是一家中式快餐企业战略规划的前言部分，可以看出，这家企业是基于发展机遇和发展阶段而制定的战略规划，这也是大多数企业制定（或调整）战略规划的一个基本背景。当面对新的机遇与挑战时，企业必须从战略层面思考未来的发展规划。那么具体的战略规划内容该从哪里开始呢？

在量化管理体系中，企业的远景应当是企业总体战略规划的第一项内容。所谓远景，就是指由组织内部成员制定，并经团队讨论获得一致共识，最后形成的大家愿意全力以赴达到的企业理想的存在状态。

一般来说，企业的远景多是一些具有前瞻性的计划，或是开放性的目标，比如前面提到的"成为行业领军者"便是一种远景。这家中式餐饮企业为自己制定的远景为："将我们的品牌建设成为世界范围内最有影响力的中式快餐品牌。"

事实上，越是优秀的企业越强调企业远景的重要性。因为这不仅是培育和鼓舞组织内部所有员工激发潜能、努力奋进的重要工具，更是让市场客户和社会大众了解企业的主要窗口。

企业需要通过远景告诉大众，这家企业未来要做成什么样子，其将本着什么样的态度去影响整个社会。在制定远景时，企业必须要回答下面三个问题：

问题一：企业未来打算在什么样的范围发展？

这一问题是要在远景中圈定企业的发展范围，是要做一家本地企业，还是要成为全国知名企业，又或者要成为一家国际化企业。必须要先有一个范围，而后才好去规划要动用多少资源实现这一点。

问题二：企业未来打算在什么行业领域进行经营活动？

这一问题与第一个问题是不同的，可以说是对第一个问题的补充。在确定企业的发展范围后，还需要在远景中明确企业打算在哪个（些）行业领域开展经营活动，是自始至终都立足于某个行业领域做大做强，还是在多个行业领域布局多样化经营，这一点必须提早说清楚。

问题三：企业在上述两个范围要达到什么样的状态？

这一问题是在上面两个问题有了明确答案的基础上提出的，企业不仅要在远景中明确发展范围和行业领域，还要量化具体的指标。要说明白企业期望在这两个范围达到什么样的状态，是做到行业龙头，还是进入百强行列，一定要有一个量化的表述。

回答完这三个问题，在描述远景时，企业便可以采用"远景 = 时间 + 地域 + 领域 + 达成状态"的格式，将自己的远景表述出来。

"将我们的品牌建设成为世界范围内最有影响力的中式快餐品牌。"这一远景既回答了范围问题（世界范围内），也回答了行业领域问题（中式快餐），又量化了具体指标（最有影响力品牌），包含地域、领域和达成状态三方面内容，可以说是一个十分标准的企业远景。

从当下的实际来讲，确立这一远景的管理者们，在任时可能无法实现这一目标，但这并不意味这一远景是无意义的。如果哪个企业用三五年便实现了远景目标，那才是制定了无意义的远景。

企业的远景是战略规划的一部分，但它不等同于战略规划，如果远景变成一种很快就能实现的目标，那只能说它是一个战略目标，而不是真正的远景。企业应当根据"你想成为什么，所以你能成为什么"的逻辑制定远景，而不能按"你能成为什么，所以你想成为什么"的思路制定远景。如果是这样，企业的远景就会失去号召力、失去感染力。如果企业远景没办法让员工产生一种热情、一种冲动，那企业管理者还是仔细考虑以后再做决策为好。

使命，企业如何更好利他

企业使命是战略规划中对企业价值的量化表现，是企业对所有利益相关者的总体价值承诺。

在制定远景之后，企业便需要着手确定使命，这是企业总体战略规划的第二项内容，也是企业价值的一种量化表现。

使命要在远景基础上，具体定义企业在全社会经济领域中所有经营活动的范围和层次，具体表述企业在社会经济活动中的身份或角色，它就像展现企业价值的承诺，是企业存在与发展的理由与依据。企业对于使命的描述，既可以从经营哲学、企业宗旨方面展开，也可以从企业形象方面论述。

彼得·德鲁克曾说："管理就是界定企业的使命，并激励和组织人力资源实现这个使命。界定使命是企业家的任务，而激励与组织人力资源是领导力的范畴，二者的结合就是管理。"

企业必须通过清晰的使命，让所有员工、整个社会了解企业存在的价值与意义。想要做到这一点，企业必须回答以下五个方面的问题。

问题一：企业要为消费者（或客户）提供什么？

这是企业对消费者（或客户）的一种承诺，在这一承诺中，企业必须让消费者（或客户）看到自身价值，他们为何要相信这家企业、选择这家企业的产品。

问题二：企业要为谁创造什么？

这一问题听上去很抽象，但其实并不难理解，它更多是企业对社会的一种承诺，但并不限定在这一方向上，当然也不能与其他问题相重复。"促进社会可持续发展""为世界提供最强算力，让智能无处不在"……这些都可以作为这一问题的答案。

问题三：企业要为合作伙伴带来什么？

这是企业对合作伙伴的承诺，他们为什么要和这家企业合作，它能为合作伙伴提供哪些价值，这些都是企业在使命描述中要说清楚的。

问题四：企业要为员工带来什么？

企业还要对员工有所承诺，基础工资和绩效奖励这些自然不必写在使命中。除了薪资外，企业能为员工的职业发展和人生发展提供哪些价值，这些是企业必须想清楚的。

问题五：企业要为股东带来什么？

保持企业稳定向前发展，便是对股东的最好承诺，没办法为股东创造价值的企业，早晚会被资本市场所淘汰。对此，企业需要在使命中对股东给予一定承诺，当然，对于股东来说，没看到实在的价值，承诺得再好，也没有意义。

通过回答以上几方面问题，企业已经将使命从多个角度进行了量化。在具体表述上，企业可以采用"使命＝通过什么手段，为谁带来什么价值"的格式，描述自己的使命：

	对内使命	对外使命
企　业	对员工负责： 尊重他们的尊严和价值	对客户负责： 所有的医生、护士和病人及父母们
	对股东负责： 给股东们合理的回报	对社会负责： 时刻提醒自己为社会作出贡献，维护我们所共有的财产

前文提到的中式餐饮企业所描述的自己的使命：

第一条，在经营的区域利用快餐连锁这种独特的商业模式，传播现代与传统和谐并存的理念。

第二条，以健康美味快捷的中式快餐，为消费者带来饮食的快乐和愉悦。

第三条，为全体股东创造中长期、持久的、高效的投资回报。

第四条，为全体员工及其家庭创造一个稳定的、高品质的工作生活环境。

第五条，倡导现代与传统和谐发展的价值体系。

可以看到，这家企业的使命很好地回答了前面提到的五个问题，同时也涉及"通过什么手段，为谁带来价值"这一核心内容，是很好的企业使命量化表述。

大多数企业在成立后一段时期，都会制定相应的企业使命。从我此前所进行的市场调研看，大多数企业在这一方面做得还是比较到位的。但略微遗憾的是，一些企业的使命都变成了厂房车间的标语（远景也是如此），并没有真正落地，没有成为凝聚全体员工的精神动力，也没有影响员工的工作行为。

使命成了一种标语、一句口号，原因是多方面的。如果筛掉那些不值得分析的原因，我认为有两个原因是非常主要的，一是企业使命是否合理，二是企业使命是否真诚。

在量化管理体系中，战略规划中的使命必须是合理的。那些由高层管理者主观意识决定的号召性指令不能成为使命，真正的使命是企业主观意愿和客观环境相协调所产生的，不能主观臆测，也不能太过古板。

真诚是企业使命的重要特征，失去真诚，任何承诺都会变成空谈。使命必须是企业的自觉意识（在某种意义上，是发自高层管理者内心的自觉意识），不是说给客户、员工、合作伙伴和股东的场面话。虚假的使命既表现不出企业的真实价值，也没办法凝聚员工的工作热情，形式大于实效。

在制定使命时，企业必须注意这两方面，不能让使命变成口号，更不能让使命变成空谈。

04

价值观，企业长久发展的精神内核

企业价值观是总体战略规划中的最后一步，是企业的精神纲领，是企业生存发展的内在动力，也是企业从事市场经营活动的指导原则。

在确立使命后，企业便可以据此拟定企业价值观了。企业价值观是基于企业的战略目标，所设定的关于人与人、人与事的一整套是非标准，是企业做事的方式及行为准则，可以内化表现为企业文化，外化则表现为企业的品牌形象。

在制定企业价值观时，企业管理者必须回答下面四个问题。

问题一：企业要用什么标准评价对错？

这是对契约关系中公平特征的一种表述。企业需要有一个统一的标准评判哪些事情是对的、哪些事情是错的，所有人都要依照这一标准度量自己。所以这一标准必须准确，并得到全体员工的认可。

企 业	价值观描述
腾讯	正直：坚守底线，以德为先，坦诚公正不唯上 进取："无功便是过"，勇于突破有担当 协作：开放协同，持续进化 创造：超越创新，探索未来
微软	尊重：我们认识到，他人的想法、感受和背景与自身的同等重要 诚信：我们诚实可靠、尊重道德且值得信赖 责任：我们对自己的决策、行动和成果负责

在一些企业中，新入职的员工可以就公司战略问题发表自己的看法，这被认为是积极为公司建言献策的表现；而在有些企业中，这种做法却被认定是错误的，因为新员工还未深入了解自己的岗位职责，就想对企业战略规划进行评价，是不值得提倡的。至于这两种做法究竟谁对谁错，还要看企业制定的评价对错的标准是什么。很多管理上的事情，有了标准才能分出对错。

问题二：什么是企业必须坚守的？

这是与企业远景、企业使命相关的问题，所回答的是企业精神内核的问题。有的企业坚守"以人为本"，有的企业坚守"诚信经营"，有的企业坚守"科技向善"……每个企业都要有自己坚守的，这一坚守既是企业经营的底线，也是企业全体员工为人做事的重要指向。

问题三：企业信奉的宗旨是什么？

这一问题与上一问题很相似，有些企业将这两个问题的答案融在一起。其实，所有有关企业价值观的问题，所指向的都是企业的精神内核，是从企业远景和企业使命中提升的精神价值。

问题四：我们做事的最基本原则是什么？

这一问题是对企业经营原则的表述，可以直观展现企业的经营之道。明确了做事的基本原则后，企业所有的经营活动就有了准绳。所有员工都要在准绳之上完成工作，不能将标准降低到准绳之下。

从这四个问题也可以看出，企业价值观的内容是非常广泛的，所涵盖的客体也十分丰富，它既是将所有员工联系在一起的纽带，也是企业生存发展的内在动力，更是企业行为规范制定的基础。

阶　段	价值观	定　义
职业化	团队协作	强调团队力量大于个人，而非个人英雄主义
	合作互信	强调同为一个大的团队，而非彼此独立隔阂
	传承	强调上下级间的关系，应继承发扬，而非相互独立
	纪律严明	强调服从组织规则，而非个体随意自在，自由主义
专业化	追求进步	强调人是后天可塑的，是可以通过后天努力而进步的
	主动进取	强调行为动力来源是个体内心，而非外部环境
	勤奋工作	强调工作与休闲的排序，应工作在先，而非休闲在先
	突破自我	敢于摒弃经验主义，不断超越自我
精英化	主人翁精神	具有高度的事业心和责任心，在工作上充分发挥主动性、积极性
	社会责任感	强调组织有意愿担负对国家、社会应有的责任
	创造	强调自我蜕变，而非墨守传统

前文提到的中式餐饮公司将"诚实、正直、主人翁的精神，有社会责任感，有创新、积极进取以及精益求精的精神"作为企业价值观，基本回答了前面提到的四个问题。只要将这些价值观灌注到具体的工作环境中，不断对员工进行宣导，就能使其发挥应有的作用。

当某个人认同企业价值观时，他在企业中便会如鱼得水，工作也更有激情，更愿意为组织奉献最大的精力与能力。而那些不能认同企业价值观的人，则会与企业背道而驰，逐渐被企业排斥出去。从这一角度来看，企业价值观也是筛选人才的一道天然屏障。

作为企业领导者与员工判断是非的标准，企业价值观一经确立并成为全体员工的共识，便会产生长久的稳定性，它对企业具有持久的精神支撑力，也会成为企业几代人共同信奉的价值观念。

在一次咨询中，我全程参与一家企业的战略规划制定。在确定企业价值观时，我询问两个创始人："你们现在已经赚到这么多钱了，为什么还要在这一新的领域重新开拓呢？"

对于我的询问，两个创始人简单思考后，丈夫（两个创始人为夫妻）回答道："我觉得继续干下去的一个动力，是让这些跟在我身边的人都能过上好的生活。"接着丈夫的话，妻子说道："我就希望自己退休之后，能在自己的店门口看着消费者拎着买到的东西高高兴兴离开，我觉得那种画面非常美妙。"

两人的回答让我感触颇深，又经过一番深入探讨后，两位创始人最终确立了企业的价值观。

其实，这两个创始人所提到的服务于消费者的观念，就是一种价值观，这是从企业远景和企业使命中提炼的，是一种重要的企业经营态度。在确立企业价值观后，两个创始人还需要将这种价值观传递给企业的所有员工，用价值观将所有员工凝聚在一起，这样整个企业才能更为长久地发展。

企业发展的十三条基本规律

战略规划要遵循企业发展的十三条基本规律制定，这些基本规律涉及企业发展的方方面面，是企业从幼小走向壮大必须具备的一些基本思维能力。

　　战略规划的前三个部分就是要解决远景、使命和价值观的问题，企业需要将这三方面内容统一在一起，这样才能让企业所有员工秉承同一种理念奋斗。在做到这一点后，企业便要根据 13 条战略规律，确定需要建设的具体能力。

　　战略规划要按照规律制定，这里的规律便是企业发展的基本规律。在量化管理体系中，企业发展的基本规律共有 13 条，这其中既有组织规律，也有营销规律，还有资源规律。

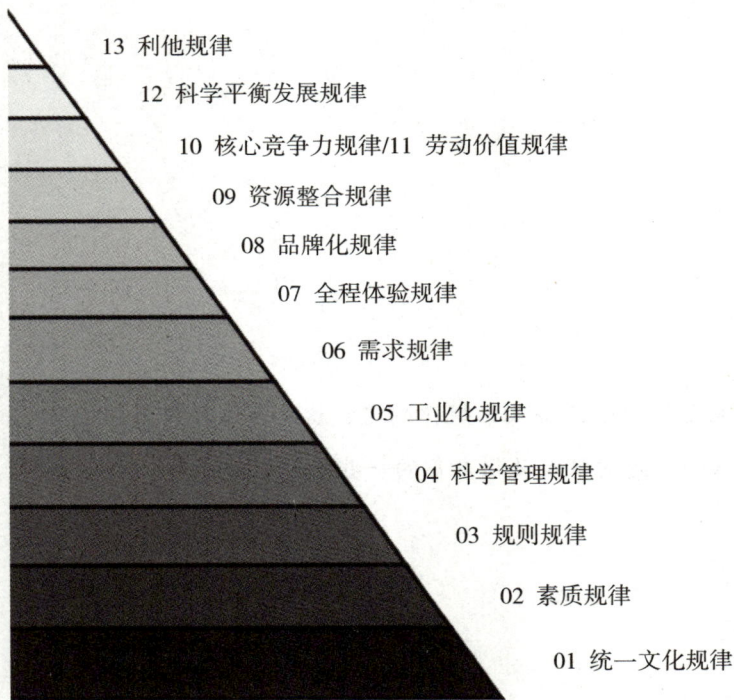

- 13 利他规律
- 12 科学平衡发展规律
- 10 核心竞争力规律/11 劳动价值规律
- 09 资源整合规律
- 08 品牌化规律
- 07 全程体验规律
- 06 需求规律
- 05 工业化规律
- 04 科学管理规律
- 03 规则规律
- 02 素质规律
- 01 统一文化规律

这 13 条企业发展的基本规律分别是：统一文化规律、素质规律、规则规律、科学管理规律、工业化规律、需求规律、全程体验规律、品牌化规律、资源整合规律、核心竞争力规律、劳动价值规律、科学平衡发展规律和利他规律。下面分别就这些规律，进行简要说明。

（1）统一文化规律

文化是所有行为的根源，组织内每一个人是怎样行动、怎样思考、怎样做事情的，其根源在于文化，也就是在于我们共同的价值观、行为准则和习惯。比如，中国人习惯春节跟家人一起度过，虽然没有法律要求大家这么做，但已经形成一种约定俗成的习惯，这就是中国人的文化。

统一文化规律就是统一企业内部的价值观、行为准则和习惯。该规律有助于统一员工的工作行为，减少内耗，提高企业内部的沟通效率，让企业保持良好的工作氛围，从而提高员工的工作积极性，让组织达到自动运转的状态，促进企业高效协作。

文化统一性越高，企业的发展就越稳定、越和谐。这一点其实很好理解，同样是人口大国，有的国家可以迅速崛起，有的国家却依然在缓慢前行，其中有科学技术发展的影响，有人才水平的差异，但主要还在于文化的统一。文化的统一让 10 多亿人可以团结在一起，为了美好的新生活而努力；文化的分裂则会导致力量分散，无法集中力量办大事。

利用统一文化规律，企业可以：

①打造与保持职业化文化的能力；

②打造与保持专业化文化的能力；

③打造与保持精英化文化的能力。

处于不同发展阶段的企业，需要打造不同的文化能力。企业需要借助统一文化规律，按阶段夯实各种不同的文化能力。

企业发展阶段	价值观内容
职业化	·团队协作
	·合作互信
	·传承
	·纪律严明
专业化	·追求进步
	·主动进取
	·勤奋工作
	·突破自我
精英化	·主人翁精神
	·社会责任感
	·创新

	作坊生产企业	专业协作企业		
		职业化阶段	专业化阶段	精英化阶段
价值观	·家庭优先 ·资源有限 ·追求全能 ·优胜劣汰	·团队协作 ·合作互信 ·传承 ·纪律严明	·追求进步 ·主动进取 ·勤奋工作 ·突破自我	·主人翁精神 ·社会责任感 ·创新
行为准则	·我愿意为家庭做出最大牺牲 ·我要争取更多资源 ·我要各方面做到最好	·我信任我的团队 ·我愿意和他人一起工作 ·我有义务帮助团队提高 ·做事有规则	·我享受挑战自我的快乐 ·我享受帮助他人的快乐 ·工作是为了自己得到提升	·我的努力是为了让社会变得更好 ·我要有益于社会 ·做正确的事情
习惯	·家庭有事即时请假 ·会议中以提出批评性意见为主 ·称呼上级为老板 ·下级的每项工作成果都必须获得上级的签字通过	·管理者放权给下属 ·会议中以提出建设性意见为主 ·工作完成后及时进行资料归档	·工作有需求主动加班 ·主动承担具有开拓性、挑战性的工作	·上级观点有错误会主动指出 ·参与公益活动，为社会弱小者提供帮助

（2）素质规律

素质规律就是通过提升员工的素养，实现企业人均效能的提升。一个高级的组织，需要高素质、追求进步、主动进取的员工。高素质员工将为企业带来高速发展，低素质员工则会影响企业的发展及稳定。在某种意义上，提高员工整体素质将帮助企业提升运营水平和运营能力。

利用素质规律，企业可以：

①打造培养与发展职业素养团队的能力；

②打造培养与发展管理素养团队的能力；

③打造培养与发展专业素养团队的能力。

在素质规律中，领导者素质的提升是最为重要的，然后才是管理者素质和执行者素质的提升。如果企业的董事长及股东的素质较低且无法提升，那其他人员的素质提升就无从谈起。现在很多企业都在抓员工素质提升，但对于领导者素质提升却丝毫不提，这其实是本末倒置的做法，很难取得预期效果。

管理者在确定素质提升的人员后，还要确定素质提升的方向。根据前面提到的职业素养量化的相关内容，可以知道，企业人员素质的提升应从基础素养出发，逐步过渡到管理素养和专业素养上，不能越过基础素养和管理素养，直接提升专业素养。

在培养与发展专业素养团队时，企业管理者可以将工作的责权利跟员工交代清楚，然后放手给员工机会和舞台，让员工逐渐参与到决策之中、管理之中，让他们在工作中逐渐成长。

（3）规则规律

规则规律是在组织中形成规范化的、要求成员共同遵守的行为准则，从而为组织带来更高的秩序和协同效应。一个发展好的企业，它的规则体系是非常健全的，员工的规则意识也是非常强的。这是企业的一种能力，它可以让公司内部标准统一，管理团队有法可依；可以对人才产生较强吸引力，让人才源源不断地涌向企业；还可以让工作流程化，使员工办事效率大大提高。企业若要持续发展，就必须不断丰富和完善自身的运营规则。

利用规则规律，企业可以：

①打造建立制度、规定、流程的能力；

②打造维护制度、规定、流程的能力；

③打造发展制度、规定、流程的能力。

在量化管理体系中，制度契约便是围绕规则规律制定的，其中既有对规则概念的阐述，也有对规则内容的介绍，最为重要的是对如何建立规则、完善规则方法的论述。一旦制度契约在企业内部建立，企业的发展就变得有法可依。

（4）科学管理规律

科学管理规律，就是把数字化、量化的方法运用到管理中，使管理科学化，提高决策的有效性。比如，企业招聘的时候，不是仅凭感觉走，而是建立一个数字化模型辅助招聘。

在企业经营发展过程中，正确决策的能力已经成为企业的一种重要能力。生活中的决策可以凭借经验、感觉做出，企业中的决策则要基于事实、数据和规律来做。企业通过科学管理，可以增加决策的科学性，减少决策的失误，节约企业的资源，提高决策的效率。

利用科学管理规律，企业可以：

①打造战略管理的能力；

②打造计划管理的能力；

③打造项目管理的能力；

④打造流程管理的能力；

⑤建立薪酬绩效与职业发展体系的能力；

⑥打造知识库管理的能力。

在具体应用上，首先，企业需要在组织内部建立科学决策的模型，针对不同方面的决策，要有相应的科学测算模型，如广告投放模型、薪酬绩效模型、项目积分模型……只有建立各方面的科学决策模型，事实和数据才有用武之地。

其次，企业还要建立专门的数据收集机构，也就是从事市场研究或市场调研的部门，这一部门主要通过各种渠道收集市场信息、客户信息，并将事实和数据提交给决策机构进行决策。

只有完成这两个步骤的工作，企业才能真正建立科学决策的体系。

（5）工业化规律

工业化规律，就是将人和人之间的生产关系，通过专业分工、协作，获得更高的工作效率。比如，工业化的销售模式就是将销售人员分工，有人专门负责信息管理，有人专门负责谈判，有人专门负责销售跟单，有人专门负责售后，通过这样的划分把销售人员变成了专业协作不同专业领域的个体，使得销售业绩大幅提高。

企业的长久发展必须依靠专业协作，只有将分产承包式的个体工作方式，转换成高度专业的团队协作模式，企业才能走得更远。企业通过专业化的分工与协作，可以实现 1+1 > 2 的效果，使团队能力最大化；还可以让员工统一工作习惯，提高工作稳定性。这样可以降低企业管理成本，提高企业的运营效率。

利用工业化规律，企业可以：

①打造实现部门间工业化的能力；

②打造实现部门内工业化的能力；

③打造实现模块间工业化的能力。

在具体应用方面，企业可以从以下四方面进行优化：

①组织架构的建立，要从各自为政的管理模式，转变为以价值链为基础（这个价值链可以是营销价值链，也可以是客户服务价值链等），一起为客户服务的模式，企业要根据自身的业务形态开展相应工作。

②企业要根据营销价值链，以及整个企业的流程，进行部门结构的设定，对

应管理整体流程，在关键节点设立关键部门，推进企业正常的运营。

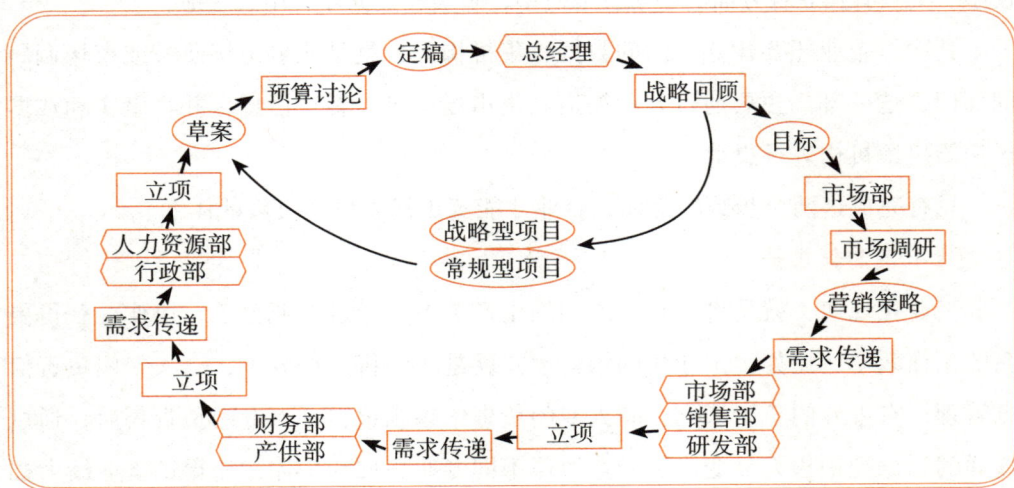

（6）需求规律

需求规律就是企业的产品或服务能真正解决客户的问题，并获得来自客户的持续认可。寻找客户需求并持续满足客户需求，是企业的一项重要能力。一些企业在某个发展阶段，找到客户需求，并很好地满足了客户需求，进而获得较大程度的发展。但由于无法持续发掘客户需求，这些企业又慢慢走向衰落。这样的情况很常见。

利用需求规律，企业可以：

①打造不断跟踪客户需求的产品管理体系能力；

②打造发现客户需求的产品管理体系能力。

需求规律强调企业应注重满足客户需求，而非完善产品功能。在设计产品时，要以客户的需求为导向，提高客户感受，形成口碑传播，实现乘积效应。比如，曾经在胶卷时代无比辉煌的柯达，就因为踏入数字化后忽略客户在新时代的需求而被抛弃。

为此，企业必须具备持续发掘客户需求的能力，以及快速满足客户需求的能力。当前，中国的商业市场竞争已经进入存量化阶段，谁能持续找到客户需求，并迅速予以满足，谁就能抢占这本就不多的市场份额。对于企业来说，这两项能力是不可或缺的，如果在某一方面有所欠缺，那企业的发展便会受到影响。

在具体操作上，企业除了要进行各种市场调研外，还需要在内部建立新产品开发与上市模式。这一模式中，有详细的从客户需求到产品研发、上市的完整流程，可以帮助企业顺利完成从发现客户需求到满足客户需求的过渡。

（7）全程体验规律

全程体验规律即管理客户在营销中的全过程，包含产品体验、购物体验及品牌体验，以获得最大化的客户满意度。比如，家装行业升级的时候，尚品宅配直接让设计师代替销售员对接客户，让客户的营销体验从一开始就是专业的、完善的，不仅增加了客户满意度，还避免了企业经营方面的风险，这成为尚品宅配迅速发展的一个重要因素。

利用全程体验规律，企业可以：

①打造建立全员的全面质量意识的能力；

②打造维护全员的全面质量意识的能力。

根据组织行为学研究表明，大多数消费者在消费过程中有超过半数的消费都不是因为有用而消费，而是为了快乐而消费。要买新衣服是因为一件能穿的旧衣服都没有吗？去更高档的餐厅就餐是因为路边摊吃不饱吗？显然不是，这其实都是为了让自己快乐、舒心。

全程体验规律强调的是企业要在与客户接触的整个过程中都让客户感到满意

和快乐。为此，企业需要将与客户接触的流程细分，并对每个细分流程进行分析，研究如何在各个流程都能让客户满意、快乐。一个优秀的企业，无论在销售前、销售时、销售后，都能够让客户感到快乐，这便是其持续获客、持续发展的奥秘所在。

（8）品牌化规律

品牌化规律，就是通过品牌提高营销效率，从而获得最大化、最长期的价值交换。

在品牌加持下，商品的溢价会比较高，客户对品牌的忠诚度也比较高，而且不容易流失。企业的品牌资产可以持续累加，并帮助企业获取高额利润。相比依靠产品获取利润的企业，品牌化经营企业受成本价格波动的影响也要更小。

利用品牌化规律，企业可以：

①打造建立品牌的能力；

②打造维护（发展）品牌的能力。

在营销领域，如果企业想要获得最高效率的营销，使同样的工作能够赚取更高额的利润，那就要想方设法提高自己的品牌知名度。没有品牌的企业在营销中只能拼价格，最终可能让自己陷入价格战的深渊中，这对企业发展是极为不利的。

为此，企业必须要在品牌规律的指导下，完成从经营产品到经营品牌的转变，完成以销售为导向到以品牌价值为导向的转变。

在具体操作上，首先，企业要建立市场部，作为品牌的主要管理机构；其次，企业要建立一系列品牌管理模式，完成从做产品到做品牌的转变。按照这一流程，企业便可以慢慢建立自己的品牌，并从根本上转变自身的营销发展方式。

（9）资源整合规律

资源整合规律，就是通过互补使资源得到整合，实现最大化的资源利用效率。资源整合通常是借助别人的力量，摆脱自身由于资源不足造成的局限，从而实现优势互补，创造共同利益。

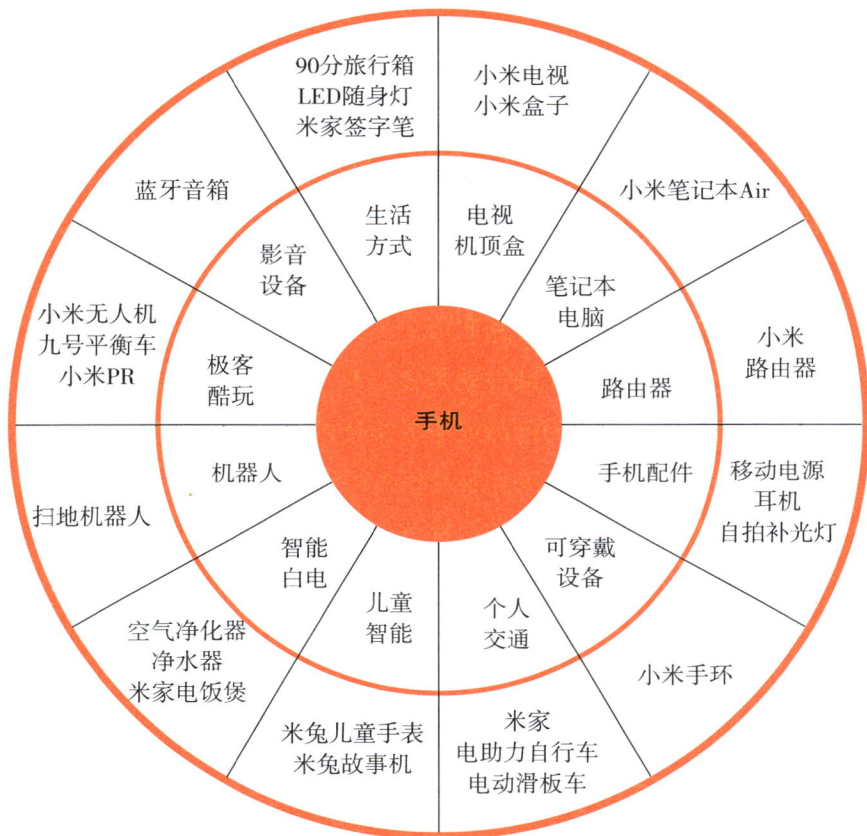

小米公司的产品资源整合示例

利用资源整合规律，企业可以：

打造整合外部资源的能力。

合理地运用自己的资源，是企业的一种重要能力。企业应该将所有重要资源都投入自己的专业领域，或是关乎企业核心竞争力的方面，所有与核心竞争力无关的内容，都应该对外整合资源，而不应该过多占用企业内部资源。

当前很多企业喜欢建大厦、买大厦，不可否认，为员工提供优质的办公环境，确实有利于企业的发展，但在这一过程中，企业却需要为大厦管理工作额外付出资源，这对大多数企业的核心竞争力提升都没什么作用。

（10）核心竞争力规律

企业的核心竞争力是企业所拥有的，能经得起时间考验的，具有延展性的，难以被其他竞争对手所模仿的，能持续稳定输出的独特的能力。而核心竞争力规律，则是指企业要发展自身的高价值性、高稀缺性、高不可替代性的核心竞争力，成为市场中不可代替的角色，以取得长期稳定的发展。

俗话说"物以稀为贵"，任何人或企业只要掌握一个别人不会的东西，价值就会被放大。一个产品或一项服务到底值多少钱，不是取决于其绝对价值而是看其稀缺性，越稀缺价值越大，稀缺性就是核心竞争力。对于企业来说，只要其提供的产品或服务比市场上其他的产品或服务更稀缺或独特，那该企业提供的产品或服务的价值就会上升，这就是该企业的核心竞争力。

核心竞争力是企业必须要具备的一种能力，企业只有具备了这种能力，才不容易被市场上其他竞争对手所模仿，才不易被其他企业所取代。企业这种独特的能力一旦投入市场，为消费者和客户服务之后，就会获得更大的回报，让该企业不断发展壮大。

芬美意是世界排名第一的香原料供应商，已经拥有 120 多年的历史。它之所以传承百年依然基业长青，就是因为打造出了自己的核心竞争力。香精香料行业是一个非常专业化的行业，想要持续发展必须保证自己的科技研发能力和创新能力，所以他们一直坚持扎根于科研，每年将收入的 10% 以上投入研发，在全球450 多名的科学家中，有 250 人都拥有博士以上学位。通过这些，芬美意在科研领域一直处于世界领先，业绩增长也一直跑赢市场平均增长率。

利用核心竞争力规律，企业可以：

①打造建立核心竞争力的能力；

②打造发展核心竞争力的能力。

企业可以从以下五个方面来打造企业的核心竞争力，即产品／技术的核心竞争力、服务的核心竞争力、品牌的核心竞争力、管理的核心竞争力和文化的核心竞争力。以上这五种核心竞争力由浅入深，呈递进关系，越往后越难打造，需要的时间也越长，但价值也就越大，壁垒性也会越强。

一种核心竞争力至少可以让企业在五到十年时间里保持行业领先地位，在这段时间里，企业还需要继续开发其他核心竞争力，以求在下一个五年甚至是十年，继续维持领先优势。如果失去核心竞争力优势，那它便会逐渐掉队，最终消失于行业之中。

（11）劳动价值规律

劳动价值规律，是让企业选择从事劳动价值高的部分，以获得更高的价值回报。即使目前还不能直接从事劳动价值高的部分的企业，其发展方向也应该是往高附加值的方向发展，这样有助于提高企业的竞争力。比如，格兰仕在 20 世纪 90 年代时，还是一家为跨国公司提供 OEM（贴牌生产）服务的公司，一台微波炉利润只有 0.05%；格兰仕发现这样不行，就开始转型，实现了 4.0 工厂；接着，格兰仕又将自己的目标定位在"科技格兰仕"上；现在格兰仕已经进入芯片行业，开始向全球提供成熟稳定、性价比高的系统级解决方案。

格兰仕的蝶变

时　　间	提出的战略目标
20世纪90年代	成为"世界工厂"
2000年	成为"全球铭牌加点制造中心"
2019年	成就"科技格兰仕"（助推"中国芯"自主设计研发生产）

利用劳动价值规律，企业可以：

①打造自主创新的能力；

②打造资源高效利用的能力。

企业若想持续发展，就要努力转变自己在微笑曲线中的位置，从劳动价值较低的位置向劳动价值较高的位置转型。如果企业一直处在劳动价值较低的位置，想要持续生存，就是非常困难的，企业利润会一点一点被压缩、榨干。

（12）科学平衡发展规律

企业想长久经营，就要坚持科学平衡发展规律，即遵循事物发展的节奏和规律，为长期发展奠定基础。如果企业不遵循这个规律，一味追求市场机会，最后将导致企业瞬间崩盘。就像 ofo（共享单车），2017 年时用户量达到 2 亿，活跃用户市场占有率第一，但其发展太快，没有遵循企业发展的节奏和规律，最后导致资金链断裂。

企业要注重短期利益和长期利益的平衡，不能因为短期利益损害长期利益，竭泽而渔；企业的资源要分阶段、分重点地进行分配，要做到有的放矢；企业要对长期发展进行一些基础的储备，为持续发展提供动力。

利用科学平衡发展规律，企业可以：

①打造组织平衡发展的战略管理能力；

②打造组织平衡发展的计划管理能力。

企业发展讲求"阴阳平衡"，组织能力和管理能力是"阴"，营销水平和营销能力是"阳"，企业在注重组织管理能力与营销规模相平衡的同时，还要注重生长与收藏的交替发展。正是基于此，平衡发展规律才有了用武之地。

一味追求业绩增长的企业，很容易出现后继乏力的情况，那些连续多年业绩增长在 20% 或 30% 的企业，为何会在某一年突然走向衰败，这便是过分追求"阳"的结果。那些不停搞组织建设的企业，不关心市场，也不知道抓住市场机遇，最终管理体系没建立起来，市场份额也没占有多少，这便是过分追求"阴"的结果。

企业的发展路径是一条波动上升的曲线，而不是一条笔直上升的直线。上升之处，便是企业开拓市场、大力营销的阶段；波动之处，则是企业韬光养晦、优化管理的阶段。只有沿着这样的路径向上发展，企业才能一步步攀到顶峰，不至于中途跌落悬崖。

（13）利他规律

利他规律，就是通过为他人创造价值，获得自身价值的提升，它可以最大限度满足各个角色，获得社会的认可，提高社会影响力。比如海尔通过寄售、下线结算、客户零距离平台等措施，跟供应商进行深度合作，达成了双赢的局面。

利用利他规律，企业可以：

①打造与客户共赢的能力；

②打造与股东共赢的能力；

③打造与员工共赢的能力；

④打造与合作伙伴共赢的能力；

⑤打造与社会共赢的能力。

商业企业经营的本质是在做价值交换，只有从企业那里获得有价值的商品，消费者才会愿意持续为企业提供的商品买单，企业也才能持续不断地获得利润。从这一角度来看，企业只有持续不断地利他，才能持续不断地利己。

企业发展中的利他主要表现在五个方面，分别是利客户、利股东、利员工、利伙伴、利社会。只有为这五个不同的"他"都能带来好处，企业才能持续稳定地发展。

互联网企业偏爱谈商业模式，什么是商业模式呢？资本市场对此众说纷纭、莫衷一是。其实，从利他规律角度来讲，商业模式就是一种让所有人都得利的模式，消费者能够获得实惠、经营者能够获得收入、平台能获得利益、投资者也能获得收益，这便是一种好的商业模式。如果只是平台获利，经营者和消费者都没有获得太多价值，那这种商业模式就不是好的商业模式。

上面提到的这 13 条企业发展的基本规律，涉及企业管理各个方面的内容，从根本上讲，它们是企业制定战略规划的重要思维。企业若想制定好的战略规划，就一定要综合考虑这些基本规律。

06

OGSM 战略规划模型

企业需要利用 OGSM 模型，制定出具体的战略目标和切实可行的执行策略，并找到一个具体标准，评估及修订这一战略规划。

在确定好企业的远景、使命、价值观，以及依据 13 条基本规律需要建设的具体能力后，企业便需要借助 OGSM 模型，构建一个系统规范的五年战略规划。

OGSM 模型是当前国际上较为流行的计划与执行管理工具，由 Objective（目的或目标）、Goal（阶段目标）、Strategy（执行策略）、Measurement（评估标准）四部分组成，通过将业务集中在大的目的与目标，以及关键策略上，达成预期设想。在制定企业战略规划，设计未来发展蓝图方面，OGSM 模型具有很高的应用价值。

OGSM模型	目的 （Objective）	阶段目标 （Goal）	执行策略 （Strategy）	评估标准 （Measurement）
描述内容	存在的状态	做什么	怎么做	达到的标准
描述形式	文字	数据	文字	数据

学过管理的人大多都知道 OGSM 模型，但真正能够将这一模型用好的人却并不多。事实上，大多数管理学理论中的模型与工具，看上去很好用，演练起来也没问题，但应用到现实之中，就会出现效果大打折扣的情况。之所以会如此，主要还是一些管理者在应用模型和工具时，没有深入实质，只是把模型需要的数据内容凑齐了。因此，在应用 OGSM 模型制定企业战略规划之前，我们很有必要先将这一模型拆解分析，并将其总结为一些具体可行的步骤流程。

步骤一：制定 5 年评估结果（M）与战略目的（O）

在描述战略目的（Objective）时，很多管理者喜欢将其描述得很复杂，可能是为了给目的多找些理论依据；一些管理者还会将企业的远景、使命都加入其中，这其实是不对的。战略目的（Objective）需要用文字表现，管理者可以从时间、地域、领域和达到状态这四个方面描述，也可以根据具体情况进行适当取舍，以可行性为优先考量因素。

一般来说，在上面提到的四个因素中，领域（有时会包含地域）和达到状态是两个必须描述的方面，大多数企业也多从这两个方面描述其战略目的。

（1）5年后，你的公司在什么领域经营？

这里所说的领域，并不是单纯的行业领域，它还可以包括专业领域、地域领域，关键还要看企业所设定的远景如何，是在全国范围内，还是在世界范围内？是在某个行业中，还是在某个专业上？管理者只需要从这几个角度描述企业在5年后的状态就可以了。

（2）5年后，你的公司在这一领域该有怎样的市场地位？

市场地位就容易理解多了，是行业内第一，还是行业内前十？是世界500强，还是亚洲500强就行？把这一点描述清楚即可。

为什么不能将战略目的（Objective）描述成公司的远景呢？

因为远景是很难实现的，如果5年或10年就能实现，那就算不得远景了。战略规划必须是实实在在可执行的路径，是有时间周期的，没把握在周期内实现的事，就不要写到战略规划之中。将个人的宏图大计融入企业的战略规划，不仅毫无益处，还会对企业发展产生负面影响。

除了喜欢夸大战略目的外，一些管理者还喜欢用数据描述战略目的（Objective），比如，某公司将战略目的（Objective）确定为5年实现10亿元的净利润，这种表述看上去要具体很多，但其实是存在很大问题的。

成都的一家人打算自驾出游，想去北京旅游，这时他们应当将目标描述为"从成都开车去北京"。在这一目标的指导下，家庭成员便可以开始分工准备，爸爸带好沿途需要用到的各类工具，妈妈准备行程中的各项开支，孩子们带好自己的换洗衣服，因为目标很明确、很具体，所以每个人都知道自己该做什么工作。

如果将"从成都开车去北京"用数据表述，那目标就会变成"从成都开车 2 000 公里"，这就出现问题了。开车 2 000 公里可能开到北京，也可能开到别的地方，也可能沿着成都绕了好多圈，中间可能经过荒漠，也可能翻越山丘，这要如何配置资源？

上面这个例子就很好地说明了不能用数据描述战略目的（Objective）的原因。当使用数据描述战略目的（Objective）时，可选择的路径就变成很多种，我们不知道该如何配置资源，也不知道组织中的每个成员该做些什么。企业将战略目的（Objective）设定为"10 亿元净利润"，究竟该如何实现这一战略目的（Objective）？是扩大生产规模，还是投资股票，或是涉猎房地产？如果投资股票能够获得 10 亿净利润，那企业是否还要围绕"带人类走入智能社会"的远景发展？

战略规划要为企业未来发展设计道路，它决定着企业资源如何配置，影响企业全体员工的行为活动，企业要将钱投到哪里，要做哪些事情，都是战略规划要说明的问题。为此，企业战略规划的战略目的（Objective）模块只能用文字表述，而不能以数据形式呈现。

在制定战略目的（Objective）之外，企业在这一阶段还需要确定战略规划中的评估标准（Measurement），就是每个阶段目标（Goal）的衡量标准，共有四个指标，分别为销售收入、利润率、人均利润和品牌资产。其中，销售收入是在一个完整财年内主营业务的到账金额；利润率是扣掉所有成本后所获净利润与销售额的比率；人均利润是总利润金额与员工人数之比；品牌资产则是品牌价值的量化。

企业战略目标的完成情况，不能由员工自己决定，也不能听凭管理者的主观判断，而应该依据客观具体的数字度量。评估标准（Measurement）就是要给出各个战略目标的预期标准，用数字量化战略目标的完成情况。不同行业、不同企业在评估相同的战略目标时，可能有不同的标准，在具体量化过程中，企业应该充分考虑自身情况和市场环境，不能盲目追求过高标准。

步骤二：制定发展阶段及阶段目标（G）

这里的"G"是目的目标的意思，但它不是整体的目标，而是一个个阶段性目标。管理者需要在这一步骤中，将战略目的（Objective）分解为一个个阶段性目标及道路轨迹，也就是阶段目标（Goal）。

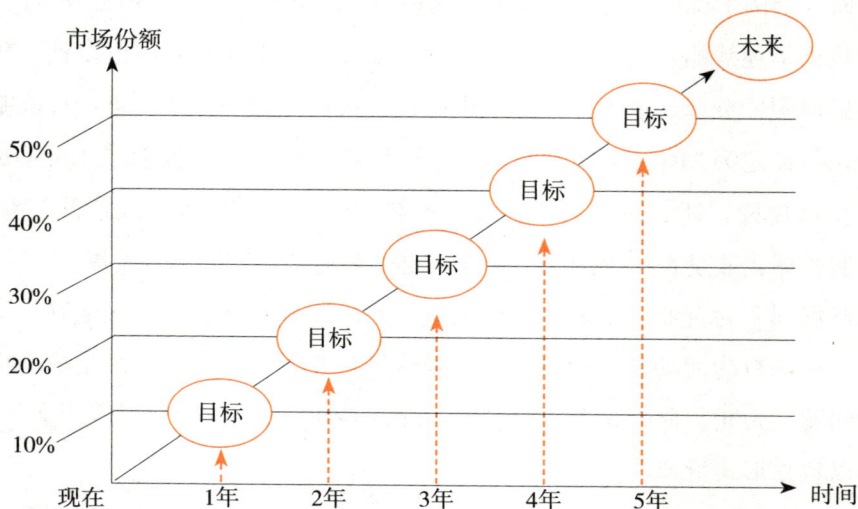

在上面这张图表中，横轴代表时间，纵轴代表企业在行业中占有的市场份额，坐标轴内的斜线便是企业的发展轨迹，横坐标与纵坐标的交点便是不同时间企业所占有的市场份额情况。

根据图中的数据显示，在第一年时，这家企业的市场份额是 10%；到了第二年，其市场份额增长到 20%；最后到第五年时，市场份额达到了 50%。由此可以看到，企业的阶段性目标就是每年的市场份额增长 10%。

这样制定阶段性目标有问题吗？理论上没问题，但却忽略了商业市场中企业发展周期的问题。在较长一段时期内，企业是不会按照稳定的轨迹发展的，今年赚 500 万元，明年赚 1 000 万元，后年可能就赚 2 000 万元了，所以按照匀速发展规划企业的阶段性目标是不现实的。

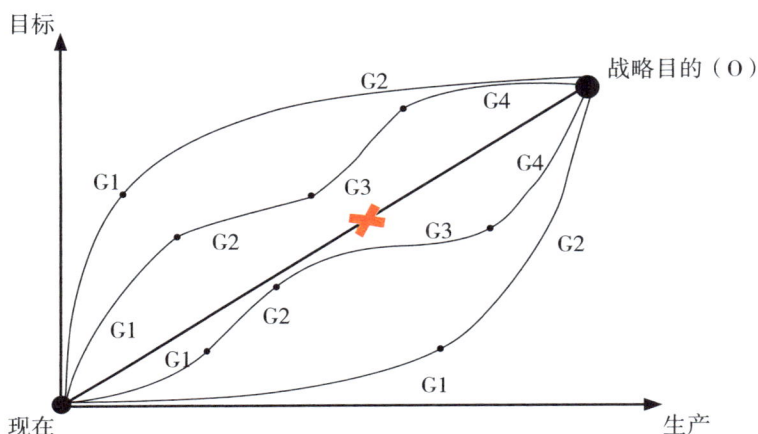

事物的发展都会经历从生到死的阶段。企业也是如此，根据前面提到的科学平衡发展规律，企业发展需要经历生长与收藏交替的过程。在生长期中，企业可以开展市场扩张活动以获取尽可能多的市场份额。而在收藏期中，企业便应该减少市场扩张，多进行一些组织建设。

以 5 年为时限，企业可能在前 2 年处于生长期，这时企业会保持较快的发展速度，一般来说，其每年的销售额增长速度要大于 50%，最高可以达到 300%；到了第 3 年，进入收藏期，企业每年的销售额增长速度一般会小于 20%；在最后 2 年中，企业又会进入生长期，此时企业的销售额增长速度又会变快，达到 50%以上。

在不同的发展时期中，企业需要制定的目标是有所不同的。生长期的增长速度目标可以定得高一些，收藏期就要把增速目标降下来，一味追求增速直线上升，最后很可能遇到增速断崖下降的情况。

周　　期	重　　点	表　　现	建议销售增长的设置
生长期	业务扩张 销售增长	销售收入上升	高于50%
收藏期	组织内部调整 资源准备	利润率上升	低于或等于20%

除了要确定发展速度目标外，在不同时期，企业还需要明确各个时期的具体战略是什么，这里的战略就是前文提到的企业发展的基本规律。在不同时期，企业要遵循不同的基本规律，以打造不同的战略能力。比如，在战略的第一阶段，处于生长期时，企业要遵循素质规律和核心竞争力规律，打造培养与发展职业素养、管理素养和专业素养团队的能力；在战略的第二阶段，处于收藏期时，企业便要遵循品牌化规律和科学管理规律，打造自身建立品牌和维护品牌的能力。在制定战略规划时，企业一定要明确提出不同发展时期要遵循的规律，一般来说，一个发展阶段至少要遵循 1 ～ 5 条基本规律才行。

在这一环节中，企业需要将战略目的（Objective）分解成一个个阶段性的阶段目标（Goal），阶段目标（Goal）要比战略目的（Objective）更为细致、更有可操作性，要细化到每个发展期的顺序是怎样的，周期有多长，需要遵循的基本规律有哪些。

步骤三：制定策略合集（S）

OGSM 模型中的执行策略（Strategy）是企业为了打造战略能力，所制定的策略集合。执行策略的制定也要在确定企业发展期的基础上进行，处于不同发展期的企业，需要应用不同的执行策略。这一步骤是对上一步骤需要遵循的基本规律的具体论述，应该具体到为了打造哪些战略能力，需要制定哪些具体策略。

在具体的执行策略表述上，企业需要写清楚每个细节点上的问题。比如，营销应该怎么做？渠道要怎样扩张？市场宣传该做些什么？质量管控该怎样把关？组织建设要有几个流程？薪酬体系该怎样调整？人员培训都该做些什么？因为是执行策略，所以必须具体、可执行，要能够拿来就用。

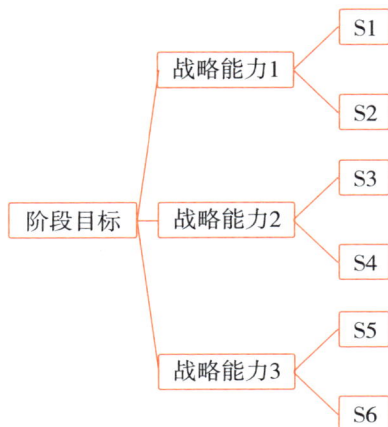

比如，在生长期中，某企业想要打造以服务为重心的核心竞争力，那在执行策略中就要列明为了实现这一点，企业需要做的事情有哪些，这些事情需要按照思维导图的形式逐条罗列出来。在收藏期中，某企业想要提升领导者团队的素质，在执行策略中，便要罗列出具体的提升策略的方式方法。

以下为明月公司的 OGSM 战略：

明月公司战略目的（Objective）：到 2025 年，成为省内销售规模达到前十的实验室建设服务商，具体见下表。

阶段目标 （Goal）	执行策略 （Strategy）	评估标准 （Measurement）
第一阶段：收藏阶段 （2022.01.02—2023.12.31） 1.本阶段收入平均增速：20% 2.本阶段完成以下能力打造 （1）打造满足客户需求的必要资质条件（需求规律） （2）打造保持专业化文化的能力（文化规律） （3）打造高素质的管理团队（素质规律） （4）建立全员专业持续提升的机制（素质规律）	2022年共5条，其中：本年度需完成（2条） 1.打造满足客户需求的必要资质条件（需求规律） （1）2022年，完成规划、建筑资质从一甲到三甲的转变（规划与设计中心/田××） 2.打造保持专业化文化的能力（文化规律） （2）2022年，完成W&DP模式建立（人力资源中心/李××）本年度需同步开展（3条） 3.打造模块间专业协作的能力（工业化规律） （3）2022—2024年，打造基于客户需求的多专业多系统多模块协作机制（市场与发展中心/陈××）	2022年 1.销售到账金额： ≥5.25亿元 2.营业收入： ≥5.25亿元 3.净利润： ≥7875万元 4.税后净利润率： ≥15%

续表

阶段目标 （Goal）	执行策略 （Strategy）	评估标准 （Measurement）
（5）打造建立与发展品牌的能力（品牌规律） （6）打造建设高质量的实验室与系统数据库的能力（核心竞争力规律） 3.本阶段策略数： （1）2022年需完成策略2条，需同步开展策略3条 （2）2023年需完成策略10条，需同步开展6条	4.打造高素质的管理团队（素质规律） （4）2022—2024年，建立管理大学机制（1～3年级）（人力资源中心/柴××） 5.建立全员专业持续提升的机制（素质规律） （5）2022—2024年，开展行业高层次系统设计人才工程推荐工作，建立与211高校的实验室人才培养合作机制，完成高层次专业技术储备人才的培养（≥50人），完成≥5名博士等高学历人才引进（系统研发中心/林××）	5.人均利润： ≥18.75万元 （420人） 6.品牌资产： ≥21.02亿元

总结来说，执行策略就是企业遵循基本规律需要做的一个一个具体动作，具体以"将什么事情解决到某种程度"的形式表示。

步骤四：修正5年评估结果（M）

战略规划中的评估标准（Measurement）在第一个步骤流程中便要制定，与战略目的（Objective）密切相关。需要注意的是，这些具体的评估标准（Measurement）在制定完成后，并不是一成不变的，在经历了第二、第三步骤后，企业需要在第四步骤中优化修正这些具体的评估标准（Measurement），使其更符合整个战略规划的内容。

总的来说，企业在变革其管理方法时，最先要考虑的就是战略契约的问题，如果没有站在战略角度的全局思考，就很难把握量化管理体系中其他方面的问题。一个企业如果连发展方向都没确定，制度和组织架构建设也就无从谈起，一家企业一会儿做房地产，一会儿造汽车，到最后，所有的钱和资源都会白白流失，什么也做不好。

第4章

期权契约，长期可量化的利益契约

期权与股权的区别

期权契约是一个把管理者逐步变成所有者的组织约定，与战略契约构成了一种权、责、利对等的关系，它要求管理者必须忠诚于组织的战略和目标。

每完成一个阶段的战略目标，高层管理者便可获得相应的期权价值。

只用固定薪水是没办法留住高级人才的，这是每一个企业创始人都应该明白的道理。这里的高级人才主要指企业的高层管理者，也就是企业总经理级别的人才，或是重要部门的总监，他们有能力、有经验，能够胜任复杂的管理工作。

这些高级人才到哪个企业，都能拿到丰厚的薪金，也多能找到合适的工作岗位。所以不具生长空间的薪酬制度并不适合他们，他们需要通过不设上限的薪酬证实自己的价值，而股权恰好能实现这一点。

但直接将股权分给高级人才，操作起来容易，想要再收回来却很麻烦。如果一个高级人才进入企业前能力很出众，进入企业后却没办法适应企业的工作环境，更无法与企业文化融合，那解聘这位高级人才时，就要通过复杂的手续收回他手中的股权。一个人还好解决，人多了操作起来就很麻烦。

除了这个原因外，股权因为涉及诸多细分权利，如果直接分配给高级人才，还可能导致企业股权分散，影响企业控制权的稳定。因此，企业创始人必须使用一种既解决高级人才的需求，又不会轻易破坏企业股权结构的方法。在量化管理体系中，期权契约就恰好能够同时解决这两方面的问题。

期权是一种事先约定的选择权和分红权，是职业经理人从被雇佣者到所有者转变的中间环节，它将股权中的所有权与分红权分离，规避了股权分配可能引发的一些问题。

股权受国家法律保护，哪怕别人只拥有企业百分之一的股权，有些决策没有他签字，管理层也是不能随意决定的。假如为了让某个人加入企业，并配给他股权，当他离开公司以后，他仍然是股东，有些重要的战略决策还是需要他参与。在某种意义上来说，拥有股权就等于拥有投票权，也同时拥有了参与决策权。

对于企业来说，在实际经营运作过程中，由于某些股东的存在，极端的情况下，可能严重降低公司运营的效率。

从这个角度看，企业直接向高级人才授予股权存在很大风险，并且有时候股权授予还会出现一些操作性的失误。比如，不需要他出资收购，企业直接把股权送出去了，只要加入企业就立刻配送股权，这种做法都是对风险无知的一种表现。为了避免这一系列问题，经过许多企业大量的研究和实践，便有了期权模式。

在期权模式下，获得期权的管理者会与企业结成利益共同体，从企业那里获得尊重与肯定，同时也分享企业的经营收益。期权的存在可以保持高层管理者的长期稳定性，也可以帮助企业规避直接授予股权可能出现的各种法律风险。

一家企业的估值约为 1 000 万元人民币，以 1 元为基本单位，将其划分为 1 000 万股股权，其中：

总经理分配到 100 万股初始期权

各部门总监分配到 50 万股初始期权

重要项目经理分配到 10 万股初始期权

这家企业规定，在达成 5 年战略规划之后，拥有初始期权的管理者才可以行权，他们可以选择将自己手中的期权全部兑现，一些人还将获得把部分期权转化为股权的资格。在战略规划实现后：

总经理有权将自己手中最多 30% 的期权转化为股权

各部门总监有权将自己手中最多 20% 的期权转化为股权

重要项目经理有权将自己手中最多 10% 的期权转化为股权

当达成行权条件后，期权持有者可以选择行权，也可以选择暂不行权。如果在行权条件还未达成时，期权持有者便离开了企业，那他便不再拥有企业的期权，也无法再享受企业的期权分红。

　　以期权激励高级人才，要比直接用股权进行激励高效很多，不仅可以省去烦琐的股权变更操作，还能更好地保护企业控制权的稳定，更重要的是，这种方式也能从较大程度上调动高级人才的工作积极性与工作热情。

期权契约与战略契约的关系

期权契约是战略契约的推进器，想要保证战略规划能够顺利施行，就要用期权契约调动高级人才的工作热情和工作积极性。

　　在量化管理体系中，期权契约与战略契约需要相互配合、协调并存。一家具有一定规模的企业，如果只拥有战略契约，而没有形成期权契约，战略规划的推进效率就很容易受到影响。

　　这一点并不难理解，比如，你是一家大型企业的总经理，但你并不是股东。入职时，企业的董事会与你达成了战略契约，要求你"在 5 年内达成某个战略目标，具体到销售额提升多少、利润率提升多少"，同时承诺你"每月 5 万元薪酬或者更多"。那么，作为一位经验丰富的职业经理人，你会接受这样的要求与承诺吗？

　　你一定会想："战略目标的实现对我有什么好处？"细想一番后发现，不管战略目标是否实现，自己每个月的薪水却都是固定的。

　　就像前面说到的，战略规划是一项长期工作，在五到十年的时间里，只凭借固定薪水是留不住一个优秀的管理者的。而期权契约的出现正弥补了战略契约的不足，所以期权契约与战略契约是对等的关系，二者都属于长期契约。

　　既然是长期契约，就不能像固定薪资制度那样总是一成不变。根据战略规划的实施情况，期权契约也应该有所变化，也就是将期权分配与战略规划的阶段性目标（Goal）相结合，让期权成为一种动态激励手段，在较长的时间周期内，持续对高级人才进行激励。

　　比如，对于一个时间周期为 5 年的战略规划，在战略实施的第一年，如果企业成功盈利 300 万元，那在年底时，企业便拿出一定比例的期权进行分配。如果这个比例为 1/3，那根据前文案例所述，所有管理者便会共同获得 100 万期权。此时，如果总经理此前已拥有 100 万期权，占企业总期权的 10%，那他将在战略规划实施的第一年末，分得 10 万期权，这时他便拥有了 110 万期权。

当将 100 万期权分配之后，盈利所获的剩下 200 万期权可以作为追加期权。企业根据所有高级人才在这一年的工作表现、工作态度和工作业绩等指标进行考核，而后再将这些追加期权依次分配给这些高级人才。

比如，市场总监持有的初始期权为 50 万，分配期权为 5 万，经过考核评估，决定给予其 20 万追加期权，那此时他手中的期权就会变成 75 万。行政总监的初始期权也是 50 万，分配期权为 5 万，但他的考核成绩不太好，所以追加期权只有 5 万，这样他手中的期权就变成 60 万。

可以看到，分配期权相当于一种普惠性奖励，也就是第一阶段战略目标达成后，每一位期权持有者都可以根据初始期权占企业总期权比例获得的一种期权奖励。而追加期权则是一种考核性奖励，根据各位期权持有者在第一阶段中的表现进行奖励。需要注意的是，在第一阶段战略目标达成，完成期权分配后，如果还有盈利，那便可以进行追加期权奖励；如果没有盈利，那便不应再进行追加期权奖励。

如此，企业的战略规划如果能够顺利推进，那企业中每位高级人才所持有的期权便会不断增长。伴随着某位期权持有人的期权从 50 万上升到 70 万，再到 100 万，企业的资产也会慢慢地从 1 000 万元上升到 2 000 万元，而后再上升到 5 000 万元。等到企业的战略目标顺利完成后，所有期权持有者便可以决定是否将拥有的期权兑现。

当前，许多企业都会采用这种期权激励的方法，尤其是针对那些刚进入企业的年轻人才，用期权将他们的个人利益与企业整体利益绑定，不仅有利于他们的个人成长，也有利于企业的长远发展。

期权可以看成是股权和薪酬之间的缓冲，既能够公平保障受益者获得固定薪酬之外的收入，也能避免企业资产的盲目流失。期权还是一种信用，一旦这个信用不能兑现，企业的信用体系就会被破坏，高级人才便会因此离职。因此，期权体系一定要以正式的、持久的方式建立。

　　期权契约建立有利于人与人之间的合作，可以将合作延续更长时间甚至终身，这样有利于企业建立强大、高效的团队，也可以使不同类型的企业都能团结一大批优秀的人才，持续地经营一个公司。如果没有期权契约，稳定高层便会成为企业管理的主要挑战，高层人才的频繁流动，会对企业造成致命打击。所以，企业想要让战略规划顺利推进，就要通过期权体系来提供强大保障。

03

期权契约引入的具体流程

　　企业在引入期权契约时，必须按照特定的步骤流程推进，每个步骤流程都有一些具体的工作方法，需要企业认真贯彻执行。

　　一般来说，引入一个完整的期权契约需要经历 6 个重要流程，分别是公司股权化、与股东签订协议、划分期权池、制定期权管理原则与规定、签署期权赠与协议和行权。

（1）公司股权化

　　公司股权化的首要工作就是对企业进行估值，企业的价值包括有形价值和无形价值，资产、现金、房产这类有形资产的价值是比较好估算的，但品牌、客户等这类无形资产的价值却是较难估算的。在具体估算中，企业要根据具体情况，应用合适的估值模型进行估值，这类工作通常需要找专门的公司进行估算。

　　假设某家企业的估值是 3 000 万元，以每股 1 元来算，3 000 万元的价值就变成 3 000 万股，这便是公司股权化的过程。

　　在完成股权化后，企业内部各股东还需要就期权契约达成共识，从自己的收益中适当拿出一部分，作为分配给高级管理者的期权。最后，企业需要召开股东大会，对即将推行的期权计划进行说明，并对股权的所有权和分红权进行分离。

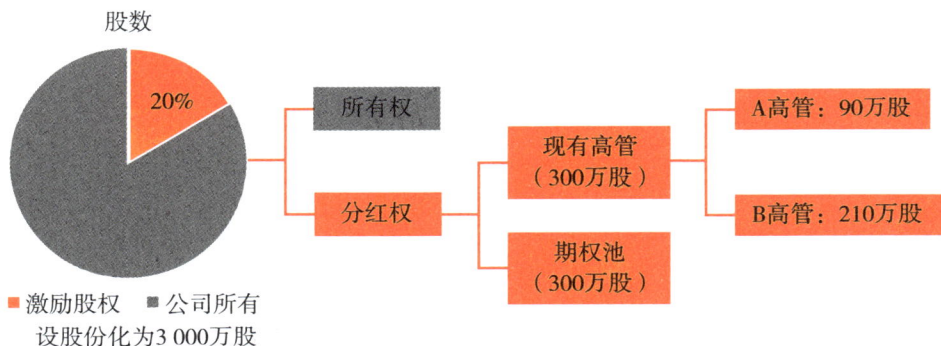

（2）与股东签订协议

既然要将股东的一部分利益拿去分配给员工，企业就必然要得到股东的认可，所以与股东签订协议是必不可少的一项流程。所有承诺都需要落实到书面上，以免后续期权计划的推进遇到突发问题。

（3）划分期权池

在与股东签订的协议中，需要注明拿出多少股份作为期权池，如果是拿出20%的股份，那3 000万股中，就会有600万股作为期权。这600万股期权便构成一个总的期权池，这之中有一部分期权需要分配给现有的高管，剩下的那部分才是预留下来的期权池。

企业在初始期权分配时，通常会考虑高级管理者的职位、入职年限、学历、职称等各方面因素，再为这些因素赋予一定的分值，最后再利用"个人期权初始授予计算公式"为每位高级管理者授予初始期权。

企业可以根据自身实际情况为各方面因素设定合适的参数，并不一定非要按照其他已经开展期权计划的企业的参数设定来做，只要在企业内部能够保持公平就是可以的。

职　　位	对应积分	入职年限（财年）	对应积分	学　　历	对应积分	国家级职称	对应积分
M1（店长）	1	3年	1	小学	1	初级	1
M2（见习经理）	2	4年	2	初中	2	中级	2
M3（经理）	3	5年	3	高中/中技	3	高级	3
M4	4	6年	4	专科	4		
M5	6	7年	5	本科	5		
M6	8	8年	6	硕士	6		
M7	10	9年	7				
M8	12	10年	8				
M9	14	11年	10				

续表

职　　位	对应积分	入职年限 （财年）	对应积分	学　　历	对应积分	国家级职称	对应积分
M10	16	12年	12				
\	\	13年	14				

个人期权初始授予公式：发放池数额÷期权人员积分总数×个人积分

（4）制定期权管理原则与规定

这一流程的工作主要是制定一些必要的期权管理原则和规定，可以借鉴一些已经成功推广期权计划的企业制定的期权管理原则和规定。一些缺少期权管理经验的企业自己制定的期权管理原则和规定，可能无法确保期权计划顺利推进。

（5）签订期权赠与协议

在这一流程中，企业要与员工签订期权的条件赠与协议。所谓条件赠与协议，就是有条件地将期权赠与员工，其中的条件就是员工必须在公司工作，一旦其离开公司，期权赠与协议便会失效，员工所拥有的期权也会自动回到期权池之中。

（6）行权

行权是期权计划最为重要的流程，在这一流程中，期权持有者既能拿到每年可能出现的期权分红收益，又能享有每五年一次的期权卖出收益，还能获得每五年一次的期转股机会。

在每年年末，企业可以根据自身盈利情况，决定是否进行期权分红。若企业决定分红，期权持有者便可根据手中持有的期权获得分红收益。

随着企业不断发展，企业估值将不断提升，企业每股的价值也会随之提升。第一年，期权持有者手中的期权每股只有1元钱，到了第五年就可能变成每股1.5元。在企业的期权计划中，每五年期权持有者将获得一次将期权返还企业的机会，并借此获得相应的收益。

最后，每满五年，企业还会对那些作出突出贡献的期权持有者发出期转股邀请，此时期权持有者便有机会将自己手中的期权，转化为实实在在的企业股权，而自己也就摇身一变成了企业的股东。

下面，通过一个案例，对期权持有者可以获得的权益进行简要说明。

2021 年，张三被授予 20 万股期权。同时，企业董事会决定在 2022 年进行分红，具体标准为年利润是 100 万元时，按照 100% 比例分红；年利润为 200 万元时，按照 80% 比例分红；年利润为 500 万元时，按照 20% 比例分红。由此，可以计算出张三在 2022 年的期权分红如下表所示：

年利润	分红比例	个人期权份额 （计算上一年所持份额）	分红金额
100万元	100%	20万股	100 × 100% ÷ 2 000 × 20=1万元
200万元	80%	20万股	200 × 80% ÷ 2 000 × 20=1.6万元
500万元	20%	20万股	500 × 20% ÷ 2 000 × 20=1万元

注：期权分红计算公式为：分红金额 ÷ 2 000 万（企业总股数）× 个人所持期权份额

一般来说，当纯利润比较少时，企业可以设置较高的分红比例；而当利润比较高时（超过 500 万元），企业则可以将分红比例限定在较低范围，通常在 30% 以内，以保证后续财年员工手中的期权价格可以正常增长。

从上面的分红金额可以看出，如果 2022 年企业获得 100 万元的年利润，那张三将依靠手中的期权获得 1 万元的分红收益；如果企业获得 500 万元的年利润，张三同样会获得 1 万元的分红收益，这便是期权的分红权。

企业获利 100 万元和 500 万元时，张三都获得 1 万元分红收益，看上去似乎有些不公平。但实际上，在分红收益之外，张三还可以通过行使期权的选择权，在第 5 年将手中的期权提现，以此获得较多收益。企业每年的净利润增长越多，张三手中的期权单价就会上升越高。

年　　份	期权单价	所持期权份额（股）
2021年	1元/股	20万
2022年	1.2元/股	追加2万（22万）
2023年	1.3元/股	追加4万（26万）
2024年	1.2元/股	追加2万（28万）
2025年	1.4元/股	追加2万（30万）
2026年	1.5元/股	追加2万（32万）
2027年	1.6元/股	追加2万（34万）

　　按照张三所在企业的发展趋势，可以推算出在拿到第一笔期权后，每一年张三手中的期权份额及期权单价。如果张三选择在 2025 年将期权全部返还给企业，那他便可以获得如下收益：

个人期权份额	期权差价	提现金额
20万	1.4-1=0.4元	20×0.4=8万元

　　也就是说，在没有投入任何资金的情况下，张三在企业工作第五年时如果将手中期权全部提现，那他将一次性获得 8 万元收入。如果张三在 2025 年选择不提现，那他在 2026 年或 2027 年以及往后的每年行权时还有机会选择提现，这之中所体现的便是期权的选择权。

　　除了分红权和选择权，根据张三的表现，企业还可能在张三持有期权满 5 年时，对他发出期转股邀请，此时他便可以以原始价格 1 元 / 股，购买企业股份，真正成为企业股东。

　　正是通过这三方面的好处，企业期权体系将对高级管理者和有价值的员工形成强大的吸引力，这也使期权激励成为一个比股权激励更为长期、更为广泛、更为持久的激励模式，深受大公司青睐。

04

哪些人应该得到期权

———————————

期权契约不应该覆盖到全体员工，而应该有目的、有区别地应用在高级人才身上，经营管理团队、核心骨干人才、新引进人才都是合适的期权激励对象。

从调动员工工作热情方面来讲，企业应当将全体员工都作为期权激励对象，但在具体的期权激励实践中，这种全员激励的方式，很容易导致期权契约失去应有的效果。因此，为了确保期权激励的预期效果顺利实现，企业需要有目的、有区别地选择激励对象。

期权激励应该主要围绕高级人才，也就是中高层管理者，但具体还要根据企业的实际情况进行分析。一般来说，适合配给期权的对象主要有经营管理团队、核心骨干人才和新引进人才这三大类人群。配给对象不同，具体的分配方案也会有所不同。

（1）经营管理团队

经营管理团队是企业期权激励的主要对象，相比其他员工，他们的固定薪资水平是比较高的，但这并不意味着他们不需要激励。正如前面所说，期权契约的确立可以让经营管理团队更稳定，也能让这些高层管理者更有积极性去工作。

经营管理团队的期权激励应注重比例协调问题，相比其他员工，这些高层管理者的初始期权应该相对多一些，这样，在后续的分红期权中，他们也可以获得较多比例的分红。至于追加期权是多是少，则要看他们的绩效表现如何，表现好则多拿，表现不好就少拿或不拿。

（2）核心骨干人才

核心骨干人才是企业的中坚力量，他们是企业各项事务的分配、监管和执行者，对于企业业务工作的成功与失败起着关键作用。相比经营管理团队，企业中核心骨干人才的数量更多，变动也更大，在设计期权契约时，应该注重用期权提升他们对企业的忠诚度。

核心骨干人才的期权激励应该兼顾比例协调和成长性，初始期权要比高层管理者少，但要尽量在追加期权的考核中将这部分奖励补回来。也就是说，一位核心骨干人才即使初始期权没有高层管理者拿得多，但只要他能够为战略目标的达成起到重要作用，那他就能通过追加期权获得比高层管理者还要多的期权奖励。

（3）新引进人才

企业想要持续向前发展，必须源源不断地补充新鲜血液，一些企业喜欢用股权激励吸引人才，这种方法很有效，但也有一定的风险。如果选对了人，那皆大欢喜；如果选错了人，那便会人财两空。相比于直接给新进人才股权，给予他们期权会是更好的选择。

企业在对新引进人才进行期权激励之前，需要先调查清楚这个人是否真的可以为企业带来实际价值。如果在一番调查后，觉得给予这个人一些期权确实值得，那便可以授予他一定的期权。

需要注意的是，相比前两类人才，新引进人才的初始期权一定是最少的，想要获得更多的期权，就要他们在具体工作中展现出自己的价值。而在追加期权考核中，也需要单独对新引进人才设定具体的考核标准，对于能够达到或超出标准的新引进人才，可以授予较多的追加期权。这种做法可以将企业所面临的风险降到最低，也能更好地激励新引进人才高效工作。

第5章

制度契约，组织环境的量化规定

01

维护制度的困难
与攻破制度的代价

维护制度是困难的，但如果能做到这一点，其价值重于千金；攻破制度是简单的，只要在制度这面墙上开一个口，整面墙便会随之崩塌。

对于维护企业制度，咱们先来看一个案例。

一家企业的员工去某个城市出差，按照公司制度标准，该城市住宿的报销额度为 300 元每天，但由于当时这里正在举行一个重要的会议，各地的代表都汇聚于此，各大酒店、宾馆都客满为患，就连路边的小旅店的房价也涨到 400 元每晚。

没办法，这位员工只得给领导打电话说明情况。领导也很是通情达理，这次因为特殊原因，就多报销一点吧。有了领导这句话，员工就放心地找了个 500 元的旅馆住了下来。

这家企业的领导还是挺有人情味的，但正是他的人情味攻破了企业的制度。下一次员工出差又遇到这种情况怎么办？可能性不高？那如果其他员工遇到新的特殊情况怎么办？还是像这次一样多报销一些吗？如果依然多报销，那还确定一个 300 元每天的报销制度有什么用呢？

可能有的管理者会问："不这么做，那该怎么做呢？"在回答这一问题前，我们不妨再看几个案例。

在一次校园招聘会后，企业人力资源部接到了销售部经理的电话："有一个小姑娘刚刚大学毕业，打算进入咱们公司上班。虽然小姑娘的学历没达到咱们的要求，但这是咱们大客户王总的亲侄女，安排她进公司对于以后开展业务有很大好处，你们这边看看能不能照顾？"

这家企业拥有严格的人才选拔制度，这位小姑娘的简历早早便被筛掉了。但一通电话之后，人力资源部在讨论之后却给予了小姑娘面试的机会，最终顺利将小姑娘招入公司之中。当然，也正如销售部经理所说，这家企业确实因此获得一笔订单。

对于人力资源部来说，这种事情并不少见，而有不少企业确实为了业务而放弃了制度，如此，企业制度再一次被攻破。如果后续招聘过程中，又有能为企业带来订单的应聘者，人力资源部该如何抉择？放弃订单吗？那为什么第一次没有放弃？继续把人招进来吗？那后面再遇到这种情况又怎么办？

这又和前面的情况一样了，一旦攻破一次制度，就可能会第二次、第三次攻破制度，这也体现了维护制度的困难。企业在经营过程中，总会有一些特殊原因对制度造成冲击，如果缺少强有力的保护，制度便会被攻破。一个制度被攻破，两个制度被攻破，越来越多的制度被攻破，企业的制度便会形同虚设，很快制度被攻破的代价就会显现出来。

当制度被攻破后，制度应有的作用和效力便不复存在，企业便会因此付出代价。当企业的制度和领导的制度合二为一时，企业制度建设便失去了价值。

"制度是用来规范员工行为的"，这是最典型的一种对企业制度的误读，很多企业表面上对制度严格执行，实际上却是"看人下菜碟"。比如，一些企业规定禁止在办公区域吸烟，但一些管理者却公然在办公室吸烟，没有人敢指出他们的错误，制度成了只约束员工行为的工具。

制度由管理者制定，再由管理者攻破，企业失去的不仅仅是制度本身，还有日渐枯萎的组织环境。

在亚当·斯密看来，制度与实际情势相抵触是很常见的，当二者相互博弈时，混乱便会产生，是坚持制度，还是选择妥协，是一个值得思考的问题。对于高层管理者来说，当企业制度面临被攻破的风险时，坚持制度才是正确的选择。

哈佛大学"让校规看守哈佛的一切"，企业也可以用行之有效的制度来管理企业的一切。虽然维护制度困难重重，但相较于攻破制度的代价，企业还是选择承受困难要更好一些。

制度契约是刚与柔的结合

企业制度契约是刚与柔的结合，"刚"说的是制度的刚性，"柔"说的是规定和流程标准的弹性，正是有了这种刚柔并济，才能帮企业抵住惊涛、扛过风雨。

　　每个企业都有制度，有些企业的制度很详细，详细到每天下班后办公桌上能放些什么都会规定清楚；有些企业的制度却很敷衍，敷衍到有等于无，可以被践踏、破坏。制度究竟是什么？企业又该怎样进行制度建设？

　　企业制度指的是为实现既定目标，以及内部资源与外部环境的协调，企业在组织结构、财产关系、运营机制和管理规范方面做出的一系列规定与安排。它是企业内部所有员工在经营活动中都必须遵守的规范与准则，具体表现为各类法规政策、岗位说明规范和管理表单文件等。

　　一个企业的制度在企业中具有最高权威。企业的制度应当是量化的、刚性的，在表述上必须清楚明白，在执行时要强制遵守。如果做不到这两点，那还不如不进行制度建设，以免一次次攻破制度，给企业造成不良影响。

　　攻秦时，刘邦率先进入关中，为得民心，他将关中各县的百姓聚集在一起，当众废除了秦朝的严刑苛法，并与百姓约法三章，不论是谁，都要遵守这三条法律，即杀人者要处死，伤人者要抵罪，盗窃者也要判罪。

　　百姓们听了刘邦的话后，都表示拥护。此后，刘邦又派出大批人员，到各个地区宣传约法三章，更多的百姓加入拥护行列之中。由于坚决执行约法三章，刘邦赢得了百姓的拥护与支持，后来击败项羽，建立了西汉王朝。

　　不得不说，刘邦绝对是一个优秀的管理者，从招募良将、养精蓄锐，到约法三章、收获民心，每一步都展现出高超的管理手段。

刘邦的"约法三章"便是一种制度建设，他所建立的制度首先是量化的，即从杀人、伤人、盗窃三个方面量化违反制度的行为，而后又将这三种违反制度的行为与三种刑罚，即处死、抵罪、判罪相结合，这种量化的表述很容易理解，即使是普通百姓，看一眼也能立刻明白，这便是制度量化的好处。

在量化之外，刘邦的"约法三章"还是刚性的，不论是谁都要遵守这三条。也就是说，这并不是专为约束普通百姓而制定，同时也对刘邦及其部下的行为具有约束力，是一种"王子犯法，与庶民同罪"的制度规定。

最后一点，在"约法三章"之后，刘邦还派出大批宣传人员，到各个地区宣传这些制度，这也是刘邦成功的一个关键因素。让更多的人了解制度，是非常重要的，在企业中，再好的制度如果没有在全体员工中达成共识，没有被全体员工所熟知，那执行起来就会出现各种问题，所以宣传也是制度建设的一个重点。

在这里可能有人会有疑问：难道企业的制度就一点柔性空间都没有，一点人情味都不讲吗？当员工在外地出差遇到特殊情况时，多花的钱难道要员工自己承担吗？重要客户的人情，难道就因为制度的限制，一定要拒绝吗？

这些问题确实是管理者在制度建设时必须要面对的问题，但在量化管理体系中，这些问题的答案也确实没什么人情味。是的，企业制度是刚性的，如果制度这样规定了，那就必须要这样做。如果做不到这些，那唯一的办法就是别把这些内容写入企业制度中。

只有坚持制度的刚性原则，才能真正维护企业制度，才能让企业制度发挥其真正价值，否则，制度便会成为掌权者的工具，企业也会成为少数人的企业。至于前面提到的柔性空间，以及客观情况的影响，管理者可以在制度之外，用规定、标准进行补充，它们要更为细化，也更具柔性空间，只要不与制度本身相抵触，企业便可以随时调整准则规范。

制度之所以会一次次被攻破，主要还是因为大多数企业的管理模式没有上升到"法治阶段"。员工不再相信制度的权威，长此以往，潜规则便会不断得到强化，制度便会越来越形同虚设。

　　不尊重制度不好，太过推崇制度也不好。有些管理者自认为深谙管理之道，为企业制定了 120 款 2 321 条制度，每个部门的规章制度手册都如一本书那样厚。看上去，这些制度构成一张严密的网，可以保护企业，但实际上，这张网困住了企业中的所有人，渐渐他们就成了只知道遵守制度，而丝毫不敢进行创新尝试的机器。

03

企业的规则：
制度、规定与流程标准

制度在全不在多，那些制定了上千条制度的企业，混淆了规定与制度的内涵，胡乱地将规定确立为制度，使企业制度体系变得臃肿、低效。

在建造房屋时，墙体建设是必不可少的环节。在墙体建设中，承重墙则是整个工程的重中之重。承重墙是在砌墙结构中支撑上部楼层重量的墙体，这些墙体多经过科学计算，在后续装修施工中，不能随意破坏。如果拆除承重墙，就会影响建筑结构的稳定性，改变建筑结构体系，这是非常危险的，所以房子的承重墙不可拆除就成了铁一样的制度。

非承重墙是指隔墙，不支撑着上部楼层重量的墙体，只起到把一个房间和另一个房间隔开的作用，有没有这堵墙对建筑结构没什么大的影响。所以在装修中，业主与物业方沟通后，是可以拆除非承重墙的。

企业设计制度体系，就如同设计一栋房屋一样，企业的主体制度是承重墙，而不是非承重墙。企业可以将"承重墙不可拆"纳入制度体系中，却没必要将"非承重墙最好别拆"同样纳入制度体系中。

当前大多数管理者在进行企业管理时，倾向于将所有规定都当成制度，将所有细枝末节的规定都纳入制度体系之中。事实上，这样的做法并不会让制度体系更高效，反而会让制度体系变得臃肿，企业管理效率变得更低。

制度与规定的内涵是不同的，制度是一整套原则，而规定则是根据这些原则产生的一系列具体的执行标准和执行方法。在规定之下，还有更为细化的流程标准。随意改变制度会影响整个企业的稳定，但根据实际情况适当调整具体的流程标准，却是很有必要的日常管理手段。

三者之间的关系就如同汽车轮毂、轮胎和防滑层一样，制度是金属轮毂，规定是橡胶轮胎，流程标准则是轮胎外的防滑层。制度能够保证企业管理体系的承载力，而规定则为企业管理体系带来足够的缓冲和弹性需求，流程标准让整个"车子"跑得更顺畅。

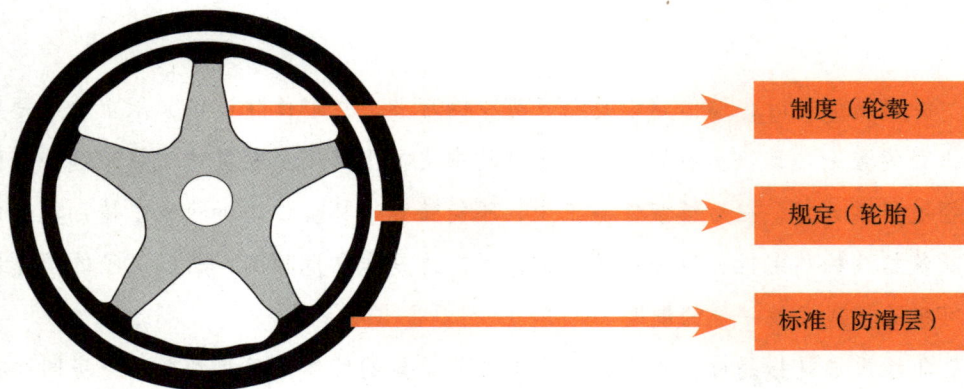

制度（轮毂）

规定（轮胎）

标准（防滑层）

当下大多数企业在制度契约中产生的问题，并不是没有制度造成的，而是将制度与规定和流程标准混淆，将应该确立为规定或流程标准的条例错误定位成制度。如此，金属轮毂便会失去橡胶轮胎和防滑层的保护，企业这辆"车子"就会颠簸不停、磕碰不断。

现在回到前面提到的出差费用问题，"员工出差每天报销 300 元"应当是一项规定，而不能成为制度。如果一开始就将"员工出差每天报销 300 元"描述成出差制度，那根据制度的刚性原则，这一点便是不可改变的，遇到何种特殊情况，都不能调整报销比例。

很明显，将费用报销直接定为制度是不妥当的，这一内容应当放在具体规定中，一些特殊情况处理，则应该以具体的流程标准来说明。比如，企业可以规定出差制度按照《员工出差执行标准》执行，根据不同的出差城市列示不同的报销比例，对于特殊情况，则要进行补充说明，规定好由谁批准后方可提高报销比例的具体流程。

如此操作，便可以将刚性与柔性相结合，既保证了制度的刚性，也可以让规定更具柔性。就像橡胶轮胎要永远围绕着金属轮毂一样，企业的规定也要始终围绕着制度。

经营企业，如果高层管理者不能建立企业的制度体系，并主动带头遵守，那企业便很难实现长远发展。

建立制度体系时，高层管理者除了要明确制度、规定和流程标准的差别，还要对企业面对的经营环境有一个清楚、全面的认知。

如果企业所面对的经营环境可控性较差，出现意外情况的可能性较高，那企业的制度就可以稍少一些，规定就可以相对柔性一些，流程标准所覆盖的范围就要广一些。比如，企业正处于生长期，市场竞争激烈，突发状况很多，那企业就可以少设置一些制度，给予员工更多的自主性。

如果企业面对的经营环境可控性较好，市场较为成熟、稳定，那企业规定就可以多一些，流程标准的弹性也可以稍小一些，这样也可以在一定程度上降低企业的管理成本。对于那些处于行业领先地位的大企业，制度体系相对完善，将流程标准弹性降低，也能减少员工从事危害企业利益活动的可能性。

企业想要在内部建立起制度契约，首先要将企业此前所有的制度重新梳理，将不应归入制度中的内容删掉，或是降级为具体的规定或流程标准。而后才能根据企业发展实际确立具体的制度体系。一旦制度体系确立，便不能再随意改变，只有这样，制度契约才能真正起到作用。

04

企业制度意识分类概要

　　企业制度体系建设不是一步到位的，在完善制度体系的过程中，管理者还需要重视企业制度意识的培养。制度意识不到位,再好的制度也有被随时攻破的风险。

刘邦的"约法三章"只是一个极为简单的制度蓝本，西汉建立后，萧何在秦法的基础上，根据对西汉当时社会现状的分析，创制了《九章律》。企业在进行制度建设时，也要从基础条款开始，分阶段、分步骤地逐步完善。

完善制度并不是修改制度，一项制度一旦确立，就不能随意修改，这就像国家法律一样，在颁布施行后，再想要修改，就要经过严格程序，在符合修改条件后，方可修改。事实上，企业在发展过程中，制度建设遇到的最大问题并不是基层员工的执行问题，而是高层管理者的制度意识问题。

在大多数企业中，基层员工是没能力攻破制度的，他们更多是违反制度，而后遭到制度的处罚。真正攻破制度的是那些中高层管理者，尤其是高层管理者，作为制度的制定者，他们是最容易破坏制度的人，这一点在企业创始人身上表现得尤为明显。

一些企业创始人凭借自己的打拼将企业做大做强，在他们的意识中，企业与自己是一体的，制度可以约束企业所有人，但唯独不能约束他们，因为制度也是由他们制定的。当这种意识从企业创始人这里逐渐散播到高层管理者之后，哪怕只掌握一点权力，也能对与自己相关的制度一改了之，这是非常可怕的。

辛辛苦苦建立的制度体系，一旦被攻破，想要再修复是非常困难的。为此，掌握企业各项权力的管理者必须树立正确的制度意识，这样才能成为企业制度体系的维护者，而不是破坏者。

一般来说，企业制度意识可以分为以下几个类别。

（1）零级

制度意识处于这一级别的管理者，对企业管理制度了解不够，对先进的管理制度缺少学习，所以没办法统筹把握企业各个方面的事务。企业制度在实施过程中，效果如何，这类管理者通常不会接收这样的反馈。

（2）入门级

制度意识处于这一级别的管理者，对企业管理制度有所了解，也学习过一些先进的企业管理方法，但也只是学到一些皮毛，理解得不够深入。在制度实施过程中，这类管理者对于企业各方面的宏观掌控有一定认识，也能积极听取基层员工的意见，适时对具体的执行标准进行调整。

（3）进阶级

制度意识处于这一级别的管理者，对现代企业管理制度了解颇多，系统学习过优秀的企业管理方法，懂得不断完善各项制度和执行标准，以规范企业经营运作。在制定具体制度时，会考虑企业内外部环境问题，对于企业管理的各个方面也多有宏观把控，能够让各项制度相互协调配合；在制度执行过程中，也知道广泛接收反馈，对具体的执行标准进行调整。

（4）专业级

制度意识处于这一级别的管理者，制度意识强烈，很明白利用制度体系规范企业运作的重要性。他们大多拥有数十年的制度体系建设经验，对国内外优秀企业的制度模式都非常了解，还能结合企业的战略规划和具体的业务流程，为企业构建符合发展实际的、系统化的管理与运作的制度体系。

企业的高层管理者应当努力提升自己的制度意识等级，这样才能更好地建设和维护企业的制度体系。一旦建立制度体系，高层管理者便会省去很多不必要的工作。比如，一位员工向高层管理者请示工作中的问题，在回答员工问题前，高层管理者便可以问："你说的这件事与公司制度有关吗？"如果员工回答有关，那按照企业制度执行就可以了；如果员工回答没关，按照具体的执行标准执行便可以了。如果执行标准也没涉及这一问题，那管理者便可以思考，这一问题是否应当纳入执行标准的考量之中。

很多高层管理者的一部分工作时间会用于签单，签报销单、批准单、回复单……其实，签的时候真的会仔细看吗？尤其是报销单，多少人在签的时候会把每一条都仔细看一看？其实管理者就是一个签字工具，就是一个责任人代表，不进行有效授权只能降低工作的质量。而有效授权的前提是什么？必须先建立制度保障体系，只有建立这个前提，才能保证授权以后的执行效果，无论接管权力的人怎么做，都不可能跳出制度框架的约束，也就不可能犯致命的错误。

更为重要的是，企业内部的其他契约也需要制度契约的保障，如果没建立制度体系，只推出了管理方法、明确了岗位职责，那便会导致执行考核的标准缺失，员工们便可以各行其是。可以说，制度体系建设是所有管理改革的基础，企业的每一次管理改革，最终都要落实到制度层面上。

05

企业制度结构及规定

按照企业制度结构及规定范例进行企业制度建设，会更为高效，也更为可控，这比企业自己从无到有创建制度更具可行性。

　　企业制度体系建设需要借鉴他人的成功经验，原创制度固然有必要，但考虑到效率及预期效果的问题，完全原创起草制度是没有太大必要的。按照企业制度结构范例完善企业制度体系，是一种高效、可控的制度体系建设方法。

　　企业在进行制度建设时，没必要完全原创，这样既费时又费力，可能还获得不了好的效果。更何况，完全自己原创的制度，因为没有经历试错，在执行时可能错漏百出，反倒会危害企业的发展。因此，在借鉴的基础上修改、完善，是企业进行制度体系建设的唯一选择。

　　那么，一家企业的制度体系究竟该拥有哪些种类的规定呢？通过对国际著名企业的研究，我认为一家企业要建立制度体系主要应包括以下几个方面的规定。

（1）战略管理规定

　　这一规定主要定义企业的远景、使命和价值观等战略范畴的硬性标准，是对企业远景、使命和价值观的制度化表现。

（2）年度经营计划管理规定

　　这一规定主要包括维护年度经营计划权威，以及保障年度经营计划顺利执行的基本原则。

（3）品牌管理规定

　　这一规定涵盖了企业营销过程中关于渠道、产品、企业形象等各个方面的基本原则。

（4）项目管理规定

　　这是专为量化管理体系设计的一项管理规定，主要包括项目管理过程中的各项基本原则。

（5）人力资源管理规定

这一规定主要包括岗位培训、人员招聘、人事调整等工作应该遵循的原则。

（6）行政管理规定

这一规定主要包括办公室一些基础管理工作的处理原则，比如员工违规、违章行为的处理。

（7）财务管理规定

这一规定主要包括会计、出纳等岗位的一些基本原则，以及全面预算管理方面的基本内容。

（8）通用奖惩规定

这一规定主要针对企业员工的各种行为，是在企业各个部门都可以通用的奖励及惩罚方法。

在量化管理体系中，这八大类规定是较为基础的，只要能把这些制度都设计好，那企业便有了最初的制度体系。具体来说，高层管理者可以先寻找一些制度体系模板作为参考，而后再针对每一条进行修改，便可以形成企业最初的管理制度。至于修改的原则，高层管理者还需要结合企业现有环境做出判断。

第6章

年薪契约，激励与约束并存

高管年薪制，
既是激励，也是约束

年薪契约与制度契约构成了一组权责利约定，是所有者与高层管理者之间形成的一种日常契约。高层管理者帮助组织维持制度与规则并达成年度目标时，便可以获得稳定的年薪收入。

　　目前，在大多数企业中，年薪制也是一种管理激励的重要手段，但对于年薪制的理解，这些企业或多或少都有些不同。很大一部分企业认为年薪就是一年发放多少薪金，与月薪只是在发放形式上存在不同。还有一部分企业能够认识到年薪制是对高层管理者的激励与约束，但对基础薪资和绩效薪资的平衡，却缺少把控力。只有较少企业能够合理利用年薪制来激励和约束高层管理者，将他们的个人利益与企业利益完美结合。

　　年薪制是一种普遍采用的薪酬制度，近年来，很多企业在广泛应用年薪制对高层管理者进行激励和约束。这是一种以企业会计年度为时间单位计发的工资收入，主要针对企业的高层管理者和少数中层管理者发放。

　　在量化管理体系中，年薪契约是一种将工资收入与企业经营绩效绑定的收入分配方式，主要包括固定薪酬和绩效薪酬两部分。其中，固定薪酬与企业规模和管理者职级相挂钩，绩效薪酬则与企业年度经营计划中的各项指标完成情况相挂钩。

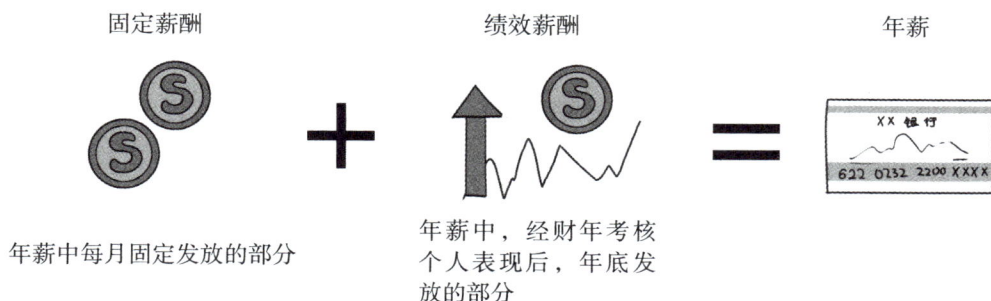

固定薪酬　　　　　　绩效薪酬　　　　　　　年薪

年薪中每月固定发放的部分

年薪中，经财年考核个人表现后，年底发放的部分

适用于企业高级管理者（总经理、副总经理、一级部门负责人/总监、二级部门负责人）

比如，一位职业经理人的年薪为 50 万元，其中有 38 万元是他在这一年中能够拿到的固定薪酬，而剩下 12 万元则是其在年底可能拿到的绩效薪酬。为什么要说"可能"拿到呢？因为如果这位职业经理人没能达成企业所指定的某些目标，或是在年底评估中没有达到某个水平，那他就很可能拿不到这 12 万元，少拿一部分绩效薪酬。

如此来看，在制定年薪契约时，企业是不是只要把握好绩效薪酬的考核，就能完成对高层管理者的激励与约束了呢？其实不然，在这两年我所主导的企业咨询中，很多企业都注意了对高层管理者的绩效薪酬考核，却忽略了对这些管理者固定薪酬的核定。

大多数企业在订立年薪合同时，通常不会过多纠结固定薪酬，往往是企业创始人提出一个数字，董事会认同就可以了。但这样就会产生一个问题，对于那位职业经理人来说，到了年底，这 38 万元固定薪酬是稳稳装到口袋里的，他只要想方设法达成绩效考核目标就可以了。那平时的管理工作怎么办？部门的日常管理发生问题该如何定责？

问题也正出现在高层管理者的日常管理工作上，如果高层管理者认为这些日常管理工作与年底的绩效考核目标无关，而我行我素，对日常管理不尽心，但他又出色地完成了年底的绩效考核任务，这时就很难对他们失职的部分进行追责。因此，在固定薪酬中加入对应的绩效考核目标是很有必要的。

比如，在年薪契约下，总监级别的管理者每月的固定薪酬要有所起伏，当他手下的员工违反制度规定，给企业造成损失，或是他明知某件事违反企业制度，却依然批准执行，这些都要由他担责。也就是说，高层管理者必须负担起维护企业制度环境的职责，如果做不到，那便是失职，就要接受处罚。

这种对高层管理者的日常管理工作考核虽然约束力不大，但却对增强其管理意识很有帮助。只有真正意识到自己的职责，高层管理者才能更好地带领团队实现目标。只盯着目标，而忽视团队管理的高层管理者，不能算是真正优秀的管理者。

年薪=固定薪酬+绩效薪酬

固定薪酬与绩效薪酬按一定比例进行划分，如下所示：

固定薪酬	绩效薪酬
60% ~ 80%	20% ~ 40%

固定薪酬：按月度发放，作为对部门日常管理的结算
考核维度：直接下级遵守公司规定情况

绩效薪酬：以财年为单位进行考核，考核达标后发放
绩效薪酬=总年薪×绩效薪酬占比×年度目标达标率×个人绩效考核得分率
注：当公司年度目标达成率≥85%，所有与年薪有关的人员才可享有绩效薪酬

年薪契约的真正价值并不在于其能给高层管理者提供多少酬劳，而在于如何高效激励这些管理者完成企业的战略规划目标。企业在设计年薪契约时，不仅要对高层管理者的绩效工作进行考核，同时也要对其日常管理工作进行考核，偏废其一，都会让年薪契约失去应有的效力。

年薪契约在具体的比例分配上，应当是固定薪酬占比 80%，绩效薪酬则占比 20%，可以上下浮动调整，但应以固定薪酬占有较大比重为基本原则。这样做主要是给高层管理者设定制约条件，让其主动做好企业制度维护和日常管理工作。否则，企业绩效目标定得越高，管理风险反而会越高，一旦高层管理者为了追求自己的绩效收益，破坏企业制度，后果将会无法想象。

比如，市场部负责人在年底时如果觉得绩效目标无法达成，而违背企业销售制度，采用各种方法压货以达成自己的绩效目标。一通操作后，指标达到了，年薪也顺利拿到手，但他紧接着便辞职了。等他走后，他留下的烂摊子才被新来的管理者发现，渠道里存货积压，经销商互相冲货，产品价格一片混乱，这便是年

薪制契约没有设计好而带来的问题。

所以说，年薪制作为强化企业管理者管理意识的重要契约，并不只是一个简单的薪酬公式。这就要求企业在签订年薪制契约的时候，必须把年薪结构建立起来——固定薪酬必须要与制度和管理的指标相联系，而绩效薪酬则可以和工作的最终结果联系。只有建立这样一个整齐的结构，才能充分发挥年薪制的特点。

02

年薪契约的构建

年薪契约的构建要与项目管理契约相结合，固定薪酬和绩效薪酬的设计和考核，也要匹配项目积分制度。

年薪制是对企业的经营管理者或者其他创造性人才，以年为单位确定报酬方案，并根据个人贡献情况和企业经营成果发放报酬的重要契约。

为员工发放薪酬，一个根本的目的是让员工承担其必要的责任，完成自己应做的工作，为企业创造效益。年薪契约的构建也是出于这种考虑，让高层管理者在承担必要责任的同时，为企业创造更高的经济效益。

如前文所说，在年薪契约中，高层管理者的年薪主要由固定薪酬和绩效薪酬组成，企业在构建年薪契约时，需要先按照高层管理者的职级为每个人确定具体的年薪总额。而后再根据设计好的年薪比例，确定每位高层管理者的固定薪酬和绩效薪酬，这其中，固定薪酬多是按月发放，而绩效薪酬一般是按季度发放或年度发放。

年薪制分档

档 级		总年薪
E档	E4	200万元
	E3	182万元
	E2	164万元
	E1	146万元
D档	D4	130万元
	D3	120万元
	D2	110万元
	D1	100万元
C档	C4	88万元
	C3	80万元
	C2	72万元
	C1	64万元

档	级	总年薪
B档	B4	56万元
	B3	50万元
	B2	44万元
	B1	38万元
A档	A4	32万元
	A3	28万元
	A2	24万元
	A1	20万元

固定薪酬的发放是对高层管理者服从企业制度、管理部门秩序等行为的认可，大到一些战略方向的问题，小到一些日常琐碎事务，整个部门的正常运转都需要高层管理者掌控。这也就是说，部门管理得好，高层管理者便可以拿到足额的固定薪酬；如果部门管理得不好，那就要扣掉一些固定薪酬，这是对没做好本职工作的一种处罚。

如果说固定薪酬是与高层管理者的职责挂钩，那绩效薪酬就是与公司的利润挂钩，或者说是与部门的项目达成率挂钩。高层管理者能不能拿到绩效薪酬，还要看其个人绩效考核结果，以及企业是否能够达到既定的利润目标。

企业的利润目标并不是单一的，一般来说，企业都会设置 3 ~ 4 个利润目标，比如回款、利润、净利润等。总体来说，对高层管理者的绩效考核需要围绕这些利润目标进行，只有达到一定数量的利润目标，高层管理者才有资格获得绩效薪酬。除了利润目标达成情况，高层管理者的个人绩效考核评分也会影响其绩效薪酬。

比如，一个高级管理者的年薪是 50 万元，他的绩效薪酬是年薪的 30%，也就是 15 万元，而剩下的 70%，也就是 35 万元，需要平均分配到每个月中，作为固定薪酬。如果企业设定四个利润目标，并规定达到利润目标的 80% 便可发放绩效薪酬，这样在年底时，经过计算之后，企业的四个利润目标都达到了要求，但这位高层管理者的个人绩效考核分却只拿了 60 分（满分 100 分）。在这种情况下，他是无法拿到全额绩效薪酬的。

不同部门的最高负责人，绩效考核的指标也是不同的，即使是同样的考核指标，其所占有的权重也是有所不同的。对于市场总监来说，企业销售目标达成率这一指标的权重就会比较高；而对行政总监来说，他的绩效考核指标中根本就没有这一项内容。很明显，这是前端部门和中后端部门岗位职责的差异造成的，但在年度项目达成率这一指标上，每个部门的总监都是有权重的。

由于这种绩效考核指标权重差异的存在，企业在制定绩效考核制度时就要认真考虑各部门协调配合的问题。企业想要的是效益全面提升，而不单是某个部门的成绩突出，为此，给一些中后端部门设定"前端部门满意度"指标，是非常有必要的。

这看上去是一种部门间的制衡手段，但其根本目的在于避免部门非均衡发展。行政部门作为中后端部门，本需要支持前端业务部门的发展，前端部门要对市场销售利润负责，那中后端部门就要对前端部门负责。

年薪契约的构建并不是孤立的，它要与后文提到的项目管理契约相结合，同时还要搭配项目积分制度，这样才能量化高层管理者的日常管理工作表现，并设置具体可行的绩效薪酬考核指标。

03

如何计算高管年薪

　　高管年薪的计算难点主要在绩效薪酬上，只有客观公正地评定各项指标的达成率，才能计算出准确的高管年薪。

在年薪契约中，计算绩效薪酬时，需要以总年薪乘以绩效薪酬占比，再乘以公司目标达成率和个人绩效考核得分率。

固定薪酬	按月度由总经理进行考核，指标如下： ·部门员工遵守公司制度 ·跨部门协调
绩效薪酬	绩效薪酬＝总年薪×绩效薪酬占比×年度目标达标率×个人绩效考核得分率 注：公司利润目标达成率≥80%且个人绩效考核得分率≥60%时，才可享有绩效薪酬

在考核指标设置上，前端部门的指标，如市场部、销售部会与公司销售业绩挂钩；后端部门的指标主要与部门管理水平挂钩；那些采购费用支出比较大的部门，如行政部、产品供应部的指标则会与公司利润目标达成率挂钩。

职位/指标	公司销售目标达成率	公司利润目标达成率	公司人均利润目标达成率	部门年度计划项目达成率	部门组织提升	部门流程建设	前端部门满意度
市场总监	30%	20%	0%	30%	10%	10%	…
销售总监	…	…	…	…	…	…	…
研发总监	…	年度目标	…	年度项目	部门职能与组织架构		营销价值链
产品供应总监	…	…	…	…	…	…	…
财务总监	…	…	…	…	…	…	…
行政总监	0	0	20%	30%	10%	10%	30%
人力资源总监	…	…	…	…	…	…	…
总经办主任	…	…	…	…	…	…	…
二级部门负责人	…	…	部门职能		…	…	…

下面以市场部总监为例，介绍年薪制的计算方法。

假设某位市场总监的总年薪是 50 万元，其中绩效薪酬占比为 30%，由此可知他的绩效薪酬为 15 万元，固定薪酬为 35 万元。

如果这位市场总监想要拿到全部 50 万元年薪，那他需要达成相应的指标，具体来说他需要达成的考核指标主要有公司销售目标达成率、公司利润目标达成率、部门年度计划项目达成率、部门组织提升、部门流程建设这五项，其中公司销售目标达成率的权重为 30%，公司利润目标达成率的权重为 20%，部门年度计划项目达成率的权重为 30%，部门组织提升的权重为 10%，部门流程建设的权重为 10%。

现在假设到财年年末时，该市场总监的公司销售目标达成率为 100%，公司利润目标达成率为 100%，部门年度计划项目达成率为 80%，部门组织提升达成率为 90%，部门流程建设达成率为 100%。

由此，就可以得到各个考核指标乘以权重后的达成率，即该市场总监的公司销售目标达成率为 30%×100%=30%，公司利润目标达成率为 20%×100%=20%，部门年度计划达成率为 30%×80%=24%，部门组织提升达成率为 10%×90%=9%，部门流程建设达成率为 10%×100%=10%。

这样，各个考核指标加权后的达成率便为 30%+20%+24%+9%+10%=93%，可以看出，该总监并没有获得全额 100% 的绩效薪酬。通过公式计算该市场总监本财年的绩效薪酬为：50×30%×100%×93%=13.95 万元。

市场总监

总年薪：50万元，绩效薪酬占比30%

	公司销售目标达成率	公司利润目标达成率	公司人均利润目标达成率	部门年度计划项目达成率	部门组织提升	部门流程建设	前段部门满意度
考核指标权重	30%	20%	0%	30%	10%	10%	0
考核指标乘以权重后达成率	30%	20%		24%	9%	10%	
财年达成情况	100%	100%		80%	90%	100%	
各考核指标加权后总达成率	93%						
市场总监本财年绩效薪酬	50×30%×100%×93%=13.95万元						

从这位市场总监的年度绩效薪酬可以看出，他在市场营销方面的能力是毋庸置疑的，但在部门管理方面，显然还存在一些小的问题。如果在下一财年，他可以继续保持业务上的成绩，同时提升在部门管理中的水平，是可以轻松拿到全部绩效薪酬的。

第7章

岗位职责契约，量化个人的权、责、利

01

你的岗位说明书为何没用

一些企业的岗位说明书之所以起不到应有的作用，是因为它在描述岗位职责时不够标准、不够规范，只有标准规范的岗位职责契约，才能将全体员工的权、责、利量化清楚。

很多企业都设计了岗位说明书，用来说明不同岗位负责人应该承担的工作，但这些岗位说明书究竟有没有用，可能连设计它们的人，心里都没有数。一份不知道能否起效的岗位说明书，有它没它又有什么区别呢？

在量化管理体系中，对岗位职责的说明确实需要一个类似岗位说明书的文件，但其所起到的作用却并非岗位说明书所能替代的。其实，想要将一个高级管理岗位百分百地解释清楚并没那么简单，如果进行逐条分款列述，恐怕每个岗位的职责说明都要写出几万字。

正因为如此，很多企业虽然有岗位说明书，却发挥不到应有的作用，多少高层管理者会一字一句背诵其中的内容：他们在具体工作中会凭感觉行事，感觉这件事应该由他负责，那他便多操些心；感觉这事与自己无关，他便看都不会看。

这样很容易引发一种不利于企业发展的现象，即遇到好事大家相互争抢，出现问题则互相推诿。究其原因，还是企业的岗位说明书没有设计好，没有量化高层管理者具体的"职"与"责"。

下面是某企业人力资源总监的岗位职责说明及任职要求：

这一份岗位说明书对人力资源总监的岗位职责和任职要求都进行了较为详细的说明，看上去已经足够具体明确了，但从量化管理的角度来说，这里的岗位职责说明并不够明晰。可以看到，"岗位职责"的第 1 条"全面负责公司各项工作"便是一种模糊表述，第 6 条"完成总公司下达的其他工作任务"更是将这一岗位的职责无限制延展。到最后，这位人力资源总监还是不知道哪些工作是不归他负责的。

岗位职责	任职要求
1.在总公司领导下，全面负责公司各项工作 2.根据总公司下达的年度经营计划，制定公司年度经营目标 3.贯彻落实总公司各项规章制度，制定公司制度体系，并适时做出调整 4.制定公司运营管理治理体系，组建专业化运营管理人才队伍 5.整合公司及自有资源，在建立和维护与政府相关部门、重要客户等的良好关系的基础上对接、拓展相关业务，以实现公司的年度经营目标 6.完成总公司下达的其他工作任务	1.本科及以上学历 2.10年以上工作经验，总经理或高级运营管理岗位工作3年以上，具有人力资源行业工作经验者优先 3.思维活跃缜密，具备优秀的沟通、谈判、分析判断、方案策划、公关及团队管理等能力，能够承受较大的工作压力 4.熟悉市场的运作规律和营销模式，具有较强的市场感知能力，能敏锐地把握市场动态，具备良好的市场拓展能力 5.良好的敬业精神和职业操守

量化管理要求企业与员工达成岗位职责契约，建立完善的岗位职责体系。这是一种真正能够被执行者身体力行的契约，在这一契约下，企业中的每个人都能对自己的"职""责"了然于胸，如此，便能实现从上到下的自动自觉。

下面是量化管理体系中的人力资源总监岗位职责说明及任职要求：

岗位职责			
管辖本部门职能	组织发展管理 人才发展管理 员工关系管理 办公室行政管理	招聘甄选管理 薪酬考勤管理 生活服务管理	企业文化管理 人事资料管理 行政资产管理
作为项目总监的职责	起草及修订本部门的全面项目化成果 依据年度经营计划，完成部门内所有项目的立项工作 控制部门项目总预算 指派部门内项目的项目经理 审批部门内项目经理提交的项目计划书 督促与指导项目经理按项目管理规范完成项目 协助项目经理调配项目所需的人、财、物等资源 监控部门内所有项目的进展情况 完成项目评估		
部门组织提升	合理配置部门内组织结构、人员编制；培养合格的项目经理 推动本部门人员专业技能提升；辅导本部门员工晋升发展		
内部客户协作支持	作为营销价值链中的后端部门，响应并满足前端部门人力资源、行政方面的需求，接收跨部门项目支持的需求，为跨部门项目指派任务经理		
流程建设	推动部门内空白流程的建设；推动部门内已有流程的优化		

续表

任职要求	
基本条件要求	
学历要求	□初中及以下　□高中/技校　□大专　■本科　□硕士　□博士
专业要求	□否　■是，要求人力资源管理、企业管理、行政管理专业
工作经验要求	□无　□一年以上　□三年以上　□五年以上　■八年以上　□十年以上
行业背景要求	□否　■是，要求在大型生产制造型企业工作满五年以上，三年以上人事行政总监
资格证书要求	中高级人力资源管理师
素养要求	
基础素养	熟练掌握商务聆听、商务演讲、商务概念、商务写作、项目管理、会议管理 熟练操作办公软件
管理素养	具备较高的责任心与使命感、团队精神、领导能力、分析及解决问题的能力、优先设置能力、计划能力、创新能力 熟练掌握中级项目管理
专业素养	掌握人力资源规划、组织架构设置的理论、方法论及流程 掌握人才培养与发展管理的理论、方法论及流程 掌握绩效设置、薪酬体系设置的理论、方法论及流程 掌握企业文化推广落地的方法论及流程 掌握人事管理、员工关系管理的方法论 熟悉国家人力资源及行政管理相关法律法规

可以看到，上面这一份岗位说明书对人力资源总监的岗位职责和任职要求表述得非常详细，也非常量化。其中，在岗位职责上，将人力资源总监的所有职责分为"管辖本部门职能""作为项目总监的职责""部门组织提升""内部客户协作支持""流程建设"五个方面，分别进行规定，如此，便能清晰地呈现人力资源总监需要负责的工作有哪些。

此外，在任职要求上，除了基本的学历、专业和工作经验外，还融入基础素养、管理素养和专业素养等方面的职业素养要求，既可以有针对性地筛选合适的求职者，也能让求职者和企业员工了解想要胜任人力资源总监岗位需要具备的各种素养能力。

由于各个企业所处的行业、经营规模和战略规划有所不同，所以在具体岗位的描述上也会有所不同。在量化管理体系中，所有岗位的职责都可以划分为项目管理和组织管理两个板块，这是在全面项目化管理基础上进行的划分，能够很好地量化各个岗位的具体职责。在后续小节中，我还将对这一内容进行更为细致的讲解。

02

量化管理下的"岗位"与"职责"

————————————

量化管理体系下，"岗位"指的是员工在企业中扮演的角色，而"职责"则是指员工必须要尽到的义务。

　　管理是一种实践，其本质不在于知而在于行，其验证不在于逻辑而在于成果。任何管理方法都不可能被完美套用，一个管理方法究竟是好是坏，还要看最终的执行成效。

　　在量化管理体系中，岗位职责契约没有固定的条款约束，唯一注重的便是每个岗位的员工都能保质保量地完成自己负责的项目，这里所说的保质保量，便是对岗位职责执行效果的规定。

　　想要了解量化管理体系中的岗位职责契约，首先要搞清楚"岗位"与"职责"这两个概念所代表的意义。

　　"岗位"指的是员工在企业中所扮演的角色，从管理学角度来说，就是一个人在组织中横向与纵向相交而成的坐标点。

　　在一个组织中，横向坐标轴指的是企业中的专业部门，纵向坐标轴指的则是组织之中的各个层级。员工在组织中的岗位，就是员工在企业中所属专业部门与具体层级的交叉点，是一个具体的位置，比如某个员工的岗位是"人力资源部总监"，在这里，人力资源部是横坐标，总监是纵坐标，人力资源部总监便是二者的交叉点。

　　"职责"指的是员工在企业中必须要做的事情，从管理学角度来说，就是一个人在组织中必须要尽到的义务。

　　在一个组织中，每一个坐标位置都有需要执行的具体工作，当组织中发生一些事时，对应坐标位置上的员工就要担负起一定的责任，因为这些是他所处岗位必须要管的事。同样以"人力资源部总监"来说，这个岗位的职责有很多，招聘甄选管理、人才发展管理、人事资料管理、员工关系管理……都是在这个岗位必须要管的事。

搞清楚这两个概念所代表的意义，再去理解岗位职责就会很容易。但在这里还有一个很重要的问题——岗位职责到底是员工必须要干的事情，还是必须要得到的一种结果？

大多数企业在确定岗位职责时，通常会将重点放在结果上，目的是以此来约束员工行为，并考核员工绩效。但在量化管理体系下的岗位职责契约中，岗位职责应该专注于描述具体的工作与事件，而不需要去描述具体的结果。

岗位职责契约只需要为员工厘清具体的工作归属，让员工知道自己所处岗位需要负责哪些工作就可以了，至于要将这些工作做成什么样，如何达到最好效果，并不是岗位职责该回答的问题。

在设计岗位职责时，管理者需要做到以下两点：

1. 保证员工对于工作归属的判断

岗位职责设计得必须清楚明白，要保证员工能够清楚地对企业工作归属做出判断。若是岗位职责设计得不清不楚，那企业就要抽调专人去调度、指派工作，这样会大大拖慢企业的运转效率，企业管理也会变得冗杂无效。

2. 保证不同岗位之间存在一定差异

既然企业中设置了不同的岗位，那在设计岗位职责时就应该保证不同岗位所担负的职责存在一定差异。如果两个或多个岗位的职责重叠，那员工便又不知道哪些事是自己应该做的了。

在这两点之外，设计岗位职责时，还需要注意两个重要原则，即主动原则和主导原则。所谓主动原则，就是这个岗位职责是需要员工主动去做，而不需要他人指派、分配的；而主导原则，则是这个岗位职责是员工需要起主导作用的，而不是作为参与者加入某项工作。

某位员工的岗位是仓库管理员，入库、出库管理是他主动要做，并在其中起主导作用的工作，所以必须要写入岗位职责之中。帮助搬运货物可能是他主动要做的事情，但他并不在其中起主导作用，所以不能写入岗位职责之中。

依据这两大原则，基本上可以确定好企业内大多数岗位的具体职责。在这两大原则下，也有一些员工会没有岗位职责，比如某个部门的助理、秘书等。这是很正常的，因为这些岗位的员工，并没有什么可主动做，或是在其中起到主导作用的工作，只有等他们逐渐成长起来之后，晋升到更高级别的岗位时，才会有清晰的岗位职责。

03

不同层级岗位职责的确定与描述

────────────────

　　量化管理体系中的岗位职责，由各个部门自己来确定，在表述时要清晰、明确、规范，不能存在表述不清、模棱两可的情况。

岗位职责的确定由各个部门自己来完成，但并不是任由各个部门根据自己的理解去做，而是需要由人力资源部门牵头通过培训的方式，让各部门了解岗位职责确定的具体要求及描述岗位职责的具体方法，在这一基础上，再由各个部门从专业角度制定出本部门不同层级岗位的具体职责。

在确定不同层级的岗位职责时，高层级岗位应更多注重描述其管理层面的职责，低层级则要注重描述其执行层面的职责。由于管理层面职责的具体流程往往是不清晰的，所以在高层级的岗位职责多会出现 KPI 这种以结果为导向的表述。

1. 董事长的岗位职责

董事长属于企业中的领导层，是企业这艘巨轮的领航员，其并不负责具体的日常工作，也不需要管理某些个别的人，只需要管控好企业这艘巨轮的航行方向即可。因此，这一岗位中的职责可以描述为：

（1）确立企业制度

企业要长久发展，也要有自己的基本制度。谁来制定呢？董事长要主动去做，并在其中起到主导作用。

华为公司有一个"公司基本法"，这是华为的基本制度，其他一些具体的规章条例，都是围绕这一制度来制定的。它是由谁牵头来制定的呢？任正非是拍板钉钉的人。所以对于企业董事长来说，他的第一职责就是把企业的基本制度确立下来。

（2）战略制定

战略是企业发展的大政方针，规定了企业发展的目标方向。董事长的第二职责便是制定企业的战略，为企业发展确立目标和方向。作为领航员，他必须规划好航行的方向和路径。至于具体的战略执行，则并不是董事长要担负的职责。

2. 总经理的岗位职责

总经理属于组织中的管理者，一些大的企业或企业集团会将总经理这一岗位称为"总裁"。在组织中，总经理的职责主要以管理责任为主，这一岗位的具体职责与其在管理大学中应具备的能力是一一对应的。

（1）战略执行

总经理需要负责企业战略的落地执行，为此，其必须要搞清楚企业战略的来源、逻辑和执行策略。这一职责也正好承接了董事长"战略制定"的职责。

（2）文化打造

总经理的第二个职责是文化打造，一方面要保证企业组织文化符合战略中文化、价值观的要求，另一方面则要保证员工能够充分理解企业组织文化。

（3）建立规则体系

总经理的第三个职责是建立整个组织的运行规则，也就是在董事长所制定的制度之下确立组织内部的具体规则和条例。

（4）组织架构建设

总经理的第四个职责是管理企业组织架构，也就是一级部门的结构。一级部门的拆分与合并，都需要由总经理来负责。

（5）高级人才管理

总经理的第五个职责是对高级人才进行管理，无论是制定高级人才管理规定，还是对高级人才给予期权激励，都需要由总经理来负责。

（6）战略执行度

战略执行程度是一个 KPI（关键绩效指标），是总经理贯彻执行组织战略所获得的结果，与战略执行不同之处在于，这一职责是一种以结果为导向的描述，是需要有具体数字量化的，比如到 20×× 年完成 ×× 指标。

3. 总监的岗位职责

总监是组织中重要的承上启下的岗位，是企业一级部门的负责人。在描述总监的岗位职责时，需要从管理职责、专业职责和 KPI 三个方面去描述，其具体职责如下所示：

管理职责	专业职责	KPI
流程建设与优化	部门立项	年薪制考核依据，不同部门总监的岗位职责会在年薪制契约中进行详细规定
部门人员专业素养提升		
梯队建设	跨部门人员支持	
部门规则建设		
部门文化管理	项目经理任命	
组织架构与编制		

4. 经理的岗位职责

经理就是部门中的项目经理，是具体项目的主要执行者。在描述经理的岗位职责时，需要从管理职责、专业职责和 KPI 三个方面去描述，其具体职责如下所示：

管理职责	专业职责	KPI
W&DP	常规型项目（数量上不超过7个）	项目积分
流程建立优化		
沟通与冲突管理		
人员性格分析与任用		

5. 任务经理的岗位职责

任务经理是组织中的管理岗，是负责具体任务的管理者，其主要职责也可以从管理职责、专业职责和 KPI 三个方面去描述，其具体职责如下所示：

管理职责	专业职责	KPI
下级培养带教	常规型任务 （数量上不超过7个）	任务积分

6. 助理 / 技工的岗位职责

助力 / 技工属于执行层，作为任务的执行者，他们并不担负管理职责，因此其主要职责可以从专业职责和 KPI 两个方面去描述，其具体职责如下所示：

专业职责	KPI
以流程为核心的行为流程	计件
	流程执行的准确性

在量化管理体系之下，岗位职责的描述要尽可能标准、规范，针对不同层级的员工（或管理者），都要有规范化的岗位职责描述。只有描述得足够清晰，才能让每一位员工都能明白自己的岗位职责，这样在导入岗位职责契约时，也会更加顺利。

从上面的介绍也可以看出，导入岗位职责契约的意义在于为企业组织各个岗位提供一种流程化的工作方法，除了基础执行层外，组织内的每个层级的管理者都要做流程建立与优化的工作。有了这种标准化的流程，即使是刚进入组织的成员，也能迅速了解自己该做什么、该怎么做，这样不仅有利于组织对成员进行考核优化，也有利于提升成员的工作效率与工作效果。

激奋越越的工员化量

第8章

职业发展契约，量化员工的职业梦想

01

量化员工的职业梦想

职业发展契约是与岗位职责契约对应的一个利益契约，是管理者与执行者之间的长期契约。只有建起与岗位工作情况相关的职业发展规则和职业晋升规则，才能留住员工的心。

　　组织成员个人的意志与目的，如果能够顺利在组织运行过程中达成，那组织的凝聚力就会变大。当一个人清楚地知道自己当前在组织中扮演的角色和将来可能成为的角色，并且能够靠自己的行动掌控角色转变时，他就会愿意尽全力为组织运行提供动力，这便是企业建立职业发展契约的重要原因所在。

　　一个人在做一件事时，看不到终点是很可怕的。在一家企业，没有职业发展体系同样可怕。如果员工都不知道自己现在所做的工作是为了什么，将来能够达到什么样的高度，那努力与不努力又有什么区别？找不到方向的人越多，企业这艘大船就偏航得越厉害，当所有人都找不到方向后，也就迷失在大海之中了。

　　为了避免这种情况发生，企业管理者必须告诉员工，他们的未来是什么、在哪里，他们要如何才能达到那样的未来。当然，对员工说一句"好好干，将来肯定能实现梦想"显然是不行的，企业管理者必须给出确实能够吃得到的"大饼"，才能真正抓住员工的心。

　　企业在招聘人才时，承诺给予他足够的薪酬是必要的，此外，还要为他提供足够的精神激励，比如舒适的工作环境、真诚的价值褒扬、现实的职业发展规划等，这些才是真正能够激发人才潜力的要素。

　　只知道混日子熬时间的员工是不称职的，不知道培育下属的管理者也是不称职的。如果企业的管理者是个只注重个体力量发挥的人，那他的管理思维就还停留在农业化时代，只有将个体的力量凝聚为集体的力量，企业管理才能进入工业化时代。

　　很难想象一个对企业没有归属感的团队如何发挥作用，企业建设的核心任务之一是让员工对公司产生信任，这就需要企业在内部建立职业发展契约，引导员工在一步步实现自身梦想的同时，也为企业不断创造价值。

职业发展契约是企业对员工的职位晋升、薪酬增长路径与方法，做出的清晰、准确的组织约定，可以帮助员工获取现在及未来工作所需的技能与知识。 量化管理体系中的职业发展契约，就是让企业员工不断提升其管理素养和专业素养，逐步成为管理或技术方面的人才。他们并不需要都成为管理者，也不需要都成为技术专家，只要能够在某一领域积累广泛经验，并对这一领域有深刻而独到的认识，就足够了。

在建立职业发展契约前，管理者必须回答一个重要问题，即"做到什么程度，将会得到什么职位"。当员工知道自己未来能达成的成就，他才能最大限度地发挥主观能动性。在这一方面，职业发展契约是每一个员工走向未来的路线图。

企业员工职业发展路径

职业发展路径既为每一个员工提供了发展方向和发展目标，也为企业培养人才提供了一套可应用的模板。

很多企业在构建职业发展契约时，都会采用"职业发展路径 –Y 型图"，这是一种专业化的职业发展规划管理模式，可以在量化的基础上，为每一位员工找到合适的发展方向和发展目标。

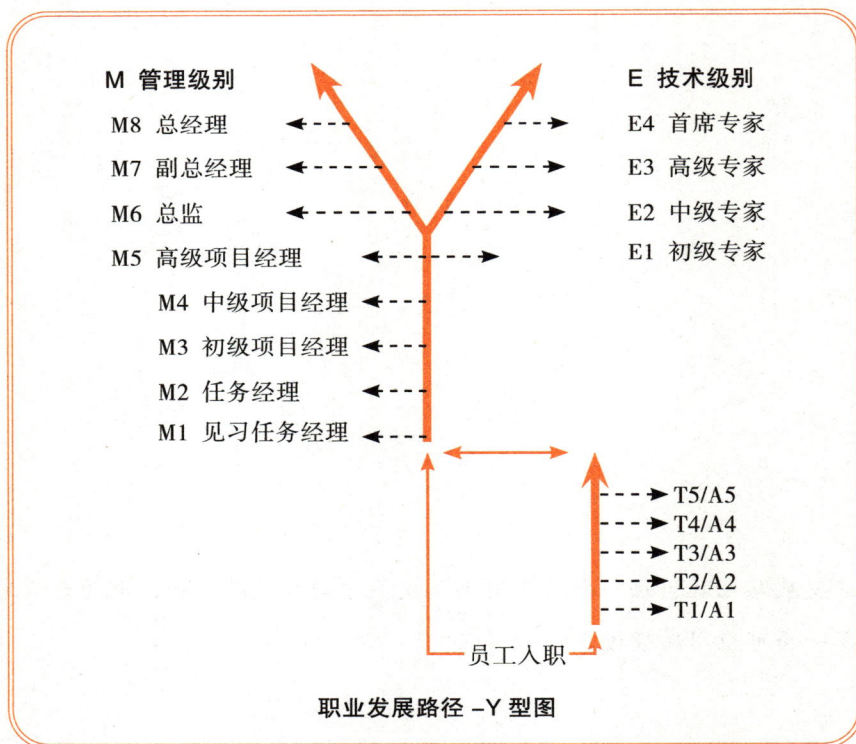

职业发展路径 –Y 型图

在这张职业发展路径图中，员工入职后通过岗位技能培训，具备企业需要的基本素养并完成述职汇报后，会被确定为 T1/A1 或 M1 职级，此后，根据员工在企业内所积累的职业素养分高低、快慢，再来确定员工的晋升速度与未来发展。

以事件结构模型来看，M1 级别的员工此时正处于金字塔的最底层，也就是活动层级上。在日常工作中，他们接触不到具体的项目，也没有明确的任务。

但这并不意味着他们可以无所事事，整天等待着领导分配工作。在这一阶段，需要学习管理大学一年级中的相应课程，比如一些基础的专业知识和沟通技巧。同时还要学习一些与管理相关的内容，比如管理者的职责与素养、管理的原则与方法，以及团队建立与角色划分相关内容。具体来说，当一个新员工的职业素养分积累到 15 分时，便可以晋升到 M2 级。

M2 级相当于事件结构模型的倒数第二层，此时这位员工已经成为初级项目经理，能够单独执行那些由项目分解而来的任务，同时也可以承担一些初级项目了。在这一级别中，员工需要学习管理大学二年级中的相应课程。在专业基础知识方面，可以学习品牌量化管理和目标成本与预算相关内容；在沟通方面，可以学习人员性格分析与任用、沟通与冲突管理等内容；在管理方面，可以学习中级项目管理、组织行为学及流程建立与优化等内容。当职业素养分积累到 25 分时，员工便可以晋升到 M3 级别。

M3 级时，员工已经逐渐熟悉项目运作，并基本掌握了管理项目的能力。在这一级别中，需要学习管理大学三年级的课程。在沟通方面，可以学习危机管理、部门文化建设，以及下级性向分析与培养晋升内容；在管理方面，可以学习年度经营计划管理、部门战略规划、组织架构与编制管理等内容。当职业素养分积累到 40 分时，员工便可晋升到 M4 级，此时便成了事件结构模型中的高级项目经理，独立管理项目已经不成问题。

到了 M4 级之后，员工将面临两种职业方向的选择，也就是到了"Y"字的分叉口。一种职业方向是管理方向，可以继续学习与管理相关的专业知识，然后通过考核不断积累职业素养分，逐步晋升到 M5、M6、M7、M8 级；另一种职业方向是技术方向，那些对管理不感兴趣，只喜欢研究技术的员工，可以顺着这一方向，不断提升自己，逐步晋升到 E1、E2、E3、E4 级。

到了 M7 或 E4 这一级别，已经属于企业的顶层管理者或技术研究者了。企业对于这一级别人员的任用，标准一般会严格很多。M7 级别的员工要做首席执行官，他必须是一个具有战略眼光的人，在各个方面也要有过人之处。

在晋升之外，不同职级的员工如果出现职业素养分下降，且降到下一职级之后，便会被降级，即 M4 级别的员工职业素养分如果低于 40 分，便会被降到 M3 级；如果职业素养分依然继续下降，在降到 M3 级别之下后，也就离被辞退不远了。

职业发展路径 –Y 型图的典型特征在于，可以将正确的人放在正确的位置上，让不同类型的人才在企业中发挥不同的作用。至于哪个员工会出现在哪个岗位上，完全是自己的选择，也是自己努力的结果，企业要做的，就是为员工规划可供选择的发展路径，并提供自主选择的机会。

其实，职业发展路径 –Y 型图并不是完全将管理与技术割裂开，主攻管理的完全不过问技术，钻研技术的一点都不懂管理，这不是我们想要的。在具体应用这一职业发展规划路径时，企业管理者需要掌握好分叉点的运用，这一点可以根据企业的实际情况进行调整，是早一点分开方向好，还是晚一些分开方向好，尽可能综合管理和技术两个方面，让员工真正拥有广阔的发展空间。

当新员工进入企业后，企业管理者就要告诉他们，从 M1 级晋升到 M2 级需要学习些什么，大概要经过多长时间，在这个阶段企业会提供什么，会如何帮助他们达成目标。此后的级别晋升也是如此，只有把要求和情况都说明白，员工才能明白自己日后的发展轨迹，这对于稳定新员工是非常重要的。

03

工作与发展计划

工作与发展计划表是企业与员工达成职业发展契约的重要工具，也是企业培养和选拔人才的科学方法。

2020 年，小文从某重点大学工商管理专业毕业，成功进入一家互联网公司工作。刚刚踏入社会的他对未来充满美好憧憬，但眼前的现实却惊醒了他的美梦。

进入新公司，要进行为期三个月的培训，说是培训，其实就是让他跟着一位小领导跑这儿跑那儿、端茶递水。此时的小文倒没觉得有什么不正常，但随着时间的推移，小文渐渐发现这种所谓的培训对自己的工作根本一点意义也没有。

三个月的培训结束，小文开始正式工作。前面那段培训经历只是让他认识了公司的各位领导，其他什么也没有学到。即使在正式工作后，小文也不知道自己的职业发展方向在哪儿，因为公司为他准备的只是一个又一个工作任务，从没人和他沟通过未来的发展问题。

相信大多数求职者都会遇到和小文一样的情况，入职培训就是跟着主管忙东忙西，他让干什么，就得干什么；等过了培训期，也不管是否能够开始独立工作，会被安排到工作岗位上；至于未来发展，得到的只有"口头承诺"，很少有明确的职业发展规划。

如果每家企业都这样做岗前培训、人才管理，即使有优秀的人才，也会被无尽的杂务所埋没。所以，每个企业管理者都有必要将一项工作写入自己的岗位职责之中，那就是"有计划地辅助下属员工完成职业发展规划"。

同样在 2020 年毕业的小青，职业道路明显要比小文幸运得多。她所选择的公司很注重岗前培训，在三个月的培训期中，小青学会了如何使用商务语言、如何进行沟通、如何进行商务讲演等关于基础素质的知识。在培训期之后，小青被分配到产品发展部。

在产品发展部工作一个月后，小青的行政上级便将她请入办公室。上级递给小青的是一张表格，里面列述着一些问题。

年度工作及发展计划表

撰写人：＿＿＿＿＿＿＿＿　　　职位：＿＿＿＿＿＿＿　　　　　　日期：＿＿＿＿＿＿＿
1.在未来一年中，你期望在公司业务上有哪些贡献?（项目、任务）
2.在未来一年中，你期望在公司组织上有哪些贡献? （培训、流程、手册）
3.请简要描述未来一年中你职业素养提升的目标是什么?
4.为了达到你职业素养提升的目的，你需要公司提供哪些组织环境方面的支持?
员工签名：　　　　　　　　　　　　　　　　　　　上级签名： 日　　期：　　　　　　　　　　　　　　　　　　日　　期：

按照上级的说法，这张表格名为年度工作及发展计划表，上面所列述的问题不多，很简短，也很好理解。小青需要对自己当前所处的位置及未来的职业发展目标进行说明。

W&DP 工作及发展计划表是企业与员工达成职业发展契约的重要工具，主要包括工作总结、职业发展计划和工作计划共三个方面的内容。工作总结通常是对过去一段时间内员工的个人工作及素养进行的科学、系统的评估；职业发展计划则是对未来一段时间员工个人成长的预估，包括将来期望从事的工作类型，以及在组织中担任的角色的定位；工作计划则是对未来一段时间员工个人工作及素养的系统、科学安排，与工作总结相对。

```
                                              ⌐业务发展
                                              ⌐组织发展
                        ┌ 工作总结（过去1年）─┤
                        │                     ⌐职业素养提升（晋升）
                        │                      直接经理评估
                        │
                        │                      ⌐短期目标（1~2年）
  ┌─────────────┐       │                      ⌐长期目标（3~5年）
  │ 工作与发展计划 │      │                     ⌐需要提高的方面
  │    W&DP     │──────┼ 职业发展 ───────────┤
  └─────────────┘       │                      直接上级的意见
                        │                      采取的相应行动
                        │
                        │                      ⌐业务发展
                        └ 工作计划（未来1年）──┤
                                              ⌐组织发展
```

　　基于这三个方面，企业可以从上图所示的一些方面，与员工一起设定具体的工作与发展计划。其中，有旗子标注部分是由员工自己填写的，而没有旗子标注的部分则需要由上级管理者完成。

　　具体操作上，主要需要经历以下几个关键流程：

（1）制订计划

　　在每个财年开始时，企业人力资源部要发布通知，要求企业所有员工在一个月到一个半月时间里，完成个人职业发展计划的撰写。

（2）撰写草稿

　　接到企业人力资源部通知后，企业所有员工便需要自己撰写个人职业发展计划草稿，其中，工作总结和工作计划的大部分内容都是由员工自己填写的，职业发展中的短期目标、长期目标和需要提升的方面也需要员工自己完成。

　　在撰写草稿时，员工需要对自己进行自我分析，找到自己工作的动机，以及在工作中的强项与弱项，同时也要想一想自己真正适合哪个岗位，最后还要说明自己对企业作出的贡献。在完成草稿撰写后，员工需要将草稿上交自己的直接上级。

（3）讨论

讨论环节需要员工和直接上级共同参与，讨论的内容需要进行提前准备，要有针对性、有目标地完成讨论。在讨论过程中，上级管理者要认真倾听并了解员工真实的想法、需求，并将员工的需求与公司的需求相结合，多讲事实，少做否定。

（4）填写评估意见

直接上级需要就员工的工作总结和职业发展填写评估意见。在工作总结中，直接上级需要对员工个人提升及对部门与企业的贡献进行说明，同时还可以讲一些对员工未来的期望；在职业发展中，直接上级需要为员工提出一些建议，以帮助他们更好地达成目标。

（5）二次讨论

在二次讨论时，部门负责人也需要加入讨论，其主要对员工所需要的一些跨部门支持进行确认，对于确有需求的，需要由这一级管理者负责落实。

（6）签字并提交存档

员工的工作与发展计划确定后，需要由员工、直属上级、部门负责人三方签字，并将签字后的计划提交人力资源部存档。之所以要将其交到人力资源部存档，是因为在半年或是一年时，人力资源部要对照这一计划进行回顾，并根据计划完成情况评估员工的工作情况和努力程度。

以小青为例，她在产品发展部就职，她的工作及发展计划必然要与产品和消费者密切相关，如掌握消费者需求研究方法、自主完成产品测试、了解实验室管理规定等，这些其实就相当于小青需要具备的职业素养能力。为了具备这些能力，小青可以在工作及发展计划表中写清楚自己需要企业提供什么帮助，比如借阅企业资料室的相关资料、旁观企业项目工作等。

一段时间后，小青觉得自己已经具备这些职业素养能力了，那她便可以向上级申请学习更复杂一些的职业素养能力。但在这之前，她需要先参加一些必要的考核，以证明自己确实掌握了这些职业素养能力。

以调研消费者需求来说，企业设置的考核项目是做一次主题演讲。那小青便要在评委（各部门的管理者）面前，在规定时间内，把调研消费者需求的方法、步骤，以及一些注意事项都讲清楚，还要应对各位评委提出的现场问题。

在考核结束后，小青会在三个工作日之内收到考核结果。如果考核顺利通过，那她便能够获得相应的职业素养分，并可以继续学习新的职业素养技能；如果考核没通过，那她便需要重新进行学习。

一年又一年，新员工不断学习新的工作能力，积累更多的职业素养分，胜任更多的工作岗位。当员工的职业素养分累积到15分时（具体以企业规定而定），其便会被晋升为主管，一般来说，这大概需要一年左右的时间。而此时，企业差不多又要招聘新的员工了，刚刚晋升的主管，便需要担负培养新员工的任务。

总体来说，企业与员工建立职业发展契约的好处是多方面的。一方面，它将给企业带来很高的员工满意度，那些一入职就能知道自己未来发展轨迹的员工，更容易找到工作的重点与方向，工作心态会更为平衡、理性；另一方面，它还能大大加快企业人才成长的速度，将职业发展与职位、能力和薪酬挂钩，让员工靠内在需求而努力工作，不断追求更好的自己。

从另一个角度讲，如果这一契约在企业内部达成共识，那么一种正向的、积极的工作方法便会在企业中迅速传播。一名员工进行考核演讲时，会议室里会有很多旁听的员工，这就相当于给他们做了一次培训。试想一下，现在企业基本都是请外部培训师做员工培训，这样的效率是很低的，而建立这种职业培训与发展规划相结合的机制后，等于在公司内部聘请无数位培训师，公司真正的内训体系就形成了。并且这种内训形式解决的问题都是很实际的，都是在工作中经常遇到的，这些问题都能被有效解决，企业的运营效率自然会得到显著提升。

当前，许多知名企业都建立了这样的职业发展规划体系，每月都会有几天作为职业素养汇报日。参与考核的员工需要借此机会跟大家分享自己的知识经验，不需要参与考核的旁听员工也能因此受益。

第9章

项目管理契约，全面量化企业工作

不是没说清，而是没量化

　　上司与下属的沟通是企业管理中的重要问题，很多本可避免的工作失误就是由于沟通不畅所致，利用项目管理契约，可以很好地解决这种沟通不畅问题。

一位部门经理对新来的主管说："你就把仓库的事情管一管就可以了。"听了经理的安排，主管立刻跑到仓库，发现仓库货品摆放杂乱，清点起来十分困难，于是便加班将仓库的所有货品整理了一遍。

第二天，部门经理来抽检工作，看到整齐的仓库并没有流露出喜悦的神色，巡视一番后，对主管说："仓库整理得还不错，但员工们还是老样子，邋里邋遢的，无组织无纪律。"被经理批评一番后，主管很是郁闷，明明是经理没把问题说清楚。经理也很郁闷，抱怨主管能力平庸，这点小事都办不好。

为什么交代给员工的事情，总得不到满意的结果？是因为员工脑子笨、能力差，还是因为自己没把事情交代清楚？不可否认，不能有效理解管理者意图的员工是多见的；反过来，没有表达清楚自己目标意图的管理者也不在少数。这个问题其实并不是沟通的失败，而是一个企业没有真正把工作量化，用具体的指标指导工作。

管理者认为自己表达得很清楚，但员工接收到的信息却并没有那么清楚，不是员工听不懂管理者的话，而是员工与管理者对这些内容的认知有所不同。

在宝洁工作那几年，我经常见到这样的情景：下属与上司之间的沟通都以书面形式完结，无论在会议上讨论了多少内容，最终都要以落到纸面上的为准。

在面对一项工作时，下属和上司会进行细致讨论。在讨论过后，双方会签订一份《项目计划书》，然后下属便依据《项目计划书》中的内容开展具体工作。检验下属工作完成情况的唯一标准便是《项目计划书》上的相应规定。

管理者不能想当然地用自己喜欢的方式跟下属沟通。上司是个雷厉风行的人，说话做事讲究简洁明了，但下属却是个憨厚老实、做事认真喜欢凡事都弄个明白的人，这时候用简洁的语言给下属安排工作，下属自然没办法领会全部意思。

想要让员工按自己的要求完成工作目标，就要将工作目标表述得足够量化：让员工"买一些水果"，不如直接告诉员工"买一斤""买两斤"或者其他具体数值。只有把工作量化到这种程度，才能让员工更好地执行。

采购一些水果！	采购一些水果——采购什么水果？采购苹果——采购多少苹果？采购100斤苹果——需要采购多少钱1斤的苹果？采购10元1斤的！
采购100斤10元每斤的苹果。	好的！
明天上午开会！	明天上午开会——明天上午几点开会？明天上午9点开会——明天上午9点在哪里开会？明天上午9点在小会议室里开会——明天上午9点开什么会？明天上午9点开项目启动会！
明天上午9点在小会议室开项目启动会。	明白！

项目管理就是一种量化企业工作的重要契约，用管理项目的方法管理企业，通过给每个具体的工作制定《项目计划书》，便可以有效提高工作的执行效率及完成度。

项目管理是现代企业采用的一种通用工作方式，是进行科学化、标准化管理的基础，它作为一种高效的管理模式，已被广泛采用。

这种项目管理模式可以让企业的管理更有效率，组织工作的协调性变得更好，管理者的水平也变得更高。导入项目管理模式的企业会从行动并不统一，真正转变为行动高效。

项目的定义与角色划分

项目管理中的"项目"具有双重定义，在建立项目管理契约前，管理者需要好好理解项目的双重定义，并认识围绕项目的四个角色。

项目是一个具有特定目的、相对独立的最小工作单位，这是一种较为精简的项目定义，它强调项目的价值意义和相对独立性。

企业中的各类工作能否成为项目，首先要看其是否具有价值，也就是看其背后是否有特定目的作为动机。

企业要研发一款手机，这一工作很明显可以被确立为项目，因为研发手机是有价值的，其目的正是帮助企业获得更多利益。

企业要进行人事招聘，这一工作也可以被确立为项目，因为人事招聘是有价值的，其目的是帮助吸纳更多优秀的人才。

在确定工作价值后，还需要看工作与工作之间是否相对独立。如果两项工作间存在交集或前后因果联系，那这两项工作就要被归在同一项目中。

企业现在既要研发一款手机，又要研发一款与手机适配的耳机，这两项工作并不是相对独立的，它们存在一定的交集，其中一项工作的失败将影响另一项工作，所以这两项工作要被归在同一个项目中。

那什么是相对独立的两个项目呢？

如果要把研发手机作为一个独立项目，那与它相对独立的项目应该是办公用品项目、人事招聘项目和渠道扩展项目，这些项目之间是相对独立的，一个项目的失败并不会直接影响另一个项目。

　　企业在确立项目时，将彼此有紧密关联的工作放入一个项目中，根据工作价值进行排序，这样才能避免项目内容重合，引起不必要的麻烦。

　　至于说项目是最小工作单位，并不是说它与活动一样小，而是说在管理的完整度上它是最小的，是相对独立的。在项目之下的任务和活动都非常细碎，每一个任务之间都存在较强的关联性，很难切断它们之间的联系，所以任务和活动都不是最小的工作单位。

研发手机项目

研发手机项目，包括操作系统设计、手机软件设计、技术文档编写、产品性能优化等一系列任务，每个任务又可以分为许多细致的工作活动。

物资采购项目

物资采购项目，包括采购询价、采购计划制订、采购实施、商务谈判等一系列任务，每个任务也可以分为许多细致的工作活动。

人才招聘项目

人才招聘项目，包括招聘计划制订、招聘邀约、入职邀请函设计、入职流程安排等一系列任务，每个任务还可以分为许多细致的工作活动。

项目是以一套独特而又相互联系的工作事务为前提，有效地利用资源，为实现一个特定目的所做的努力。这是另一种颇为场景化的项目定义，它强调项目需要具备一整套完整的工作步骤。

项目是由一系列任务组成的，完成这一系列任务需要经历许多步骤，在这个过程中，需要充分整合各种资源，围绕特定目的去思考，并最终将其落实到位。这种场景化的项目表述，有几个重要概念是需要特别指出的。

（1）明确的时间节点

任何一个项目都要有明确的时间节点，这一节点既包括项目的开始时间，也包括项目的结束时间。绝大多数企业会将项目限定在一个财年内，项目的开始时间和结束时间则按照工作日统计，精确到具体日期。

（2）明确的产出

任何一个项目都要有依特定目的量化的目标成果，而且这一成果还要达到预期的验收标准。明确的产出其实就是项目的目标，"明确"意味着这一目标是可以衡量，并且符合特定目的要求的。

项目这两重定义从不同角度对项目进行了解释，一个采用较为精简的方式点明项目的价值属性，另一个则用一种场景化的方式揭示项目的价值。正是基于项目的价值属性，项目管理才应运而生。

在项目管理中，比较重要的角色有四个，分别是项目总监、项目经理、任务经理和专家。其中，项目总监是负责立项的人，项目经理是负责落实具体项目的人，任务经理是完成具体任务的人，专家则是解决项目实现过程中关键技术难题的人，他们的分工是非常明确的。

在一个项目中，项目总监既可以做立项的工作，也可以负责落实具体项目，但允许这样操作的前提是没有合适的项目经理人选。如果有项目经理负责具体项目落实，项目总监就不能过多插手项目落实工作，否则就会产生一些不必要的问题。

有些项目总监插手项目落实工作，完全是为了表现自己的工作能力，即为了表现而表现，这是一种不称职。与其让他抢下属的工作，倒不如不给他招聘下属。

另一种项目总监插手项目落实工作的情形，是因为项目经理在工作中出现纰漏或是工作能力明显不足，这种情况下项目总监对下属进行帮助或是直接接手下属的工作倒是可以理解的。

在项目管理中，项目总监需要对部门所有项目负责，项目经理需要对自己的项目负责，任务经理则要对手头的任务负责，专家只对项目难点问题负责，每个人都有明确的职责，这是他们扮演好自身角色的主要依据。

项目中的每个人在扮演好自身角色的基础上，出于对项目整体效果的考虑，对他人负责的工作给予一定的帮助，是符合团队协作原则要求的。但如果自己的角色都没有扮演好，还总是插手他人的工作，这样的人很快便会在项目中失去立足之地。

03

项目管理的基本流程

一项工作只有是有价值的，才能被确立为项目，一旦被确立为项目，就要按照固定的流程运作，中间不能有丝毫马虎。

项目管理主要有立项和项目运作两个基本流程，立项是建立价值的过程，而项目运作则是落实价值的过程。

（1）立项

立项过程由项目总监负责，根据企业战略规划和年度经营计划，项目总监要找到一个具体事件的价值，并将其量化为年度计划项目表上的各种书面化内容。

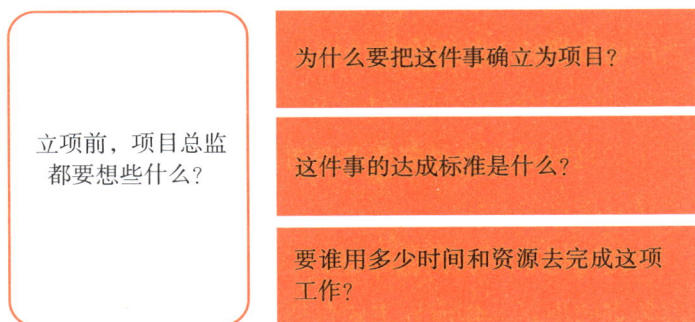

立项前，项目总监都要想些什么？	为什么要把这件事确立为项目？
	这件事的达成标准是什么？
	要谁用多少时间和资源去完成这项工作？

最初的年度计划表项目一般由部门最高负责人牵头，通过部门内部讨论形成初稿。经过修改的年度计划表项目初稿会在公司会议上进行讨论，综合各方意见完善调整后，形成年度计划项目表的定稿。

为什么要把这件事确立为项目？这件事的达成标准是什么？要谁用多少时间和资源去完成这项工作？

这些都是项目总监要在项目单中以书面化形式展现的内容，这是项目总监完成立项后需要开展的下一步工作。

在完成立项的书面化工作后，项目总监需要向项目经理传达这一内容，双方在达成共识的基础上，需要在项目单上签字。

进行到这一步骤，立项阶段就结束了。需要注意的是，整个流程需要在一定的规范约束下进行。比如，项目总监在接到立项需求后，需要在 20 个工作日内完成书面化展现，这一点必须严格遵守，延期完成是要受到处罚的。

这一阶段的规范对项目总监有要求，对项目经理同样要有要求。在项目总监下达项目单后，项目经理要充分理解项目单上的内容，并在 2 个工作日内完成签字确认。迟迟无法与项目总监达成共识，影响立项进程，将被认定违规，受到不同程度的违规惩罚。

立项就是项目总监建立项目价值并向下传递项目价值的过程，整个过程由项目总监主导，要严格按照特定规范和标准推进。

当项目总监将项目单交到项目经理手中，并与项目经理达成共识后，项目立项的工作便完成了。这时候，项目总监需要再细化其他项目的项目单，而项目经理则要开始推进这一项目的运作。

（2）项目运作

由项目经理负责的项目运作流程主要包括四个阶段，按照时间先后顺序依次为计划阶段、准备阶段、执行阶段和收尾阶段。

项目运作的四个阶段

在大多数项目中，计划阶段与收尾阶段的工作是相对独立的，而准备阶段与执行阶段的工作关联得非常紧密，所以有的项目经理会将准备阶段和执行阶段合并为一个阶段，即准备与执行阶段。

在计划阶段中，项目经理需要根据项目单上的目的目标，召集团队成员开会探讨如何保质保量达成目标；会议之后还要将讨论的内容落实到书面上，得到团队成员的认可和签字确认。

到了准备和执行阶段，项目经理需要带领团队成员共同完成计划阶段所确立的工作内容。在这个过程中，团队为了确保工作执行得更为稳妥、高效，利用一点时间，做些准备工作是很有必要的。

在最后的收尾阶段，主要是总结复盘项目执行过程中的经验与教训，对整个项目进行整理归档，为后续项目分析及评估保留资料。

在项目运作的每一个阶段中，都有许多细节的工作流程，这些工作流程的存在正是确保项目价值最后落地、项目目标最终实现的重要保障。对于项目经理来说，确保这些工作流程都能够顺利高效完成就是其主要职责。

项目运作进入准备与执行阶段后，项目经理依然是这一阶段的主导者，但实际的工作推进或者任务推进却主要由任务经理完成。

当任务经理接到项目经理下达的任务单后，他需要在规定的时间范围内，按照项目管理规范与项目经理达成共识，并进行签字确认。完成这一步骤后，任务经理便可以按照任务单上的要求去完成相应的任务。

这种项目任务的交接一般在项目启动会上便要完成，当项目启动会结束后，任务经理便会立刻开始推进任务，所以项目运作的准备和执行阶段，主要是各个任务经理执行任务的过程。

在这一阶段，项目经理也要参与到任务的执行过程中，而在此之外，还需要做好项目变更处理和项目监控与信息交流的工作，这三项工作贯穿这一阶段始终，随着所有任务执行完毕，项目便会迎来最后的收尾阶段。

如果用一场战争形容项目运作流程，计划阶段便是战争的起步期，参战各方需要谋划战略、调兵布阵；准备与执行阶段则是，参战各方集结完兵马，备齐粮草后，展开激烈拼杀，大量资源将在这一阶段被消耗；收尾阶段则是战争的结束期，战场上硝烟已经散去，胜利者在打扫战场，完成收尾工作。

项目运作到了收尾阶段，项目经理还需要做三件事：召开项目总结会、完成项目归档、开展项目评估，这三件事在完成时也有必要的规范，项目经理要按照特定步骤一点一点推进完成。

项目计划书设计的基本步骤

项目计划书是否能够确定好，关系整个项目的成败。好的计划一定是团队成员共同参与制订的，领导拍脑门制订计划，员工蒙着眼去执行，肯定不会有什么好结果。

无论是大规模企业，还是中小微企业，在进行项目管理时都会面临将工作转变为项目的难题。想要清楚什么样的工作能够转变为项目，首先要明白企业的诸多工作哪些是有价值的，哪些是没价值的。

项目计划书的内容

- 项目背景
- 项目目的、目标
- 技术原则
- 关键路径图
- 任务列表
- 关键问题分析
- 项目组成员及资源投入
- 项目时间排期

企业的工作存在即是合理，但这并不意味着这些工作都有意义，至少并不意味着这些工作都有转变为项目的价值。企业项目的价值是可以衡量的，管理者需要用一些技术方法量化项目的价值。

（1）厘清项目背景、目的和目标

在量化管理体系中，项目价值厘清八步法是量化项目价值的好方法，这八个步骤是一个流程性内容，彼此之间关联紧密，是项目立项之前，前期科学调研工作最主要的工作方法。

　　确认客户是项目价值厘清的第一步，如果连客户是谁都不知道，项目价值是什么也就无从谈起了。

　　一般来说，项目的客户主要来自三个方面：一是企业内部领导，比如总裁或总经理；二是来自各个部门，更多是前端部门为了满足市场需要，对后端部门提出的一些需求；三是企业的直接外部客户，这些用户可能是 b 端的，也可能是 c 端的，要根据企业业务类型确定。

　　确认需求是项目价值厘清的第二步，这是在找到、找对客户的基础上，开展的第二项工作。通常情况下，确认客户和确认需求多是同时进行的。大多数客户就是带着需求来的，项目管理者只要把它的需求调查清楚就可以了。

	说　　明	格　　式
确认需求	项目最终目的都是满足客户的需求	通过本项目的执行： ·建立××× ·提升××× ·降低××× ·维持×××

　　量化期望状态是项目价值厘清的第三步，是一个精准了解客户具体需求的过程，项目管理者需要把客户的需求量化为最终状态，这一状态是项目可衡量、可评估的交付验收标准。完不成这一环节的工作，后续的项目推进是无法进行的。

	说　　明	格　　式
量化期望状态	通过调研，完成对客户需求的量化描述	量化的成果描述，如： ·建立企业战略管控体系 ·提升A产品重复购买率至30% ·降低客户投诉率至5% ·维持员工满意度不低于80%

　　量化现状是项目价值厘清的第四步，需要通过数据分析量化客户的当前状态，并与客户期望状态进行对比，只选用客户近一年的数据会导致结果不够精确，所以最好选用客户近三年的数据。

	说　明	格　式
量化现状	通过调研，完成对实际现状的量化描述	量化的现状描述，如： · 目前企业缺乏战略管控体系 · 目前A产品重复购买率为18% · 目前用户投诉率为12% · 目前员工满意度为80%

分析根因是项目价值厘清的第五步，项目管理者需要找到现状与期望产生落差的原因，并从这些原因中筛选出主要原因。

	说　明	格　式
分析根因	分析导致现状与期望产生落差的原因，通过调研得出导致落差的主要原因（相关度最高的）	量化的根因描述，如：活动前1天没有就活动信息对客户进行提醒

确定解决方案是项目价值厘清的第六步，项目管理者需要针对根因提出解决方案，其中既要包括对想要改变的状态的描述，也要包括对客户想要的最终状态的量化描述。

	说　明	格　式
确认解决方案	针对根因，提出解决方案	量化的解决方案描述，如：2020年老客户感恩节促销活动开始的前1天，由各店店长通过电话提醒已邀约的客户

制定目的是项目价值厘清的第七步，项目目的多由一些定性词语组成，不需要用数据量化，也不会太过明晰，更多是从解决方案和期望状态中抽提的一些关键词语。

	说　明	格　式
制定目的	抽提出解决方案的关键词+期望状态的关键词	完成+3~5个关键词+项目名称，如：完成蓄客提前、活动信息通知到位、现场人员足够、转化率达标的2020年老客户感恩节促销活动转化率提升

制定目标是项目价值厘清的第八步，这项工作一般与制定目的同时进行，如果说目的是一种定性的表述，那目标就是一种定量的表述，是可量化、可评估、可操作的。

	说　明	格　式
制定目标	1.与关键词一一对应 2.现实可行 3.可量化 4.可评估	指标+数值，如： 1.在2020年老客户感恩节促销活动开始的前1天，由各店店长通过电话提醒已邀约的客户 2.促销活动转化率不低于35% 3.……

（2）确定项目技术原则

在确认项目的背景、目的和目标后，项目经理不能急着带领项目小组成员推进项目，而是要让所有项目的参与者都了解这一项目的技术原则有哪些。

项目的技术原则是项目风险的预防机制，是项目执行中所依据的法则或标准，是为了实现目的、目标所必须遵守的规律或方法、标准，主要来自公认的权威理论。前人积累的可以通用的经验，是一种经过积累沉淀的具有一定规律性的标准，其对项目运作具有很强的指导意义。

定理、模型、公式、方法……这些都是来自公认的权威理论，项目经理需要根据这些权威理论对影响项目目标达成的关键点提出具体的标准。此外，项目经理还需要从过去的失败和已经明确的问题中总结经验教训。这便是项目技术原则的两方面重要内容。

具体来说，技术原则就是一种事先约定的法则和标准，在项目运作前先约定，然后所有项目参与者在项目运作过程中，遇到相应情况，要按约定的方式执行，防止出错。一个项目可能约定许多技术原则，有些情况没有发生，那这个技术原则便可以不必应用；一旦发生了约定情况，那项目参与者就一定要按照技术原则的约定去做。

对于项目经理来说，约定技术原则就是在"填坑"，在项目没有启动之前，他就需要尽可能多地预测出项目运作过程中可能出现的"坑"。他可以根据旧有项目的开展情况预测，也可以根据自己多年的项目管理经验预测，无论借助哪种方法，找到"坑"，并将"填坑"方法表述清楚，是他在项目计划阶段的一项重要工作。

调研是一种最为高效的方法，无论是正式调研，还是非正式调研，项目经理都要尽力收集记录信息，然后再从各类信息中思考整理必要的项目技术原则。

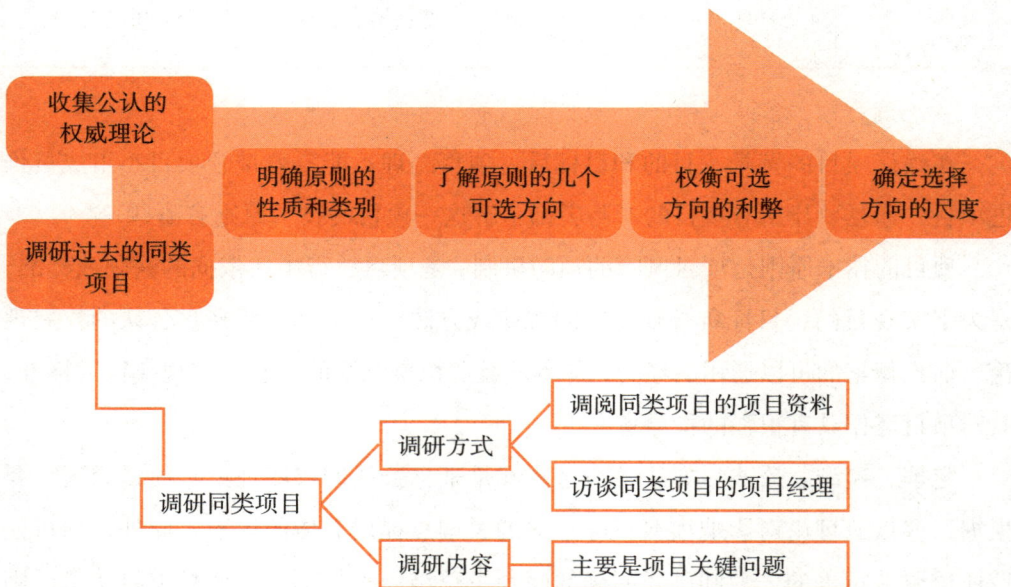

项目经理可以从收集公认的权威理论和调研过去的同类项目两方面出发，开展具体的调研工作；在调研过去的同类项目时，可以通过调阅同类项目的项目资

料和访谈同类项目的项目经理实现。

在完成这一步骤后，项目经理还需要明确原则的性质与类别，并了解原则的几个可选方向。那什么样的标准可以作为技术原则列入项目计划书呢？这时候项目经理需要权衡原则的几个可选方向的利弊，确定选择方向的尺度，并确定最终的项目技术原则。

项目技术原则调研的主要内容是项目开展过程中的难点和风险点，这些内容是对项目效果实现最大的阻碍。除此之外，项目经理还可以对项目中一些自己把握不准的问题展开调研，调查清楚这些问题的来龙去脉。

在完成调研工作后，项目经理要将技术原则落实到纸面，并按照通用的撰写格式表述出来。如果能够将内容量化全部表述清楚，就要将内容全部量化清楚，这样才能让项目小组成员了解技术原则的具体内容，让他们在项目执行过程中更加谨慎、更加认真。

（3）设计关键路径图

设计关键路径图，就是要让项目行动计划能够做到每一步都落地、每一步都有成果，最终步步为营地实现项目目标。从价值层面讲，设计关键路径图是为了让整个项目开展得更有计划性，也是为了让项目小组成员知道整个项目的行动安排。

基于这种思考，关键路径图便成为项目计划书中的一项至关重要的内容，项目经理只有设计正确的关键路径图，并且把图上的关键节点事件都解决，才能最终达成项目目标。

如果这一关键路径图设计了 5 个关键节点，那这 5 个关键节点必须是按照一定的顺序排列的，在项目执行过程中，只有执行完前一个节点任务才能执行下一个节点任务，而不能在执行完第二个节点任务后，再回来重新执行第一个节点任务。

关键路径图示例		
	正确	错误
示例一	A → B → C → D	A → B → C → D
示例二	A → B → D, A → C → D	A → B → C, A → D

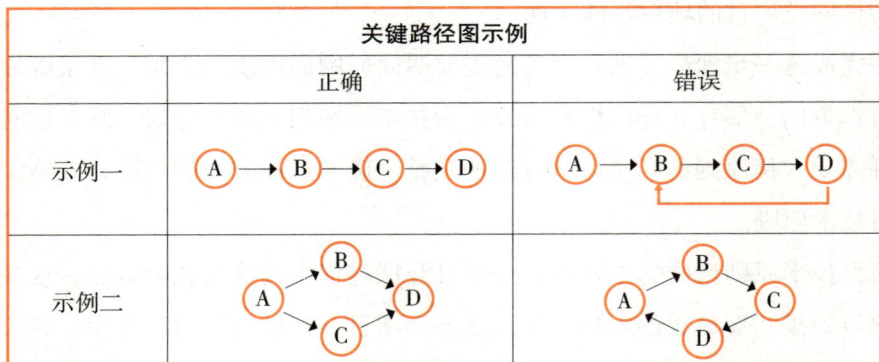

☆ 一般来讲，关键路径图不允许存在回路，也就是说，我们只能沿着一个方向前进，而不能在某个节点之后逆流回到它的前置状态。

一个完整的关键路径图是没有回路的，这就像盖楼房一样，盖好一层框架后，才能盖下一层的框架，而不能先盖下一层，再回来盖这一层，这是对项目关键路径图的结构设计要求，也是衡量关键路径图好坏的标准。

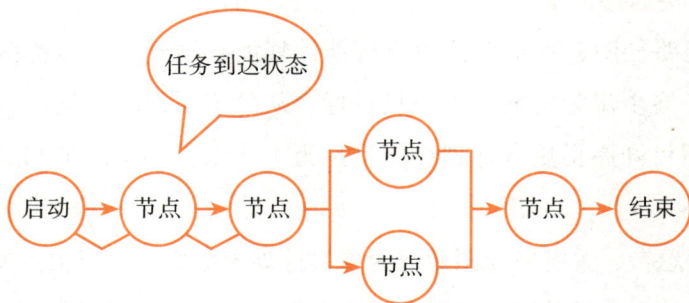

任务到达状态

启动 → 节点 → 节点 → 节点 / 节点 → 节点 → 结束

关键路径图格式

设计关键路径图的过程，就是从项目目标出发，将项目分解为一个个任务的过程。想要实现项目目标，有哪些事是必须要做的？这是项目经理必须考虑清楚的问题，因为项目经理需要据此将整个项目拆解为一个个任务。将项目拆解成任务后，项目经理还要将这些相对零散的任务拼接在一起，就像拼拼图一样，最终拼接出一个完整的项目。

（4）制作项目任务列表

任务列表也是项目行动计划书中的一项重要内容，但与关键路径图不同的是，任务列表更侧重于用文字、表格等形式展现项目任务，其在内容表述上要更为具体，也更为细致。

很多时候，任务列表都是搭配关键路径图应用的。对于项目中的每个任务来说，任务列表相当于一种任务执行指南，按照任务列表上对该内容的描述执行，任务的目标就会顺利实现。

在制定任务列表时，项目经理需要重点关注任务目标、任务输出和关键活动这三方面内容。

任务目标是任务列表最为重要的内容，其与项目目标一样，是要可量化、可执行、可评估的。任务输出是任务结束的标志，通常表现为任务执行过程中产生的重要工作成果。关键活动是任务执行过程中的事件，是为了达成任务目标而必须做的重要工作。

任务编号	任务名称	任务目标	任务结束标志	关键活动	任务经理	起止时间
2	办理签证	3名考察人员签收审核通过的欧洲签证	审核通过的欧洲签证	1.确定5名待考察人员名单 2.筛选3家签证代理公司 3.确定签订代理公司并缴费 4.准备签证资料并提供至代理公司 5.组织待考察人员进行面签 6.签收不少于3名待考察人员审核通过的签证 7.确定考察人员名单	张××	7月3日—8月5日

项目经理需要确保写入任务列表中的内容，能够被项目小组成员所理解，尤其是前面提到的三方面内容，一定要让所有参与项目的小组成员都理解，这样的任务列表才是有意义、有价值的。

（5）关键问题分析

在同一个项目中，为什么有的任务成功率是70%，有的任务成功率是90%，而有的任务成功率是 100%？很简单，因为成功率为 70% 的任务中，有一些问题是项目管理者比较担心的，这些问题一旦发生，便会影响任务目标的达成。任务在关键路径图中的成功率越低，这些问题的发生概率就越高。

项目关键问题分析主要源于项目关键路径图中成功率较低和最低的任务，找到那些影响任务成功率的关键问题，分析解决这些问题的具体方法，这样便可以降低风险和意外发生，提高项目的成功率。

从外在表现来看，关键问题与技术原则颇为相似，但从根本内涵来讲，二者却是完全不同的。技术原则的重点在于过去经验与教训的总结，而关键问题的重点则在于错误发生的可能性与破坏性。

计划虽然总是赶不上变化，但多做一些计划，多做一些提前准备总是没错的。在确认各任务的关键问题后，项目管理者便要着手对这些问题进行分析，并给出一些切实可行的方法以应对这些问题。

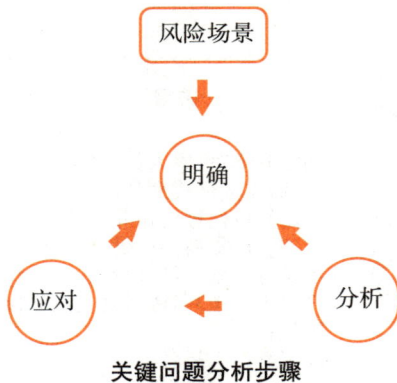

关键问题分析步骤

项目执行过程中的很多失误并不是天降灾祸，而是人为计划不足所致，关键问题分析的目的就是为了避免人祸的发生，将关键问题的发生概率降到最低。防患未然，等到关键问题出现后再去想解决办法，项目实际完成效果就会大打折扣。

（6）安排项目成员及资源投入

对项目成员及资源投入的安排，是项目经理必须处理好的工作。项目成员的安排主要是让项目组成员都能各尽其用，项目资源投入的安排则是对项目投入的时间和资源的整体规划与把控。

项目成员的分配就是一个各司其职的过程，项目经理可以用一张简单的表格把各个项目成员的职位与职责表述清楚。在这些基本内容之外，项目经理还可以在表格上有一些个性化的创新，比如把表格做得更漂亮、更精致，但无论怎么创新，那些通用的、具体的工作职责安排是必须有的。

项目组成员		职　责	基准分
项目总监	×××	1.项目启动及项目评价 2.实施过程关键问题讨论及建议	＼
专家	×××	1.技术指导/培训/带教 2.关键技术点决策	
项目经理	×××	1.制定项目计划 2.整体项目时间、资源协调 3.对项目目标负责	
任务经理	×××	1.制定任务计划 2.对任务目标负责	
其他人力资源		职　责	
			＼

项目资源的投入主要表现在时间和预算两个方面，根据之前已经制定完成的关键路径图和任务列表，项目经理应该对项目的时间和预算有一个明确的判断，在这一阶段，项目经理需要将这些内容写出来，并让项目小组成员有所理解。

项目经理需要注意，在项目成员及资源分配过程中，不要用最乐观的情况考虑整个项目，也不要将过多的任务分配给同一个人。

项目经理要学会将自己的工作分解，交给任务经理完成，而减轻工作负担后，项目经理便可以从一个更全面的视角全程监控项目的进展情况。这一点用在任务经理身上也是如此，将项目工作合理分配到每个项目小组成员身上，让每个人都各司其职、各显其能，这才是项目管理的价值所在。

（7）设计项目时间排期

项目时间排期是具体的工作进度表，是监督和管控项目进程的重要工具，它是更为细致的项目工作安排，每个人都能在排期表中找到自己所负责的工作和完成工作所需的周期等内容。

项目经理想要真正对项目执行过程进行管控，依靠的不是关键路径图，也不是项目任务列表，而是项目时间排期表。关键路径图和任务列表强调的是"什么是项目中最重要的工作""谁要在什么时间里把这项最重要的工作完成"等问题，而项目时间排期表强调的则是为了实现项目目标，要怎样管理整体资源进度的问题。

既然是项目时间排期表，那时间必然是表格中的重要元素，除了时间外，另一重要元素便是项目细节。所谓项目细节就是指基于项目目标分解而来的任务、活动，或者是活动层级以下的项目工作。想把它们写入项目时间排期表，这些内容就要被分解得足够细、足够量化，分到不能再分为止。

第10章

薪酬绩效契约，全面量化的薪酬
体系设计

计算薪酬时，都要量化什么

薪酬绩效契约是管理者与执行者之间针对日常工作所做的利益约定，与项目管理契约相对等，构成了一组权责利关系。

　　薪酬绩效契约是一整套关于员工由于雇佣关系的存在而获得的所有形式的经济性报酬的动态激励模式，其中包括员工的基本工资、岗位津贴和绩效奖金等具体内容。

　　动态激励模式中的"动态"就是指员工的薪酬会随着时间的变化而变化，也就是指薪酬绩效契约中不仅要包括现在怎么设计员工的收入结构，还要包括员工的收入怎么持续提升和发展，这里面有一些具体的变化规则。比如短期的变化是指员工在某个时期内表现良好所带来的薪酬变化情况；长期的变化则是指员工一直表现良好所带来的薪酬变化情况，这些都是企业需要在薪酬绩效契约中事先约定的。

　　薪酬绩效契约以职业素养量化为基础，与职业发展契约相匹配，是量化管理体系中的重要契约，其与年薪契约一起，构成企业的薪酬绩效体系，对企业所有员工起着正向的激励作用。

　　激发全体员工积极性之外，薪酬绩效契约所体现的公平特征还有助于促进跨部门的专业协作，鼓励员工自主学习。当可量化的薪酬绩效契约确定之后，每一个员工都可以根据职级计算自己的薪资水平，即使处在不同部门，衡量薪资的标准也都基本相同，这会大大降低部门间发生矛盾冲突的可能。此外，为了提高薪资水平，员工还会通过自主学习，提升自己的职业素养，借由职级提升，提高自己的薪资水平。

　　对于企业来说，薪酬绩效契约的另一显著优势在于其可帮助企业更好地控制人力资源成本。如果按照旧有的薪资模式，将提成作为员工薪酬绩效的一部分，企业很难对整体的人力资源成本进行测算，常常在一番经营过后，企业规模确实扩大了，但实际的利润率却并未有所增长。薪酬绩效契约可以量化每一位员工的薪资水平，有利于企业测算整体的人力资源成本，并据此设计出更好的人力资源调配方式，避免出现员工冗杂的情况。

有人多劳少得，有人少劳多得，势必造成企业内部出现劣币驱逐良币的现象，这是分配不均导致的恶劣后果，也是薪酬契约建立的重要原因。薪酬契约是每一家企业都要建立的一种管理制度，是维护企业环境稳定最为重要的因素。

在古波罗的海，有五个渔民结伴一起打鱼。每次收获猎物的时候，都是由一个人给大家分。结果发现，这个人每次都给自己分得多，剩下的四个人不答应了，不公平！人有自私的本性，一有机会就想多占便宜。一个人一旦在某活动范围有了主宰权，他就会不由自主地试图取得更多的报酬。

于是分配方式改变了，五个人轮流主持分配收获。结果，轮到谁分的日子谁的鱼就多，还是有四个人不满意。针对这个问题，他们又坐下来讨论如何解决。后来商定：成立一个分配猎物委员会，再成立一个分配猎物监督委员会。这样做了以后，鱼倒是分得很公平，但等分到鱼的时候，活鱼已经变成死鱼了。

合理的薪酬设计能控制人自利的天性，建立的行为体制可以监督约束群体的外在行为，以达到行为结果趋于公平，但有时效率不高，互相扯皮，导致某项活动的结果并不一定是最好和最及时的。

新一轮博弈过后，大家终于想出一个好办法：分鱼的人最后一个拿走自己的那份。这办法确实不错，因为分鱼的人如果分得不公平，那么最少的那份注定是给他留的。但一个意想不到的事发生了——没人愿意做分鱼的人！

劳动是要得到报酬的，如果劳动者对即将得到的劳动报酬预期模糊，就没有多分担劳动的主观愿望，最后导致组织整体效率下降。

渔民分鱼尚且如此困难，想要设计好企业的薪酬体系就更不容易了。在量化管理中，薪酬契约是非常重要的，确立一套完整的薪酬制度，就相当于建立一个公平、公正的游戏环境，只有这样，大家才愿意参与到游戏之中。

计算员工工资并不是件简单工作，这一点每一个 HR 应该都深有体会。招聘双方信息的不对称，让企业没办法评估人力资源的真正成本，也让人才无法体现自己应有的价值。双方之间缺乏一座桥，一座用薪资契约构建而成的桥。

在量化管理中，薪酬契约的设计基于两个基础：一个是固定工资，通过量化职业能力而得出；一个是绩效工资，通过量化工作结果而得出。至于一些中高层管理者或领导者的薪资，通常采用年薪或股权配给的方式，在这里暂不列入薪酬契约考量的范畴。

无论在哪种管理理论中，按劳分配都是企业建立薪酬制度的首要原则。但如何按劳分配，却不是每个管理理论都能说明白的。如何量化劳动，怎样建立一个统一的评价标准衡量劳动价值，这些都是管理者需要考虑清楚的问题。

人力资源部成功进行了一次人才招聘，而销售部也成功进行了一场产品促销活动，这两个工作哪个付出的劳动多？哪个的价值更大？在量化管理中，全面项目化是解决这些问题的重要方法。其实，想要精准测评劳动者为企业创造的价值，十分困难，但这并不意味着我们完全没办法确定员工对企业的贡献。按照全面项目化的方法，我们可以通过考核某个员工在某段时间为企业完成了多少项目、多少任务，结合项目的难度、优劣，确定其对企业的贡献，并以此量化其劳动的价值。

一种最糟糕的薪酬制度，便是简单的固定工资加奖金，奖金与绩效无关，只与管理者的心情有关，管理者愿意给多少，员工就拿多少，人情关系胜过价值贡献，长此以往，规模再大的企业也会逐渐走向衰败。

在量化管理中，薪酬契约的建立必须是科学、客观的，最好要有一个"公式"，要让所有员工都能清楚地计算出自己保质保量地完成工作后应该得到的报酬。

项目积分制：
量化管理中的"联赛制度"

项目积分制是量化管理体系中的重要配套制度，它既可以对每个项目的价值进行量化，也可以作为员工工作成绩的量化表现。

足球比赛有各种联赛、杯赛，我们国家有中乙、中甲和中超等，亚洲有亚冠，欧洲有欧冠，世界范围内还有世界杯，为什么要举办这么多比赛呢？

这些比赛其实都是足球这项运动的配套制度，因为有这些比赛，才会有人组建俱乐部，为了争夺比赛的冠军而展开竞争。国家足球队的较量也是在这种配套制度下进行的，如果没有世界杯和其他国际比赛，那国家和国家之间也就只能踢踢友谊赛了。

这些比赛的排名制度会激励球队努力争夺冠军，在这一制度下，积分即是激励，它可以反映项目参与者在项目、部门、企业中的价值。

企业想要引入量化管理模式，也需要制定一些相应的配套制度，这就有了项目管理中的积分制度。这是一种将抽象内容具象化的方法，那些不好估量的工作贡献和价值，会被具体的积分量化出来，由此便可以轻松对比不同项目参与者对项目的贡献，从而做出进一步的奖惩操作。

我们如果经常坐飞机出差，那我们可能成为民航公司的银卡客户或金卡客户，甚至是白金卡客户，这是依据我们坐飞机的时长确定的。我们坐飞机的时长越长，积分就会越高，同样客户等级也会变得更高，这些客户等级其实是在量化我们对民航公司的消费。

项目积分就像这些客户等级一样，它可以量化项目参与者的贡献高低。同样是项目经理，一个人拿到 90 个项目积分，另一个人却只拿到 10 个项目积分，这中间的 80 个积分差就是两个人对企业做出的贡献差值，也是两个人对企业的价值差值。

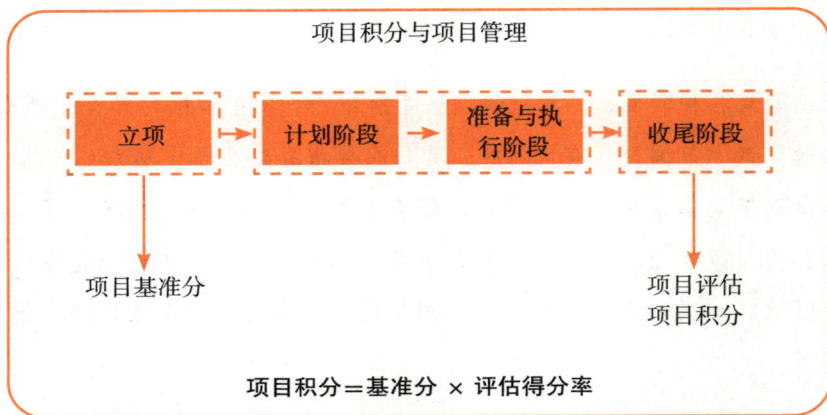

☆ 项目积分制度贯穿于项目管理全流程，可以将项目中的工作都量化出来。

项目积分制还可以打破部门之间无形的墙，加强各部门之间的分工协作。如果没有项目积分制，想要度量一个项目中所有成员的贡献和价值就很困难，因为这个项目中的成员可能来自不同部门，我们不能用市场部的标准衡量行政部员工的工作能力。但引入项目积分制后，所有成员的贡献和价值就都可以用积分衡定，而且各个员工之间协同配合得越好，他们的积分就会越高，这又会激励他们更好地通过协作高效完成工作。

（1）项目基准分的评定

在项目积分制中，项目基准分是非常重要的内容，它通常在立项时就要被确定，一个项目对企业究竟有多少价值，主要看它的项目基准分是高是低。如果这个项目的基准分很高，说明这个项目对企业的价值很高，完成这个项目对企业的意义也比较大；但如果这个项目的基准分很低，就说明这个项目对企业的价值不太高，但为了企业最终价值的实现，也有必要做好这个项目。

一个项目的基准分要根据这个项目所耗费时间、操作复杂度和是否可控这三个方面加以确定。

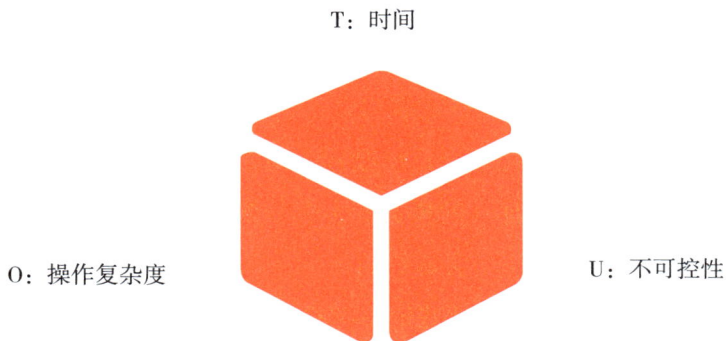

T：时间

O：操作复杂度　　　　　　　　　　　　　　　U：不可控性

①时间

时间这个维度很好理解，这个项目从开始到结束一共要用多少时间。注意，这里的时间指的是整个项目的历时，而不是项目团队成员投入这个项目的工作用时。

项目历时一定是比项目团队成员的工作用时要长的，整个项目过程的历时越长，也就意味着高效管理这个项目的难度越大，与之相匹配的，它在时间维度上对应的分值就会越高。反过来说，如果一个项目的历时越短，那它在时间维度上的分值就会相对较低。

分值	5分	4分	3分	2分	1分
时间（历时）–T	大于10个月	8～10个月	6～8个月	3～6个月	3个月

☆　时间：考量要素是项目的历时，历时越长，管理难度越大。

②操作复杂度

操作复杂度这一维度指的是开展这一项目有没有具体的理论指导，或是有没有书面化的流程指导，再或者是有没有一些曾经成功操作过且取得了好结果的经验。在这里，项目管理者要对理论和经验这两个概念做好区分。

这里所说的理论指的是企业曾经实践成功过的理论知识或较为成熟的方法

论。而经验是什么呢？这里的经验指的是一种规律性的东西，它具有较大的偶然性。在理论的指导下，项目成功的概率是很高的，而在经验的指导下，项目成功的概率就相对较低。这一点我们可以通过炒股票的例子进行解释。

在炒股时凭感觉，多半会让炒股者赔钱。在炒股时依靠经验，有时可能管用，有时可能不管用，这种偶然性也会让炒股者赔钱。在炒股时依靠理论模型，大多数时候是管用的，像巴菲特那样的投资专家多会依靠理论模型炒股，虽然也会有赔钱的时候，但大多数时候还是会赚钱的。

从上面的表述中可以看出，那些依靠经验炒股的人，成功的概率往往比较低，而依靠理论模型炒股的人，成功的概率则相对高一些。这就是项目在操作复杂度这一维度上的表现。

需要注意的是，无论是经验，还是理论流程，都一定要实践过。只有那些经过实践，并且形成书面化总结的理论经验，才具有参考性。而那些没有经过实践检验，没有形成书面化总结的理论经验，是没有什么参考意义的。

那么，在操作复杂性这个维度上，真正困难或者值得给较高分值的项目是什么样的呢？没有理论、没有成功经验、没有经历过实践，这类项目操作起来就是非常复杂的。这种三无项目真的存在吗？相信在企业中摸爬滚打多年的管理者很清楚这类项目在企业中不仅存在，而且极其重要——所涉及的多是企业的战略性事务，对企业发展具有至关重要的影响。

在这些战略性项目中，理论更像是一个点、一种方法，而经验和流程更多的是过程，这些过程会上升为理论。第一次开展这类项目可能什么都没有，但第一次项目完成了，后面同类项目的操作复杂度就会有所下降，相应的这一维度的分值也会随之下降。

总的来说，操作复杂性这一维度就是这个项目做没做过，会不会管理。做过了，懂方法，那在操作复杂性这一维度的分值就不会太高；没做过、没经验，那在操作复杂性这一维度的分值就会高一些。

分　　值	理　　论	流　　程	成功经验
5分	×	×	×
4分	√	×	×
3分	√	√	×
2分	√	×	√
	×	√	√
1分	√	√	√

☆ 操作复杂度——考量是否有理论体系、书面流程指导，或是曾经有成功操作经验，具体评分如下：

● 有理论——企业团队曾实践成功过的理论知识 / 模型；

● 有流程——企业团队曾实践过的书面流程；

● 有成功经验——企业团队曾经实践操作成功过，并存有书面总结。

③不可控性

不可控性不是指这个项目多么困难、多么复杂不好操控，而是指这个项目管理起来是否轻松。

不可控性这一维度最主要的判定要素在人力资源上，如果这个项目由项目经理一个人完成，那它的不可控性就为零，因为项目经理只要管理好自己就行了，这是非常可控的；但如果这个项目需要其他部门的员工或第三方机构介入，那这个项目管理起来就会复杂许多，相应的，不可控性就会更高一些。

相比同部门的员工，项目经理对其他部门的员工相对陌生，管理起来也会存在一定的困难，想要彻底控制所有项目团队成员也不那么容易，这时不可控性这一维度的分值就要给高一些。如果在跨部门合作的基础上，这个项目又要引入第三方机构，或者要跟政府部门合作，那其管理难度就会进一步增加，这样不可控性这一维度的分值也就要再给高一些。

分值	5分	4分	3分	2分	1分
不可控性–U	90%～100%	70%～90%	40%～70%	20%～40%	20%以下

☆ 考量要素是项目需要与部门外部、企业外部协调的占比，占比越高，难度越大。

以年度行政日常用品采购项目为例，我们从这三个维度分析这个项目的项目基准分评定。

在时间维度上，既然是年度项目，那这个项目就要从一年的第一个工作日开始，到年末收尾的最后工作日为止，这 12 个月的时间就是项目历时。

在时间维度上，我们便可以将分值给得高一些，给到 5 分，因为历时越长的项目，管理的难度也就越大。

在操作复杂度这个维度上，这一项目肯定是每个企业每年都要做的（刚成立的企业除外），所以大多企业都有一些理论、经验和相对完备的操作流程，毕竟这是常规性项目，而不是战略性项目（战略性项目的基准分普遍要比常规性项目高）。既然理论、经验和流程全都具备，而且还有相对成功的实践经验，以及书面化内容的总结，那这个项目的操作复杂度就没有那么高，相应地，在这一维度上给定的分值就可以相对低一些，1 分是比较合适的。

在不可控性这个维度上，这一项目依靠行政部本部门的员工就可以完成，不需要去别的部门寻找外援，也不需要第三方机构介入，所以它的不可控性也不是很高，给 1 分也是比较合适的。

这三个项目基准分的评定维度并不是一个并列的关系，我们并不能将它们简单加和，而是需要做乘法，也就是通过将这三个维度的得分相乘，得出最终的项目基准分。如此一来，上面这个年度行政日常用品采购项目的基准分就是 $5 \times 1 \times 1$，即 5 分。

运用这种方法，同样可以算出其他类型项目的项目基准分：

项　　目	历时T	操作复杂度O	不可控性U
年度行政 日常用品采购	12个月	有理论、流程、 经验	需要外部协助少于20%
产品规划制定	4个月	无理论、流程、 经验	50%的工作需要外部协助（市场调 研公司）
新产品 开发与上市	9个月	有理论、无流程、 无经验	80%的工作需要外公司的配合（概 念测试、产品测试、广告拍摄、委外 生产）

项　　目	历时T	操作复杂度U	不可控性O	项目基准分T×O×U
年度行政 日常用品采购	5	1	1	5
产品规划制定	2	5	3	30
新产品 开发与上市	4	4	4	64

通过与这两个项目对比，可以发现，越是常规性项目基准分就会越低。并不是这些项目对企业的贡献不大，而是因为这些项目经常做，操作复杂度和不可控性都相对较低，这就好像卖油翁一样，熟能生巧，也就没什么复杂性和不可控性可言了。

反过来说，那些战略性项目的基准分之所以高，正是因为这些项目具有较高复杂性和不可控性，这其实也是这一项目自身价值的体现，对企业价值越高的项目，其基准分也相对较高。

（2）项目基准分的分配

项目积分既然主要覆盖项目经理、任务经理和专家这三个角色，那项目基准分的分配也要围绕这三个角色来做。如果按照100%满分基准分，项目经理作为项目中最核心的角色，其至少应该占到50%，剩下那50%的基准分则可以由任务经理和专家分得。

项目经理可以分配的是除了自己的50%以外部分的项目基准分，他可以将其分给专家，也可以分给一个或多个任务经理。在具体分多少这个问题上，项目经理既要有自己的主观判断，也要从客观的任务难易度角度出发，既要让任务经理能够接受，也要符合整体公平的原则。

（3）项目积分的计算

项目基准分是由项目总监在立项之初，基于项目的难易程度，以及对企业贡献价值高低估算出来的。而项目积分则是根据最终这个项目的目标达成情况进行运算，得出的最终结果。

这里需要使用项目评估得分的计算公式：$Q=8X+2Y-N$，这之中，Q 是项目评估得分，满分为 10 分，X 是目标达成率，Y 是按时完成情况，N 则是违反《项目管理规定》的情况。在根据项目开展实际计算出项目评估得分后，再除以项目评估总分，并乘以项目基准分和对应角色的基准分比例，就能得出对应角色在此次项目中的最终项目得分。

（4）项目积分与绩效考核

项目经理的工作量可以通过项目积分制考核。通过对项目中的 T（时间）、O（操作复杂度）、U（不可控性）三个维度的综合评估得出该项目总的积分，项目经理按照一定的规则将这个项目积分分配给参与该项目的员工，一般项目经理自身的分值不能超过总分值的一半。这样通过项目积分就能知道每个人的工作强度如何，是否超负荷工作。

假设一项目经理一年共负责 4 个项目，这 4 个项目的期限都是 12 个月，其分值分别是 100 分、80 分、60 分、30 分，该项目经理可以分得的分值占各项目总分的一半，则该项目经理每月的平均项目积分 =（100+80+60+30）×50%÷12=11.25。把该项目经理的平均积分跟其他项目经理的平均积分进行对比，如果偏多，说明该项目经理的负荷比较大，应该给他降低工作量；如果偏少，则说明负荷太轻，应该给他增加一些工作量。

同样的道理，企业可以通过项目积分制对公司员工进行考核，通过积分统一调配人员，从而达到人力资源的高效利用。

（5）项目积分与奖励

引入项目积分制的目的是更好地用积分展现员工对企业的价值，那当这种价值展现出来之后，企业就应当对员工进行一定的奖励，这就涉及与项目积分相挂钩的项目奖金分配问题。

这里的项目奖金并不是指项目完成之后为企业创造了多少价值，然后把通过项目获得的利润分一部分给员工。项目奖金要在项目立项之前就确定，就是在还没有立项之前，企业就要确定拿出多少钱或多大比例的利润作为项目奖金。

这件事要在制定年度计划时就确定，然后随着企业的年度计划表出炉，每个项目积分所对应的奖金系数也就确定了。这里的奖金系数是由企业愿意从下一年度利润中拿出的奖金总和除以年度计划中下一年度所有项目基准分的总和而得出来的，它是单个积分可匹配的奖金数额，在乘以某个角色的项目积分后，算出的这一角色应得的项目奖金。

关于更详细的项目积分介绍，读者可以参考我所撰写的另外一本书《卓有成效的项目管理者——企业 MBP 实操手册》。

03

总工资的计算公式

薪酬绩效契约中的总工资分为固定工资和绩效工资两部分，固定工资对标员工的职业素养能力，绩效工资则更注重员工完成工作的效率与成果。

　　员工是否愿意在工作中发挥自己的才能，一定程度上取决于企业能否设计出一个公平、合理且具有竞争力的薪酬制度。企业只有在制度方面做好了保障，员工才能后顾无忧地拼搏奋斗。

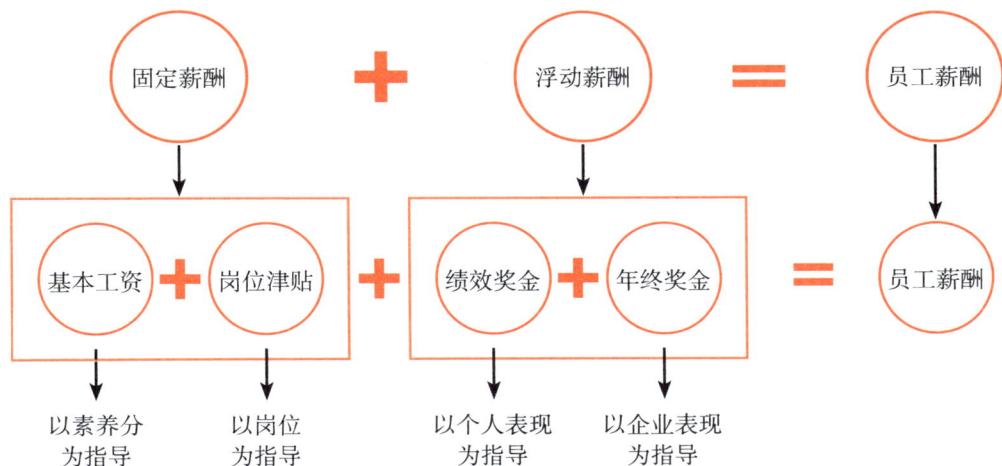

员工的薪酬结构

　　量化管理中的薪酬契约是科学、客观的，其包含一个简单易懂的公式，可以让每个员工都能独立计算出自己应该得到的报酬；或者清楚地展示了员工需要如何工作，才能获得自己预想－中的报酬。

W（总工资）＝ Wf（固定工资）+Wb（绩效工资）

　　在薪酬契约中，员工的总工资由 Wf（固定工资）和 Wb（绩效工资）组成，其中，Wf（固定工资）指的是能保障员工基本生活的薪酬，数量多少与员工级别关系较大，与员工日常的工作表现关系较小；Wb（绩效工资）指的是员工因绩效考核而获得的薪酬，数量多少与员工级别关系不大，但与日常工作表现密切相关。

Wf（固定工资）= A（职业素养分）× SU1（转换系数）

在 Wf（固定工资）计算公式中，A（职业素养分）就是前面提到的根据员工职业素养综合能力评估，所获得的每一位员工的职业素养分，员工掌握的职业素养能力越多，职业素养分也就越高。而 SU1（转换系数）则是基本工资转换系数，是由企业的人力资源部门统一制定，根据企业所处的发展阶段不同，还需要随时调整。

Wb（绩效工资）= TOU（项目积分）× Q（项目评估）× SU2（转换系数）

TOU（项目积分）：TOU = T×O×U，其中 T（时间），项目历时时间越长，分值越大，该分值设有 1 分到 5 分五个等级；O（操作复杂度），根据项目复杂程度将 O 值设为 1 分到 5 分五个等级；U（不可控性），U 值可划分为 1 分到 5 分五个等级。

Q（项目评估）：$Q=8X+2Y-N$，$X=$ 达成目标个数 ÷ 目标总数，$Y=1-$（实际完成天数 – 目标天数）÷ 目标天数，N 是因违规所扣的分，企业可以统一规定每违规 1 次扣多少分，这样就能计算出 N 值了，建议违规一次扣 0.1 分（仅供参考）。

- $X=$ 达成目标个数 ÷ 目标总数 $=3÷4=0.75$
- $Y=1-$（实际完成天数 – 目标天数）÷ 目标天数 $=1-$（45–40）÷40=0.88
- $N=0.2$

项目评估得分：$Q=8X+2Y-N=8 \times 0.75+2 \times 0.88-0.2=7.56$

项目评估公式：$Q=8X+2Y-N$

· Q 值：项目评估得分

项目满分10分，项目总分小于等于5分，视同为0分

– X 值：目标的达成率（$X \leqslant 1$）

$X=$ 达成目标个数 ÷ 目标总数

对于单个目标，目标完全达成，则该目标评估分为满分；如未完全达成，则评分为0。各个目标可设置权重，权重加总等于1。

– Y 值：资源评估得分（$Y \leqslant 1$）

$Y=1-$（实际完成天数 – 目标完成天数）÷ 目标完成天数

天数为自然天数。如项目有延期，以延期够用的目标为准。超出规定延期1次，Y 值扣0.1分。

项目预算变更1次，Y 值扣除0.1分。

– N 值：违规情况（符合为0）

每出现1次违反《项目管理规定》的情况扣0.1分。（特指项目经理违规扣分）

SU2（转换系数）：绩效工资转换系数，该转换系数随着公司发展的不同时期，由公司人力资源部统一调整。

可以看到，量化管理体系中全面项目化和职业素养量化在薪酬契约中发挥着重要作用，工作完成得越好、效率越高的员工，其项目积分和项目评估就会较高，也会让他拿到较高的绩效工资。如果能兼具职业能力与工作效率，那这位员工的总工资便会很高。

企业中的项目经理及其以下级别的员工，都可以采用这种固定工资与绩效工资相结合的薪酬方式。每个月大家所能取得的工资数随着项目完成的质量、数量以及职业素养分的高低而变化，虽然有上下波动，但因为足够客观、公正，所以也是符合契约精神要求的。

每一个员工都想要追求更高的薪资收入，在薪酬契约之下，想要顺利实现这一点，员工们就要不断提升自己的职业素养能力，以及项目工作效率。在员工不断提升自我的过程中，企业也会随之向前发展。

固定工资的动态调整

固定工资也不是永远固定的，其要根据员工的职业素养能力变化而动态调整，这种动态调整要经过特定流程，否则将不具备应有的效力。

不患寡而患不均，这是企业管理者在制定薪酬契约时必须注意的一项原则。建立薪酬契约的过程就是塑造企业环境的过程，如果想要每一位员工都认可这一环境，并在其中发挥最大的个人主观能动性，企业在建立薪酬契约时就要思考、思考、再思考。

很多企业当前的薪酬制度与日常工作关联不大，一些企业与员工达成的薪酬契约，甚至就是"你在我这里工作一个月，我给你发放多少薪水"，至于究竟该做些什么、不该做些什么、做什么有用、做什么没用，都没有说清。如此操作，最终的结果就是看老板的心情拿薪水，每次获得工资，都有一种从他人那里要施舍的感觉。

这样的薪酬契约显然不是科学管理的结果，也无法取得正向、积极的效果。相比这种薪酬契约模式，量化管理中的薪酬契约显然更科学、更合理，计算公式的客观、公正、全面，是其科学性的主要体现，无论是固定工资还是绩效工资，都与职业素养能力挂钩，充分发挥激励与约束的双重效果。固定工资的动态调整则是其合理性的主要体现，工资虽然是固定的，却不是"死"的，也会根据员工的职业素养能力变化而不断调整，充分保障了员工的个人利益。

所谓固定工资的动态调整，就是根据员工个人职业素养分的变化情况，对员工薪酬进行及时调整，使其及时有效、持续不断地激励员工。

两位员工都是项目经理，但由于职业素养分不同，两人的固定工资也是不同的。如果固定工资较低的那位项目经理能够将自己的职业素养分提升，他的固定工资就也能上涨到与另一位项目经理相同的数额。

固定工资的动态调整需要按照固定流程进行，具体来说主要分为以下几个步骤：

首先，企业的人力资源部门要收集整理员工月度职业素养量化的变动数据，一般综合观察两到三个月的数据，对员工职业素养能力提升情况进行分析判定。

其次，对于符合固定工资调整的员工，企业人力资源部门要为其制作《员工收入调整通知书》，并准备交给员工确认签收。

然后，在将《员工收入调整通知书》交给员工之前，人力资源部门负责人与员工所在部门负责人要对《员工收入调整通知书》进行审核，发现问题要退回修改，没有问题则可以盖章通过。

最后，审核过的《员工收入调整通知书》交到员工手中，由员工确认并签字，人力资源部门归档保存。

以上就是一套完整的固定工资动态调整流程，也可以用下面这张流程图表示：

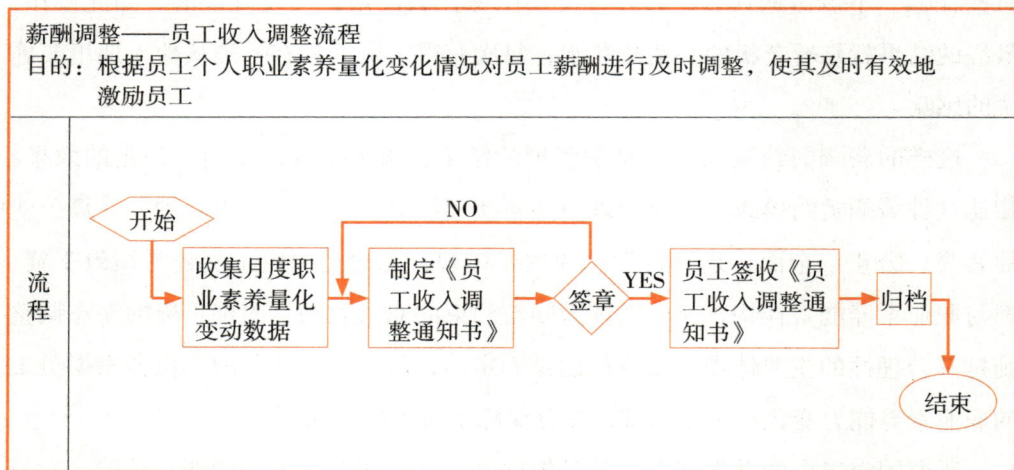

固定工资的动态调整可以充分发挥薪酬契约激励作用，让员工在尽心完成本职工作的同时，进一步去追求职业素养能力的提升。这一点是与职业发展契约是相互契合的，既有利于员工个人成长，也有利于企业长远发展。

第11章

组织架构与部门职能契约，量化
部门权、责、利

01

反内耗的组织架构契约

————————————

组织架构与部门职能契约可以解决企业各部门的内耗问题，拆除部门间的壁垒，让沟通更为高效，配合更加协调，从整体上提高企业经营管理效率。

雷诺兹金属公司（Reynolds Metals）位于美国纽约州北部，是一家铝试管生产厂。整个工厂由 5 个部门构成：铸造部、锻压部、制管部、成品部和检验包装运输部，这些部门完全是按照铝试管的生产过程构建的，在铝试管生产过程中，每个部门都负责一个特定生产环节的工作。

首先，金属在铸造部被铸造成巨大的胚料；其次，胚料被送到锻压部，挤压成铝管；再次，铝管被转送到制管部，在这里被做成体积各异、形状不同的试管；然后，这些试管被送到成品部，被切割、清洗；最后，制作完成的产品经历检验、包装和运输环节，送到经销商手中。

这种部门化的组织架构为专业分工提供了重要保障，在很大程度上提升了企业的生产效率，但也带来一些显著的问题，比如随着各部门间管理职能和管理权限的边界化，部门行为越来越独立，同一个企业中的部门各自为政，相互之间也缺少配合，各部门间的壁垒越来越高，也越来越厚。

一家企业的市场部打算做一个品牌推广活动，以促销的形式宣传企业最新上市的某个产品。为此，市场部采购了一批促销品下发给销售部，由于销售部当年的任务指标非常紧张，每月的回款和销售压力很大，销售部经理便自作主张，从这批促销品中拿出一部分用来促销老产品。就这样，最终新产品的上市并没有取得好销量，配给的资源不足使其在激烈的市场竞争中败下阵来。

这样的情况在大多数企业中都能被发现，因为这种本不应该存在的部门壁垒，为企业带来极大损失，实在是得不偿失。为什么专业分工的多部门组织越来越不适合企业发展现状了呢？

我国商业市场刚起步时，很多企业的组织架构都非常简单，销售部是必须设立的部门，很多工作都依赖销售人员。销售部之外，财务部也是必要的，企业的现金流很重要，一定不能出问题。大多数企业依靠这两个部门就能存活，等到业务规模发展起来后，再增加产品部、人资部就可以了。

当度过创业期之后，企业的组织架构便逐渐搭建起来，市场部为企业提供强劲的发展动力，财务部为企业财务安全保驾护航，人资部为企业发展持续提供人才资源，行政部则保障企业正常运转……

假设，一辆汽车的动力系统能提供 400 马力的动力，同时为其配备了合适的制动系统。如果此时将引擎增大到 600 马力，那原来的制动系统就不能满足当前的需求了，此时需要更换的便不只是制动系统，而是要将悬挂、测速系统都同步更换，只有这样各个部件才能协调匹配，整辆汽车才能协调运行。

所以说，并不是专业分工的多部门组织架构不适合现代企业的发展，而是在部门多起来之后，各个部门之间的责任就会被混淆，谁该负责什么，不该负责什么，都没有明确界定，就很容易出现各部门权责不清、各自为政的情况。

在做咨询工作时，我曾遇到一家企业，它的人力资源部只有四个人，这四个人没什么具体工作，平时都很清闲，但这家企业并不是小规模企业，因为它的销售部有近千人。这四个人要怎么统计销售部近千人的工作数据？我很好奇这个问题，便询问一番。原来，这四个人并不用管销售部的工作情况，因为销售部自己能招人、自己能考核，也就是说，销售部有自己的人资部。

其实，最初销售部的各项绩效数据还是由人力资源部这四个人负责的，但他们所做的工作始终不能让销售部满意，也不是做得不好，就是两个部门没在一个频道上。时间久了，销售部便开始自己招人、培训、考核，完全承揽了人力资源部的所有工作。如此一来，四个人的人力资源部也就闲下来了。

这样的情况能持久吗？很难！且不说人力资源部就这样成了摆设，销售部兼营人资部的职能本就不正常。企业组织架构的理想状态，应当是各个部门有机协调地开展工作，共同为了企业利益而奋斗，想要实现这一点，组织架构和部门职能契约便是不可或缺的存在。

量化管理中的组织架构与部门职能就是一种契约，其通过契约的约束力定义组织中各个部门的职能和关键字，明确企业各部门的权利、责任和义务，以其发挥各部门的专业素养，减少乃至消除重复和交叉的职能领域，达到管理效率的最大提升。

企业的组织架构是个很神奇的概念，没有一个特定的公式可以套用，每个企业都可以根据自己的需求设置不同的部门。

如果想要让组织架构变得复杂，那就无限制地增加事业部，想加多少，就加多少；如果想要让它变得简单，那就多砍掉一些中间部门，进行扁平化管理。但无论怎么调整，总会出现很大一部分资源的损耗，这些损耗不在事上，不在人上，而在各部门间的缝隙里，也就是在部门职能上。

煤炉设计得不合理，煤的燃烧效率就会出问题，要么是煤燃烧产生的热量被炉子自身消耗了，要么就是煤根本没有完全燃烧。企业组织架构设置不合理，也会产生同样的问题，各部门的职责和权利没有被明确界定，所有人都抢着管有收益的事，而不想管低收益或没收益的事。

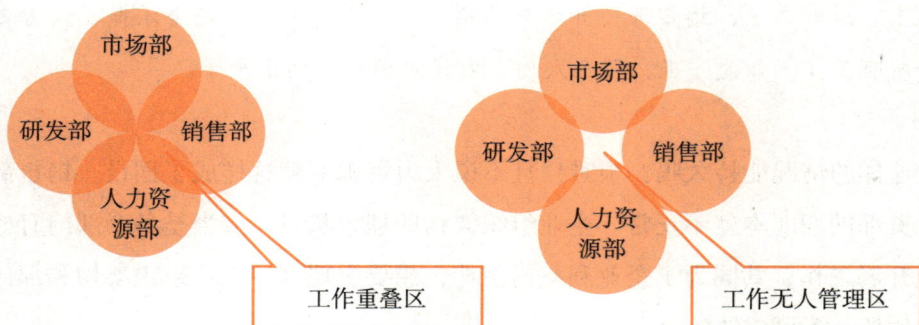

工作重叠与无人管理示意图

企业的组织架构相当于一只煤炉，管理效果相当于这只炉子释放的热量，而人才、资源等就是放入炉子里的煤，卓越的企业运营就等同于用最少的煤获取最高的热量。管理工作其实就是需要设计一个特别好的炉子，让所有的煤进来以后都充分燃烧，释放最大的热量，这是我们研究建设组织架构的意义，也是管理的意义。

量化管理中的组织架构与部门职能契约，清晰定义了企业各部门的职责，确保了事有人管，人事匹配的原则，可以在最大程度上解决组织内耗问题。组织架构的规划不是一个公司设立几个部门的问题，而是这些部门是否能够各司其职、互补互惠的问题。

要想达到这个境界，无论你的组织有几个层级、部门，都必须清晰严谨地约定范围，否则就会造成有的部门咬着牙苦苦支撑，而有的部门却占用资源而不做事。只有达成契约，行动才能统一；只有达成契约，运营才能协调；只有达成契约，员工才知道哪里做对了、哪里做错了。

组织架构设计的基本原则

想要建立组织架构与部门职能契约，需要遵循一些基本的原则，只有在这些基本原则的基础上，才能建立协调高效的组织架构。

从狭义角度来讲，企业组织架构是从纵向的管理层级和横向的专业分工两个维度进行的一种组织设计。而从广义角度来讲，组织架构则是指从管理层级、专业分工、人员构成等维度进行的组织设计。

在量化管理体系中，组织架构设计的目的是让企业更好地适应环境，在环境中可以更好地履行它的职能。科学的组织架构可以让企业适应不断变化的外界环境，承担更大的使命和责任，完成更加复杂的工作，使企业拥有更高的工作效率。

组织架构主要模式：

·权力型组织——强调纵向职能管理；

·矩阵型组织——强调管理与技术区分；

·能力型组织——强调员工主观能动性和创造性。

当前，企业组织架构设计的主要模式有三种，第一种是权力型组织，强调纵向的职能管理；第二种是矩阵型组织，强调管理与技术的区分；第三种是能力型组织，强调员工主观能动性和创造性。

权力型组织非常常见，这类企业组织在纵向上有一名管理者，这名管理者在组织内部拥有极大的权力，组织中的其他人都围绕在这名管理者身边。很多家族企业正是靠这些超级权力者发展起来的，在较长时间里，这些超级权力者靠魅力和权力带领企业披荆斩棘，一路向前发展，但随着这些超级管理者退出管理岗位，后继乏力已经成为制约这类企业继续发展的最严重问题。

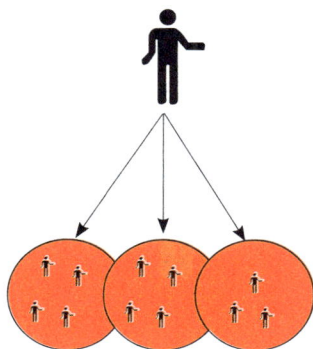

权力型组织

　　矩阵型组织较为常见，这类企业组织已经开始有意识地对权力进行一定的分工。超级权力者的权力被分散到几位管理者手中，有的管理者负责市场工作，有的管理者负责行政工作，有的管理者负责人力工作……一个组织想要长久稳定发展，就必须发动全体员工的智慧，单靠一两个管理者领导企业，虽然短期内可以取得一定效果，但长久来看却是不可靠的。

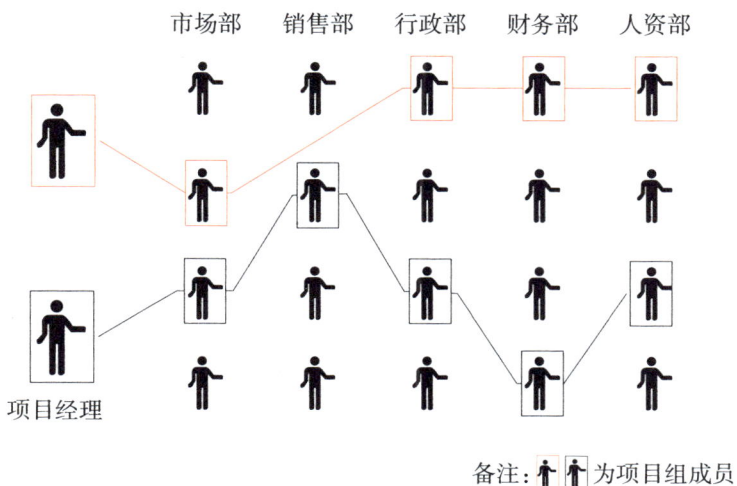

备注：🚹🚹为项目组成员

矩阵型组织

　　能力型组织比较强调每一个员工个体的主观能动性和创造性，稻盛和夫所创

设的阿米巴模式就是典型的能力型组织。在这种组织中，企业被分为多种不同的
独立运作个体，其目的就是为了充分发挥每个员工的主观能动性和创造性。

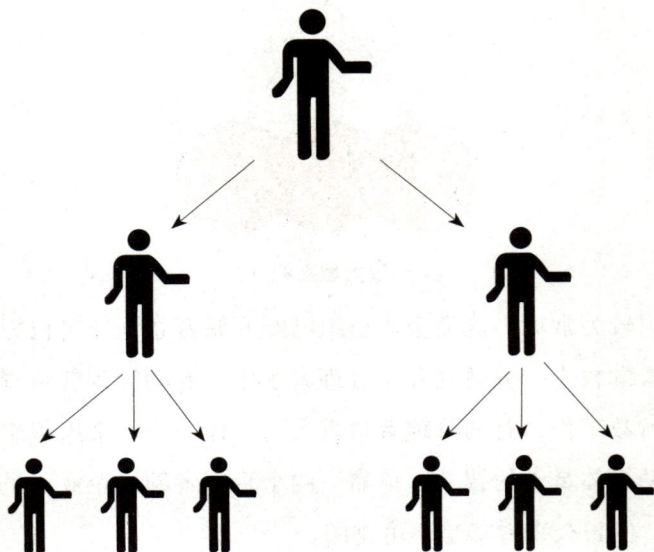

能力型组织

以上这三种组织形式并没有孰优孰劣之分，对于不同的企业来说，只有适合
自己的组织架构，才是好的组织架构，至于到底要选择哪种形式的组织架构，企
业还需要通过组织架构设计的一些基本原则判断。

组织架构设计过程中，有三个核心的基本原则，作为组织架构的指导思想，
这三个核心的基本原则可以帮助企业更好地选定适合自己的组织架构形式。

（1）组织架构与企业文化相匹配

企业文化作为一种相对抽象的内容，需要企业提炼文化要旨，在设计组织架
构时，企业应当选择与自身文化更相配的组织架构形式。

古代是没有摩天大楼的，那是因为古代多以木质材料建造房屋，这种材料并
不适合建造过高的房屋，但现在就不同了，钢筋水泥构筑起一座座高楼大厦，现
代城市已经与古代截然不同。如果将建造房屋的材料比作文化，那一座座房屋就

是企业的组织架构，如果一定要用木质材料建造摩天大楼，结果就是这些庞大建筑很难长久保存。

（2）组织架构与管理能力相匹配

组织架构若要持续稳定运作，需要一群优秀的管理人员进行整合、管控，这些管理人员就像高楼大厦中的水泥与钢筋一样，将大厦的各个板块连接固定在一起。如果管理人员的水平太差，即使选对了建筑材料，大厦最后也会分崩离析，只不过是时间快慢的问题。因此，企业组织架构的设计一定要与其管理能力相匹配。

一般来说，企业中一名管理者管理 6 名下属是一个合理的人员分配比例。如果某位管理者只能管理一两名下属，那他的管理水平就是相对低下的；如果企业中所有管理者都只能管理一两个下属，那企业就有必要考虑从总体上提升管理水平。

（3）组织架构应遵循化繁为简的原则

企业的组织架构并不是越复杂越好，越是结构复杂的物件，就越容易出现故障，而这类物件一旦出现故障，想要修理更是难上加难。

如果企业设计了一个极为复杂的组织架构，出了问题就要企业自己修理，这之中的麻烦丝毫不比设计组织架构简单多少。为了避免这种情况的发生，企业在设计组织架构时，就应本着能减则减的基本原则，尽可能不要将组织架构做得很复杂，不要设置过多不必要的部门。

03

组织架构方案制定的基本流程

————————————

无论是刚成立的企业，还是已经发展到一定规模的企业，在进行组织架构建构时，都要通过细致化流程实现一步到位。

　　企业下定决心对组织架构进行构建或调整，就要按照固定流程，直接实现组织架构的科学化、合理化，面对这一并没那么轻松的改革过程，企业也没有其他选择。

　　优良组织模型是根据夸克公司项目管理思想建立的，是通过项目管理和量化管理的思想对组织进行全面系统的设计。首先必须明确一级部门的目标，并由目标决定其使命和职能。其次，一级部门的职能决定了部门应该立的项目和各项目下的任务，将项目归类，由类别决定一级部门下的各二级职能部门。然后，将分解后的任务指派专门的负责人确定岗位职责，各岗位的职责自然决定了人员的素质要求和培训的内容。最后，将岗位需完成的任务进行工时的计算确定岗位编制，并综合人员的素质要求决定未来招聘的需求。

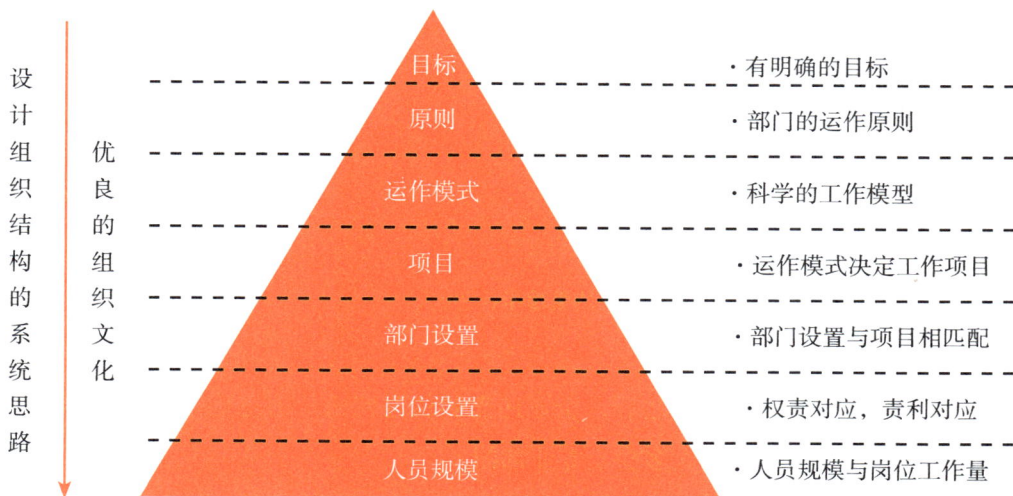

一般来说，进行组织架构构建需要经历四个大的步骤流程，分别是判断是否需要调整，依据组织架构设计原则制定方案，调整组织架构，通过招聘、培训、调动匹配人员机制。在这四个大的流程之中，依据组织架构设计原则制定方案，是最为重要的环节，在这一环节中，还有一些更为细化的流程。

（1）确定组织纵向管理层级

量化管理体系将纵向管理层级确定为五层，不论是刚刚成立的小企业，还是已经拥有一定规模的大企业，都应该依据人员规模和平均管理半径划分管理层级。

一般来说，一个管理者的平均管理半径为6人，也就是说一个上级至多管理6名下属，再多就可能会出现管理混乱的情况。依据这一标准，再结合全面项目化中的事件结构模型，我们可以确定从系统层级到活动层级，企业的管理层级配置情况，即在有1名总经理时，安排5到6个总监、30到36个项目经理、180 ~ 216个任务主管、1 080 ~ 1 296执行员工是比较合理的分配方式，这之中，每个上级可管理的下属数量可以少于6，但最好不要超过6。

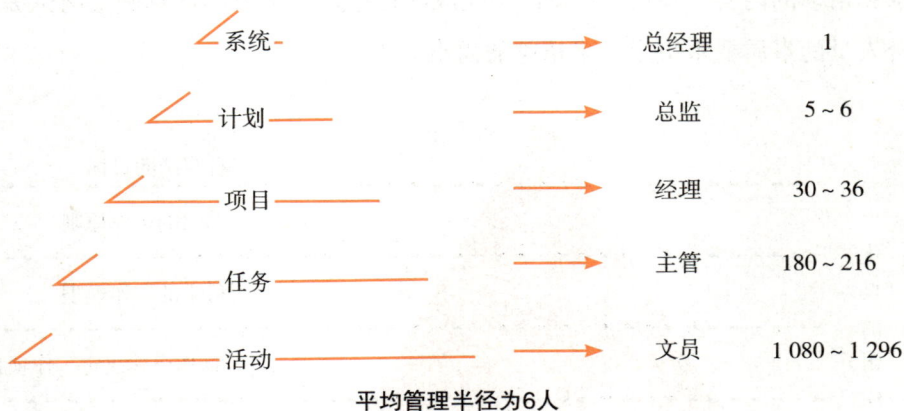

系统 →	总经理	1
计划 →	总监	5 ~ 6
项目 →	经理	30 ~ 36
任务 →	主管	180 ~ 216
活动 →	文员	1 080 ~ 1 296

平均管理半径为6人

（2）通过价值链分析确定横向部门专业结构

在确定纵向的管理层级之后，企业还需要通过营销价值链确定横向的部门专业结构，也就是企业要设立多少个专业部门。

量化管理体系以营销价值链为核心，确立了7个一级部门专业协作的组织架构模式，这 7 个一级部门分别是市场部、销售部、研发部、产供部、财务部、行政部和人力资源部。不论是何种类型的企业，都需要确保这些部门的存在，或者确保这些部门所承担的职能的存在。一些贸易企业没有产供部，但其采购整合部门所担负的其实就是产供部的任务。

通过纵向和横向的分析，最终，量化管理体系给出了一个标准的企业组织架构模型，即纵向 5 个层级，搭配横向 7 个专业部门。对于一些刚刚成立的小企业，可能并没有过多的人员和资源设置如此多的层级和部门，在建构组织架构时，也应按照这种模式进行，"种下梧桐树，招得凤凰来"，只有企业先设置相应的组织架构，后续才能招来合适且专业的人才。

量化管理体系所给出的这个纵向 5 个层级、横向 7 个专业部门的组织架构，最终所打造的就是一种矩阵型组织，它通过导入项目管理模式，实现矩阵式管理，最终充分调动和激发员工的主观能动性和创造性。

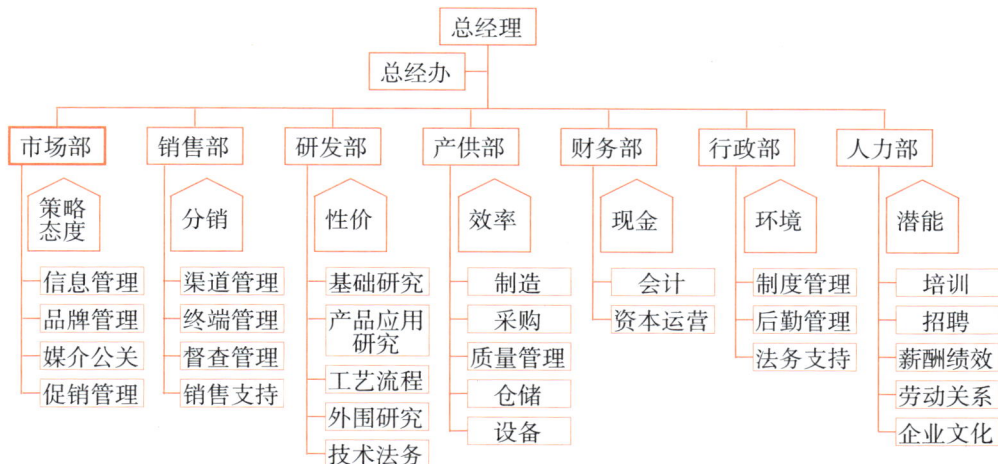

随着企业的不断发展，企业还会设置一些二级部门，不同于一级部门，这些二级部门主要以企业自身实际情况设定。有的企业会设置信息管理部门管理各类信息资料，有的企业则将这一工作分配给品牌管理部门，这些都可以由企业自己确定，但七大一级部门的架构和职能却是企业要固定化的。

04

一级部门职责固定化

　　想要建立组织架构与部门职能契约，首先要做的便是确定每个部门的使命，以市场部为首的七个一级部门各自担负起应尽职责，企业经营便能够持久稳定。

　　部门职责固定化是组织架构与部门职能契约中的重要内容，也是解决企业各部门内耗的重要方法。这种方法通过界定企业中各个部门的使命，来规定哪个部门该做哪些事，让彼此达成共识，不争夺利益，也不空置工作，这就相当于在企业各个层级和职能之间签署了契约。

　　一家企业要想形成一个稳定运营的机制，就不能出现各个部门各自为政，或是所有部门协作意识淡漠的情况。如果那样，企业所有问题都会推到总经理那里，今天这个部门要做什么，明天那个部门要做什么，整个企业像一盘散沙，根本没法形成稳定合力，更不要谈共同实现战略目标了。

　　那些较早引入量化管理的企业，早已形成较为稳定的组织架构与部门职能契约，即使市场形势变化时，也不会大幅度改变原有组织架构，或直接使用新的组织架构。一个成熟且稳定的组织架构契约，可以有效降低企业经营活动中的风险。

　　确定企业内部各一级部门的使命，是构建组织架构与部门职能契约的核心工作。企业领导者要让前端部门无阻碍地发出需求，并确保后端部门能够无条件地跟进实施，这样才能从日常琐事中脱身，站在更高层次处理更为宏观的问题。

```
                                                  ┌─── 知名度
                              ┌─ 市场部：策略态度 ──┤
                              │   S=A×D×P×Ms        ├─── 尝试率
                              │                     │
                              │                     ├─── 忠诚度
                              │                     └─── 市场容量
┌─ 财务规划 ─┐                │
├─ 日常会计 ─┤── 财务部：现金 ─┤
└─ 资本运营 ─┘   C=财务规划×日常│
                会计×资本运营    │
                              │                     ┌─── 终端
                              │   销售部：分销 ──────┤
            部门工作模型 ──────┤   D=C×T×R           ├─── 渠道满意度
                              │                     └─── 覆盖
┌─ 制度管理 ─┐                │
├─ 后勤管理 ─┤── 行政部：环境 ─┤
└─ 公关法律 ─┘  环境=制度管理× │
              后勤管理×公关     │
              法律              │                   ┌─── 基础研究
                              │                     ├─── 产品应有研究
                              │   研发部：性价       │
                              │   P=PL/PS          ├─── 工艺流程
                              ├── =基础研究×产品应 ──┤
┌─ 动机 ─┐ 态度               │   用研究×工艺流程× ├─── 外围研究
│  情境 ─┤                    │   外围研究×技术法务  └─── 技术法务
├────────┤── 人力资源部：      │
│        │   潜能              │
│        │   环境=态度×       │                    ┌─── 采购
┌─ 知识 ─┐ 能力  能力          │                     ├─── 制造
└  技能 ─┘                    │   生产部：效率       │
                              └── 效率=采购×制 ──────┤── QC
                                  造×QC×储           ├─── 储运
                                  运×设备            └─── 设备
```

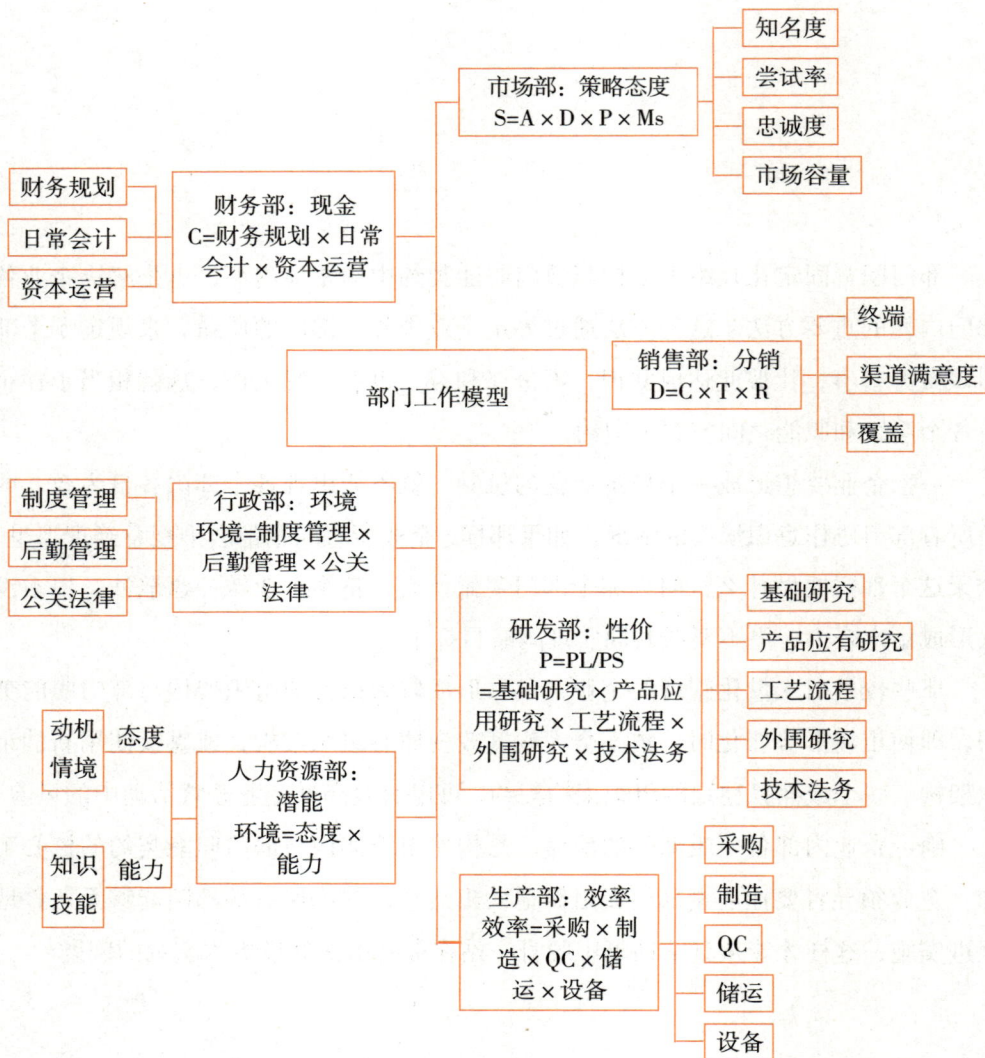

部门工作模型

（1）市场部使命关键字—策略、态度

市场部的使命是通过有效制定策略，提高产品管理、信息管理与品牌推广能力，提升品牌价值。

策略是品牌建设、渠道规划、策略规划、市场调研、广告宣传、竞争对手分析等职能，而态度则主要针对售后服务、客户支持等职能。

市场管理的极致，就是让销售变得"多余"，这并不是让它取代销售部的工作，而是它完成了自己的职能，便可以让销售部更为高效地开展工作。在"狩猎"活动中，市场部是谋划者，它会圈定一个范围，告诉销售部这里有"猎物"；销售部在接到市场部的指令后，会制定具体的"捕猎"方法，派出销售人员，展开"狩猎"活动。如果少了市场部，或者市场部没有掌握定位"猎物"的职能，销售部在开展"狩猎"活动时就会困难重重。

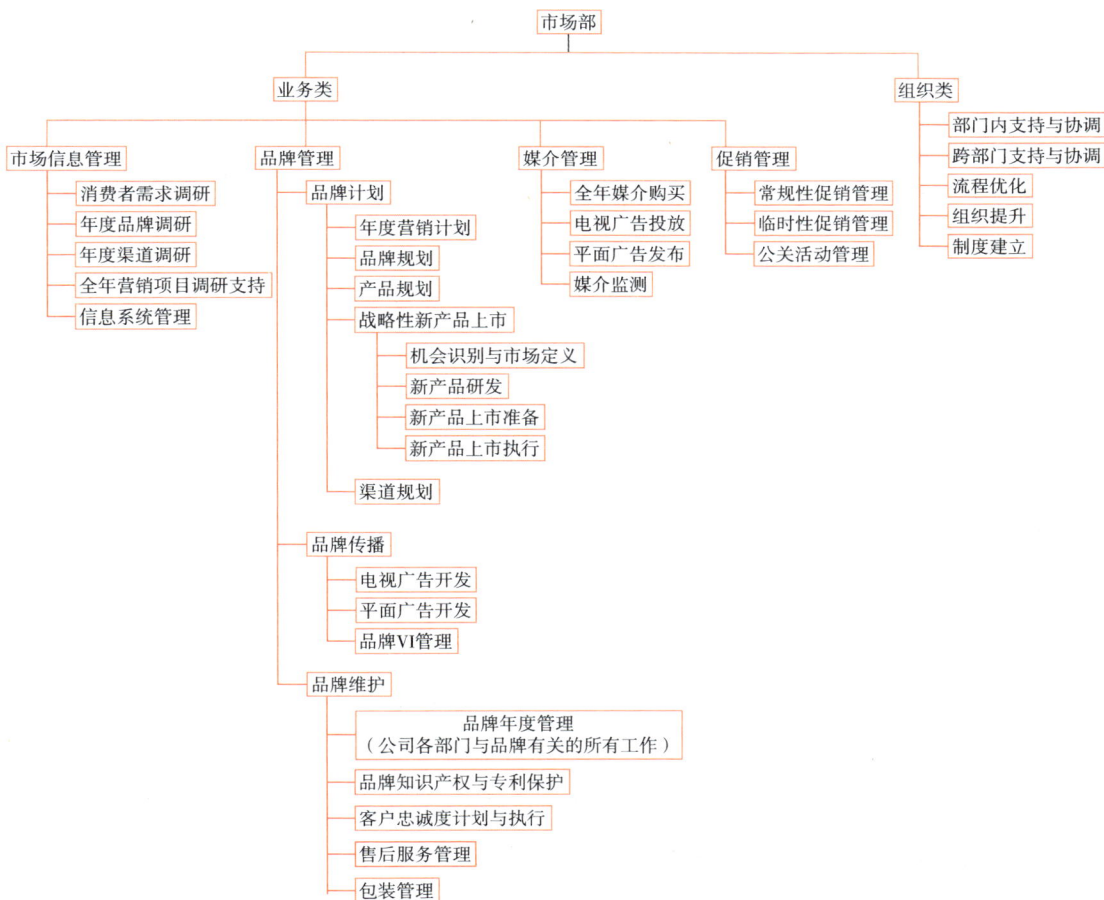

市场部组织架构范例

（2）销售部使命关键字—分销

销售部的使命是通过有计划的终端布局和终端管理，满足品牌终端覆盖、终端表现，确保顾客买得到。

市场部是负责规划渠道的，销售部则是负责打通和维护渠道的。销售部的工作就像是在铺设管道，管道通了，产品才能输送到市场上，销售部要在确保已铺设管道持续畅通的同时，多考虑如何让管道能够连通市场的每个角落。

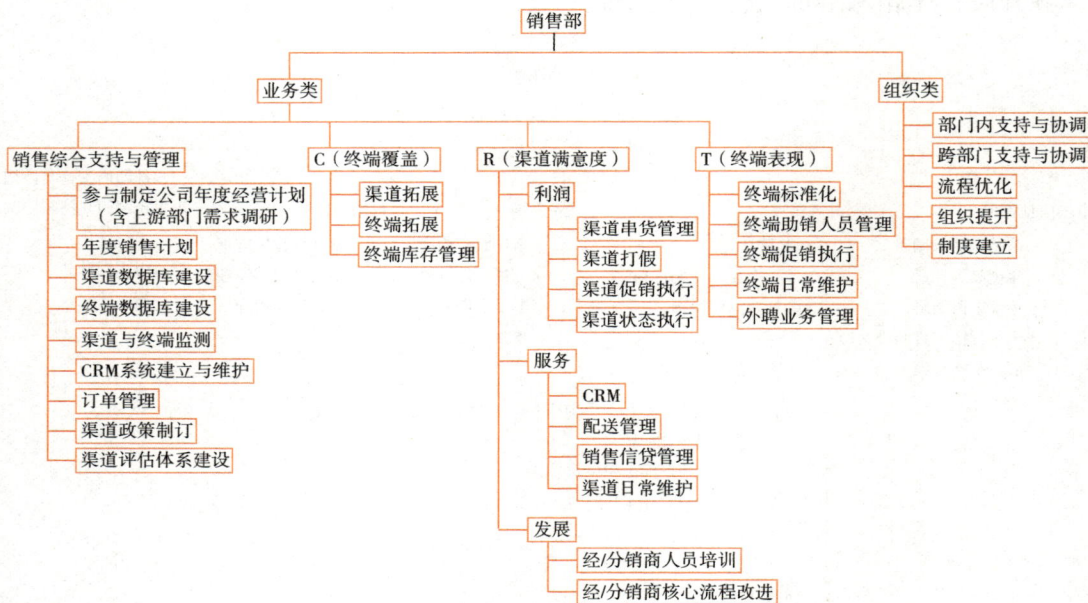

销售部组织架构范例

（3）研发部使命关键字—性价比

研发部的使命是根据市场部提出的策略，高效地满足公司对新产品开发、产品改善、技术优化等需求。

企业设立研发部门，应该将提高产品性价比作为首要工作，要通过技术手段增加产品附加值，提高产品性能或产品的应用水平。

提高产品性能很好理解，比如，研发部研究了一款待机时间较长的手机，这种技术领先就是一种产品性能。提高产品的应用水平也不难理解，比如，研发部研究了一种新的产品包装，这让客户使用这种产品更为方便，这便是提高了产品的应用水平。

上面提到的这两点，都是研发部的职能，但却不是其核心职能。研发部在发挥这些职能时，应特别留意投入和产出的权衡，如果生产这款待机时间较长的手机，成本很高，高到是其他同类产品的数倍，那这种产品不能规模化生产，为企业获取利润。所以，从根本上来说，研发部的核心职能应该是提高产品的性价比，只有这样，才能让产品更具市场竞争力，更能为企业带来收益。

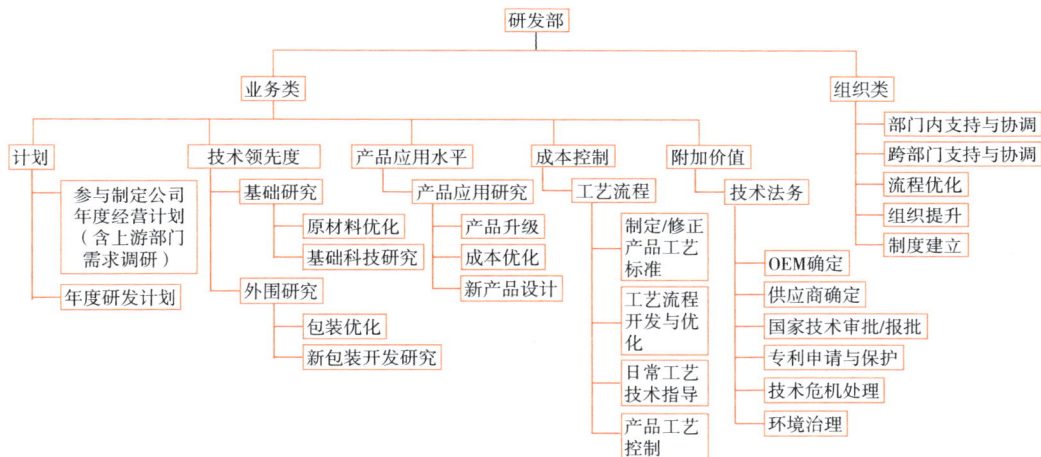

行政部组织架构范例

（4）产品供应部使命关键字—供应

产品供应部的使命是以专业化、标准化的生产模式管理计划、采购、制造、仓储等流程，实现高效率、快响应、低成本的供应链体系，满足公司产品需求。

产品供应部需要解决产品供应问题，其要始终保证市场要多少产品，自己就能供应多少产品。在产品供应过程中，供应效率和供应时间是该部门需要注重的主要问题。

一些做外贸的企业，通常是没有产品供应部的，因为他们认为自己不需要生产产品，这是理解错了产品供应部的主要职能，这一部门的职能不是生产产品，而是供应产品。不管哪一种企业，都要给客户提供产品（或服务），这个产品可能不是自己生产的，但供应却一定是要由企业做的。从这一角度来说，那些没有产品供应部的企业，更可能是供应产品的职能被其他部门取代了。

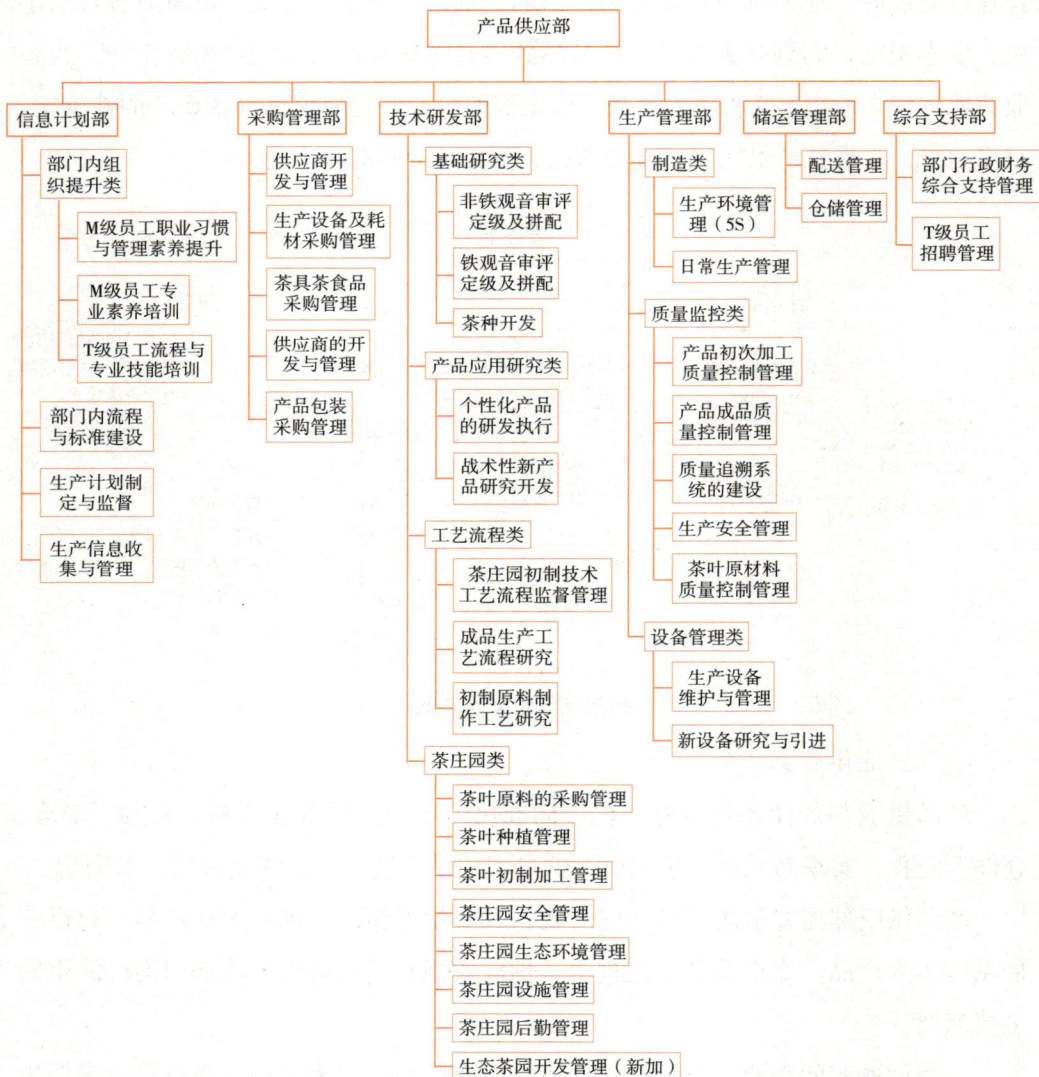

产品供应部组织架构范例

（5）财务部使命关键字—现金

财务部的使命是通过建立严谨、规范、有效的财务管理体系，实现财务资源和财务状况的最优化，满足公司的现金流需求与使用效率。

财务部需要通过良好的财务规划、日常会计管理和资本运作体系保证企业的现金需求，它与其他各组织部门交集最多，对部门协调性的要求也更高。

财务部需要时刻关注企业的现金流是否充足，如果现金流出了问题，后果是非常严重的。对此，企业财务部需要向其他部门提出需求，比如，对销售部提出签署协议的具体要求、汇款时间要多久、能否接受承兑汇票、承兑汇票最长时限是多少，这些都是财务部的职能。

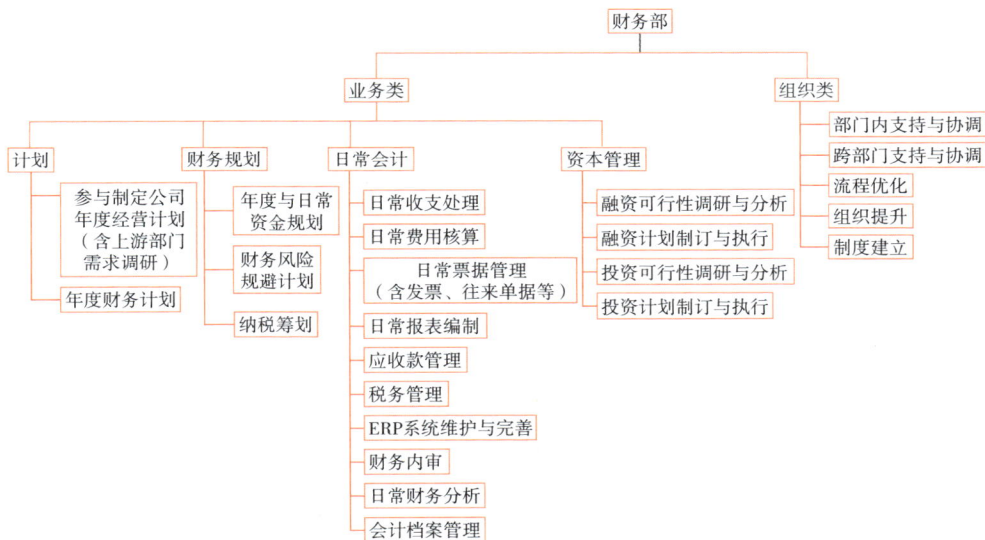

财务部组织架构范例

（6）人力资源部使命关键字—潜能

人力资源部的使命是通过高效、专业的人力资源体系管理，改善人员的态度，激发人的潜能，提高人员的管理能力和综合素质，保障人才满足公司战略发展需要。

为员工支付薪资福利、招聘和解聘人员，是人力资源部的传统职能。但随着经济全球化趋势的演变，企业想要在全球市场中获得一席之地，就要努力建立一个和谐、高效的团队，而这便是人力资源部的新职能。

对于企业来说，资金渠道、战略规划、技术手段都是可以模仿的，但人力资源却是模仿不来的。美国密歇根大学罗斯商学院教授、人力资源领域的管理大师戴维·尤里奇认为："只有大约50%的企业绩效处于管理层的控制之内，其他50%可能源自政府、天气等不可控因素。在可控的企业绩效里，19%取决于人力资源部的素质。"

可以看出，人力资源部在企业中是非常重要的，它除了要发挥传统职能，还要充分挖掘人力资源的潜力，构建一个和谐高效、能扛能打的团队。

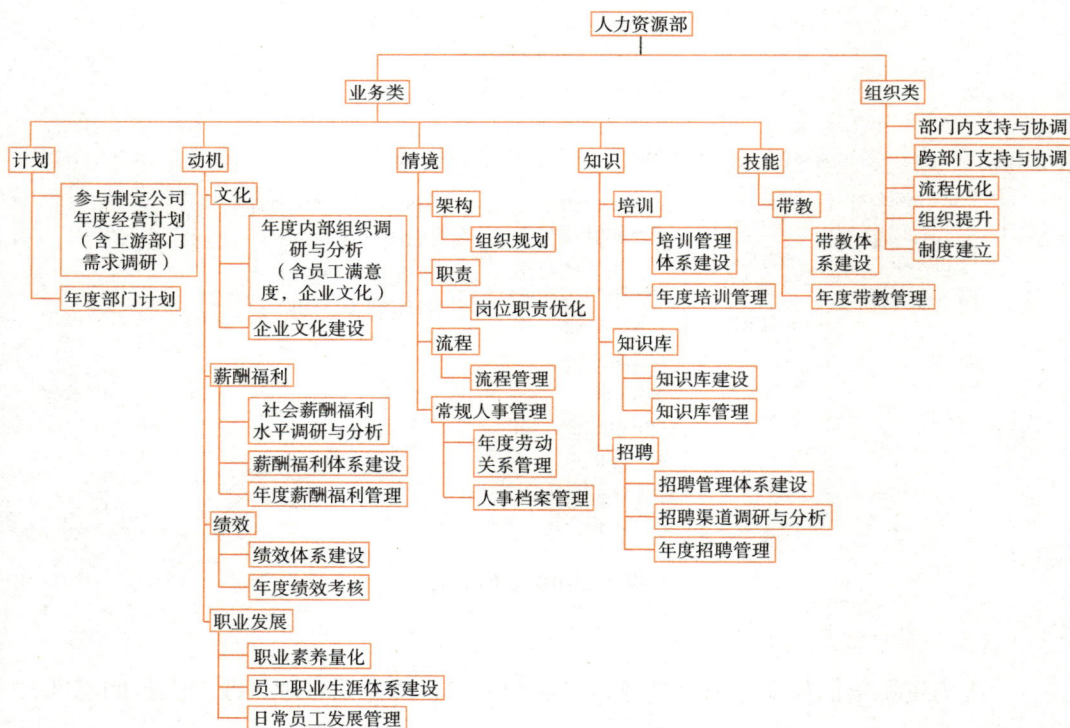

人力资源部组织架构范例

（7）行政部使命关键字—环境

行政部的使命是通过对制度、后勤和法律等的管理，为员工创造一个安全、有序、舒适的工作环境，保证企业稳定的发展。

建设并维护企业环境，是行政部的核心职能。企业管理中的行政工作是系统而庞杂的，制度管理是诸多行政工作中的一个主要内容，不迟到、不早退、不摸鱼……这些都需要由行政部制定制度，并在日常管理中加以维护。除了制度管理，行政部还要负责后勤管理，如车辆管理、食堂管理、办公用品采购……这些也都需要行政部负责。

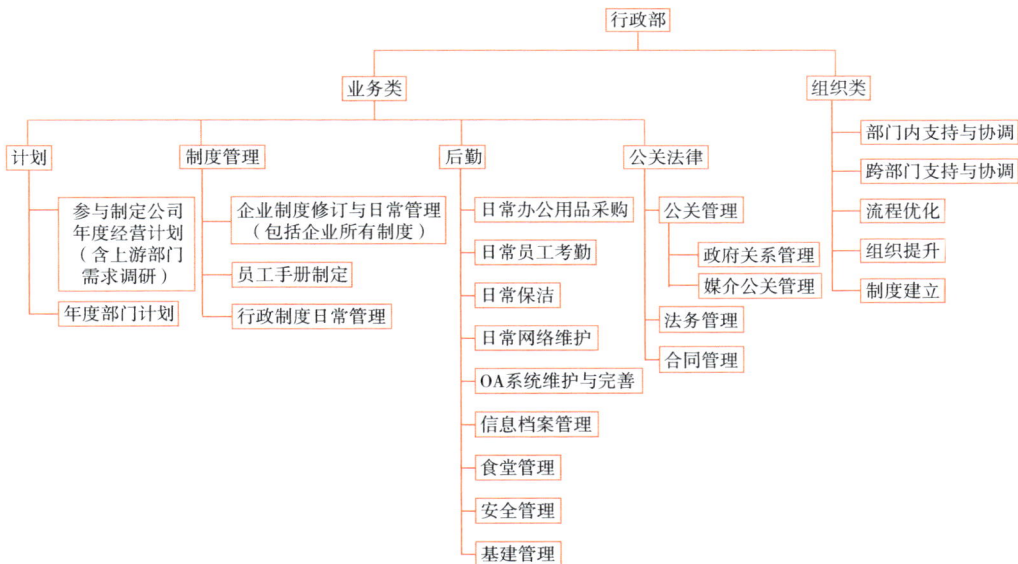

行政部组织架构范例

如果将企业比作人体，那企业的组织架构就是人体的各种器官。市场部相当于人的大脑，它通过神经系统协调其他组织正常运行；销售部相当于人的肠胃系统，它负责消化吸收食物，为组织运行供给养料；研发部相当于人的骨髓，它拥有造血功能，需要不断为组织提供正常运行的基础元素；生产部相当于人的肝脏，它发挥解毒和消化的作用；财务部相当于人的血液循环系统，它需要将含有氧气和营养成分的血液输送到人体各组织器官，维持组织正常的生命活动；人力资源部相当于人的肾脏，它需要负责人体代谢，维持人体体液平衡；行政部相当于人的淋巴系统，它是人体的免疫屏障；这些部门都各自有自己的职责。

第12章

年度经营计划契约，量化企业年
度经营目标

什么是企业年度经营计划

年度经营计划契约是多部门之间相互签订的一个以年为单位的组织约定，其与组织架构与部门职能契约构成了一组长短相结合的组织约定。

很多企业都有自己的年度计划，同时，很多企业也都没有自己的年度经营计划。

为什么这么说？因为很多公司虽然每年都制订计划，但这个计划不是年度经营计划，他们的计划通常是这样的：

第一种，只设定一个目标，然后直接将目标分解给每一个销售人员；

第二种，设定一个目标，然后按以往经验采取一些措施；

第三种，采取分部门的做法，各部门做各部门的年度计划，然后把年度计划汇总成为整个公司的计划。

这些企业的年度计划都存在一些问题：

第一种做法，虽然有目标，但是没有具体的策略；

第二种做法，虽然有设计策略，但这些策略仅凭经验和头脑风暴的方式获得，是不靠谱的；

第三种做法，导致各部门做计划的过程是一个争夺资源的过程，最坏的结果将是企业利润始终上不去，经常处在亏损的边缘。

真正的企业年度经营计划不是简单的指标分解计划，而是事业促成计划；真正的年度经营计划不是猜出来的，也不是定下来的，更不是商量好的，而是算出来的。

年度经营计划是基于企业内部各部门的专业协作，以立项的方式制订计划的一种方式，它既包含对实现年度目标的策略思考，也包含将工作策略转化为具体的工作项目和预算的管理，可以说年度经营计划是现代企业管理中一个重要的组成部分。

企业在制订真正的年度经营计划时，不仅要关注计划的目标，还要格外关注实现计划目标的路径。企业在制定年度经营计划时，不仅要告诉各个执行部门今年需要完成的目标，还要告诉它们应该怎样完成，给它们配备的资源有多少，它们应该怎样控制完成目标的过程，以及完成目标的各个关键点等。

所以说，企业年度经营计划的制订是从目标到措施的分解与细化过程，是从措施到资源匹配的过程，是从资源匹配到资源获取、资源保障的过程，也是企业管理职能支持、过程检查、控制和调整的过程，这个过程同时涉及组织的设置、人员的安排、流程的梳理以及内部考核激励等各个业务环节。

有些企业管理者将经营和销售混为一谈，将年度经营计划当成每年的盈利计划，这是不对的。虽然企业都需要盈利，企业年度经营计划的侧重点也在营销，但年度经营计划不是企业每年的盈利计划，企业在实现盈利需求的同时还得兼顾组织环境、执行效率等外围客观因素。所以，企业年度经营计划是基于执行的组织经营计划，本书所说的经营可以用下面的原则表达：

年度经营计划制订的原则：

　　1. 以战略为导向，由上至下的制订模式，由战略规划到年度经营计划，再到项目；

　　2. 以目标为导向，围绕目标展开，生成策略、需求，再分解为项目；

　　3. 以市场为导向，对市场进行研究分析，发现问题，生成策略，满足客户需求；

　　4. 以协作为导向，整合资源，将市场部、销售部、研发部、产供部通过营销价值链整合在一起。

从上面的原则可以看出，一家企业如果仅依靠营销，很难将企业长久地经营；同样，仅依靠生产或者组织活力，企业也不会长久稳定。比如，粗放型企业在不规则的市场环境中，供不应求，产品只要生产出来就能卖出去，这时生产计划几乎等同于全部经营计划；但是，在成熟的市场环境中，同行业竞争激烈，营销工作就非常关键，这时如果没有适合的营销计划，产品再好也会无人问津；而组织工作是在任何情况下都不能缺少的，即便组织中只有一个成员，他的工作也是实现组织功能的看板。

> **经营 = 组织工作 × 生产工作 × 营销工作**

> **经营与销售的区别：**
>
> 　　**经营：**是指管理者追求企业绩效的行为，是顾客、竞争者以及职工价值观与操作行为的体现，并在此基础上归总形成企业的基本设想与科技优势、发展方向、共同信念和企业追求的目标。从其定义可以看出经营不等于盈利，一个目标、一种观念，甚至是一个遥不可及的理想，都可以成为经营的方向。不论是营利组织还是非营利组织，不论是企业还是机关团体，任何组织都需要依靠经营而存在。
>
> 　　**销售：**就是展示商品提供的利益，以满足客户特定需求的过程。商品包括有形的商品及其附带的无形服务；满足客户特定的需求是指客户特定的欲望被实现，或者客户特定的问题被解决。

　　因此，能够有效提升企业运营效率的年度经营计划，必然是考虑组织工作、生产工作和营销工作的综合性计划，而不是单纯地讨论如何完成销售指标的分解计划。年度经营计划不但要探讨如何制定各部门的工作目标，还要研究如何实现这些目标，只有这样，计划才有意义，否则就是纸上谈兵。

　　此外，经营和管理是分不开的。企业经营不是简单累加，不是一个人一年能实现一万元的纯利润，一万个人一年就一定能实现一亿元的纯利润。因为，当组织规模扩大后，会面临各种问题，这时需要一个能实现分工、协调、沟通、保障、生产、文化建设等组织职能的高效组织，只有这样一个组织才能保障组织成员工作成果的累加。

　　有效制订年度经营计划，是企业从经验型组织转变为科学型组织最关键的里程碑。如果你想自己的企业能长久，那就从有效制订年度经营计划开始吧。

　　企业在有效制订年度经营计划之前，要在基础概念上统一认知，如果基础概念没有统一，直接套用本书的工具、模板、表格和工作模型，不仅不能给企业带来收益，可能还会打乱原本的组织管理秩序，给企业造成损失。

如何有效制订年度经营目标

年度经营目标是企业年度经营计划的核心，是所有具体计划的落脚点，只有确定年度经营目标，才能有效开展后续运营工作。

一个完整的年度经营计划，主要包括战略回顾、年度目标、问题分析与策略制定、立项、预算、执行时间计划、监控计划、风险评估与对策共八个方面，企业需要将这八个方面的内容以书面形式落实到纸上，装订成册，分发给相应管理人员。在这八个方面的内容中，年度经营目标是最为核心的内容。

企业在制订年度经营计划时，需要结合战略契约，从战略规划出发制订具体的年度经营计划。具体来说，企业需要通过企业发展的十三条基本规律，从远景、使命和价值观等角度确定企业的战略规划，而后再根据战略规划，设定企业的年度经营目标。

大多数企业在设定下一年度的经营目标时，多会根据前一年的销售情况，结合当年的市场形势进行预测。这样的年度经营目标其实是不合理的，只有通过调研和分析，利用专业的模型对市场进行分析，才能找到具有可行性又贴合企业发展实际的年度经营目标。

企业的销售不会每一年都按规律增长，即使前年企业盈利 500 万元，去年企业盈利 1 000 万元，今年企业盈利 2 000 万元，明年企业也不一定就能盈利 4 000 万元。简单粗暴地将销售增长目标作为年度经营目标是不合理的，企业销售额的增长与企业在市场中的总体竞争力有关。如果企业能够持续保持较高的竞争力水平，那企业的销售额便可能持续增长；但如果企业没办法持续保持这种竞争力，那它的销售额便很可能出现不规律的下降。

企业的年度经营目标应该围绕整体战略规划制定，并以量化方式进行表述，最终可以通过销售收入、利润率、人均利润和品牌资产四个维度进行展现。

（1）销售收入

销售收入指的是从财年第一天到最后一天里企业主营业务的到账金额，不包括应收款和应付款。

在某些时期，企业可以将销售收入作为年度经营目标，即规定当年要实现多少销售额的增长。相较于其他维度的年度经营目标，销售收入这一指标是比较粗放的，只注重销售规模的增长，而不考虑利润率等其他方面的因素。如果长期以销售收入作为经营目标，企业很可能陷入规模越来越大，盈利能力却越来越小的怪圈之中。

（2）利润率

利润率指的是税后净利润与销售收入相比，这一指标更能反映企业的健康程度。当利润率低于 8% 时，企业便已处于非健康状态之中，此时企业应将利润目标作为企业的第一目标，如果盈利水平不达标，企业便会丧失抵御市场风险的能力。

当企业将利润率作为年度经营目标时，如何提高利润率就成了企业的核心工作事项，原本许多低利润率的业务会被砍掉，企业经营规模也将由此缩减，表面上看企业的销售额可能相对前一年有所下降，实际上企业的利润率却得到了提升。

（3）人均利润

人均利润是用企业税后利润除以企业员工总人数之后得到的数据，是衡量企业竞争力与管理执行力的重要指标，可以反映企业的可持续发展能力。

如果一家企业的净利润很高，但人均利润却很低，那说明这家企业的组织效率是低下的，也就是说它的持续发展能力不强。如果一家企业的净利润不高，但人均利润却很高，那便说明这家企业的组织效率是比较高的，后续随着规模的扩张，企业的净利润便会得到显著提升。

当企业将人均利润作为年度经营目标时，企业年度工作的重点就会变为提升组织效率，与之相应，企业便会对组织结构进行调整，优秀的员工留下继续工作，不合格的员工将被淘汰，让每一个员工都发挥自身的最大产能，这样企业才能在未来的竞争中处于不败之地。

（4）品牌资产

品牌资产指的是企业所拥有的品牌具有的价值。品牌是企业最为重要的无形资产，在关心销售增长的同时，企业还应该注重品牌资产的增长，只有这样，企业才能更为长久地发展。

如果销售收入的增长对于企业发展是一种量的提升，那品牌资产的增长对于企业发展便是一种质的飞跃。对于那些发展趋于稳定的企业来说，将品牌资产提升作为年度经营目标是一种不错的选择，这要比单纯追求销售收入和净利润提升有价值得多，对于企业的长远发展意义也要更为深远。

在确定具体的年度经营目标时，企业可以从上面四个维度中进行选择，选择的依据主要是对企业当前所处阶段的判断。对于生长期的企业，追求销售收入和利润率的增长是很容易实现的；而对于收藏期的企业，追求人均利润和品牌资产增长则是更有价值的。当根据战略规划的相关内容制定出具体的年度经营目标后，企业就要着手制定切实可行的市场策略了。

年度经营计划中的三类项目

根据项目类型的不同，每个项目所获得的资源也有所不同，这些都要在年度经营计划中有所体现。

在量化管理体系中，企业年度经营计划中的所有工作都需要用项目表示，由于项目性质的不同，会出现三种不同类型的项目，即常规型项目、战略型项目和改善型项目。不同类型的项目在年度经营计划中的占比有所不同，其所能获得的资源和所起到的作用也有所不同。

常规型项目	战略型项目	改善型项目
为维持企业正常运营所要做的项目	为企业未来的发展开展的项目	为了改善企业的某种现状、状态开展的项目
·关键词：稳定可靠 ·项目来源：全面项目化	·关键词：立足长远 ·项目来源：战略规划	·关键词：立竿见影 ·项目来源：营销价值链 1）营销策略 2）需求传递

（1）常规型项目

常规型项目来源于企业的日常工作，比如财务部门的报销工作、人力资源部门的招聘工作，以及行政部门的采购工作，这些都是企业的常规型工作，在通过全面项目化进行立项后，便会转变为常规型项目。

企业判断一项工作是否可以划归常规型项目，只要判断不做这项工作，企业是否能够正常运营就可以了。能够正常运营，就说明这项工作是可有可无的，不属于常规型工作；不能正常运营，就说明这项工作是必不可少的，属于企业的常规型工作。

作为企业正常运营的必要条件，常规型项目在年度经营计划中的占比是相对较高的，一般可达到 70%。每个部门都需要从自己的使命出发，建立部门工作树，并利用全面项目化方法，将部门中所有常规性工作转化为一个个常规型项目。比如，企业研发部的使命是提高产品性价比，要通过技术增加产品附加值，提高产品性能或者提高产品的应用水平。那"年度研发计划设计"就是它的一个常规型项目，同时，"部门内的协调与支持"也是它的一个常规型项目。

常规型工作是经常发生，相互之间大多平行、独立的，但我们不能将每一件常规型工作都立为一个项目。对于常规型工作我们一般遵循"50 次异常合并为一个项目"的原则。

这是什么意思呢？假设某企业准备 2022 年实行全面项目化，那么财务部的常规型工作就要全部立项，这时财务部将所有相互独立的工作都列举出来，然后统计每一项工作在 2021 年出现的异常次数，比如报销在 2021 年出现 90 次异常，报表出现 20 次，记账出现 48 次，预算出现 20 次，审核工资出现 10 次。因为报销出现异常次数多，说明该项工作的流程有问题，不标准，正好可以通过立项纠正。按照"50 次异常合并为一个项目"的原则，可以将报销立两个项目，将记账立一个项目，将报表、预算和审核工资合并立一个项目，这样财务部的常规型项目就立好了。其他部门的常规型项目也按照这样的方法去立。

企业立项规范及常规型项目案例如下表所示：

结　　构	说　　明
项目编号	一般为【部门缩写+年份+"-"+项目类型缩写+序号】
项目名称	一般为【时间+范围+宾语+动词】
项目目的	用关键词描述项目达成的状态，一般为【维度+程度描述】
项目目标	项目目的的近似量化描述
项目预算	预估的项目现金支出

续表

结　构	说　明
起止时间	预估项目正式开始及结束时间
项目经理	对项目结果负责，并拥有项目内最高管理权的唯一项目责任人
项目积分（TOU）	T代表时长，O代表复杂程度，U代表不可控性，每一个项目从这三个方面进行评估、打分，然后将其分值相乘得出项目积分

市场部常规型项目案例	
项目编号	SC2021–CG005
项目名称	2021—2022年产品规划
项目目的	完成方法科学的、内容完整的、符合品牌定位的产品规划
项目目标	1.完成一次包括定性、定量的需求调研，定量调研的样本不低于1 000个 2.产品规划报告至少包括需求分析后的产品种类开发和改进方向、基于品牌规划的产品上市的时间布局 3.产品规划报告获得品牌管理委员会基于品牌定位的审核通过
项目预算	4万元
起止时间	2021年1月5日—2021年8月30日
项目经理	刘××
项目积分（TOU）	3×3×2=18分

（2）战略型项目

战略型项目对于企业当年的经营目标没有太大影响，但对于企业完成5年甚至是更为长远的战略目标却有着至关重要的影响。这种项目写入年度经营计划，并不是当年就要看到成果，而是为了说明在此后几年要看到成果，当年需要做好哪些准备工作。

没有引入战略管理的企业，是没有战略型项目的，只有建立完整的战略规划体系，才能围绕具体长远战略建立一个个战略项目。在一个财年内，企业的战略型项目在年度经营计划中占比较低，通常只有10%左右。

战略型项目案例：

销售部战略型项目案例

项目编号	XS2021-ZL002
项目名称	新产品销售
项目目的	完成可盈利的、流程清晰的新产品销售
项目目标	1.完成10个新产品上架 2.盈利要≥15万元 3.完成售前、售中、售后销售流程的制定
项目预算	3万元
起止时间	2021年2月18日—2022年1月31日
项目经理	许××
项目积分（TOU）	5×3×4=60分

（3）改善型项目

改善型项目多是一些补短板的工作，既包括上一年度没有做好的工作，也包括这一年度需要提升的工作。比如，上一年度企业在售后服务方面的工作让客户很不满意，在这一年度的经营计划中，就要有一些具体的项目提升售后服务质量，这些项目便属于改善型项目。主要用来改进企业的一些工作方式或方法，以更好地满足客户需要或企业发展需要。在一个财年内，企业的改善型项目在年度经营计划中占比也不算高，一般只有 20% 左右。

改善型项目案例：

销售部改善型项目案例

项目编号	XS2021-GS002
项目名称	2021年上半年谈判
项目目的	完成需求匹配的、客户认可的、流程标准的个性化客户谈判
项目目标	1.完成不少于20个客户需求的调研，并完成其需求的匹配 2.至少完成4个客户且每个客户15万元产品金额的谈判
项目预算	4万元
起止时间	2021年3月1日—2021年8月31日
项目经理	王××

一些企业在制订年度经营计划时，很容易将改善型项目和战略型项目混淆，比如，一些企业将品牌广告项目作为改善型项目，但对于这一项目具体能够取得何种效果又一时说不清楚。改善型项目是直指目标的，做完这个项目，能够取得何种成果，这是企业在确立改善型项目时必须考虑清楚的问题。如果一个改善型项目在做完后还没办法看到具体成果，那它究竟在改善什么？

企业在第一年制订年度经营计划时，可以先从战略型项目和改善型项目着手，先确立这两类项目，然后再着手确立常规型项目。在确立常规型项目时，也不需要一下子将企业的所有基础工作都转化为项目，循序渐进地一步一步推进项目确立，要比一下子把所有工作全部项目化稳妥得多。

04

年度经营计划的制订流程

企业年度经营计划由市场部按照特定流程制订，每一个具体流程都有具体的工作要解决。

通常情况下，企业年度经营计划由市场部制订，并按照项目管理的思想进行运作，一般按照以下流程制订企业年度经营计划：

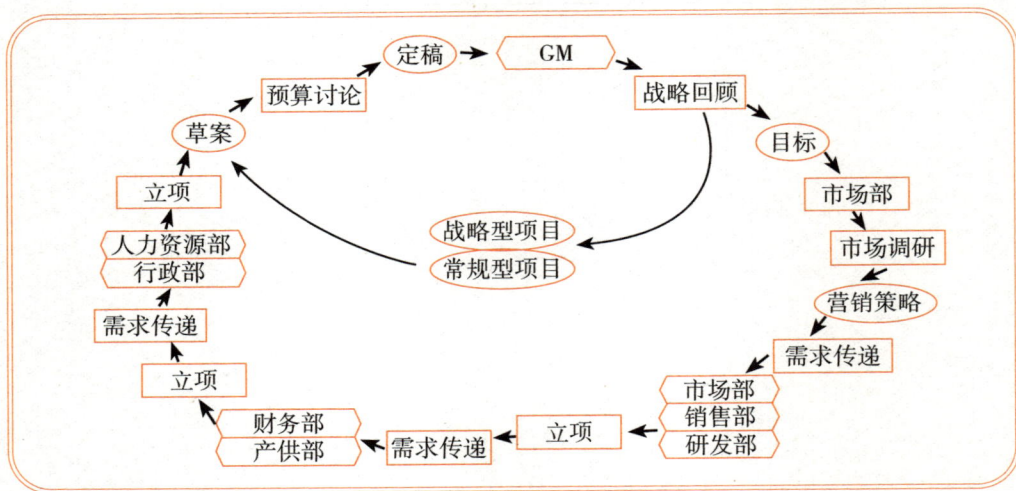

（1）项目启动会

年度经营计划属于常规型项目，每年都需要立项，启动时间根据公司选择的不同财年而不同，如果是第一次做需要提前三个月，等熟悉之后可以提前一个半月开始，不过要根据企业自身的实际情况而定。如果企业选择的财年是 1 月 1 日到 12 月 31 日，可以从上一年的 10 月 1 日启动，到 12 月 31 日结束；如果非常熟练则最晚启动时间为上一年的 11 月 15 日，不过一般为了稳妥，还是 10 月 15 日开始。

启动时间：根据选择的不同财年，提前一个半月到三个月；

项目负责人：市场总监；

参会人员：总经理、副总经理、各部门总监；

会议内容：项目组对项目计划达成共识。

（2）制定年度经营目标

企业管理者根据企业远景确定本年度的战略规划，如果之前已经做过战略规划，那就对之前的战略进行回顾，看目前企业处于什么阶段，然后根据战略规划及市场调研生成本年度经营目标。

这里需要注意控制战略型项目的数量，一般控制在 10 个，最多不要超过 12 个；还要注意每年经营目标的确定不是根据上一年的销售情况简单推算的，而是以战略规划为导向，根据战略的重点确定工作的重点。如果战略要求今年提升利润，那这一年的目标就是利润，所有工作都是围绕这一点开展的。企业的年度经营目标一定是基于战略目标制定的，一定要严格遵守。

一个合理的年度目标的特点：

1. 与企业远景、战略规划、品牌规划目标一致；

2. 与企业目前的资源相匹配；

3. 增长速度要与市场环境相匹配。

（3）制定具体的经营策略

年度经营目标确定后，市场部将围绕年度经营目标进行调研与分析，制定本年度具体的经营策略，以保证经营目标的实现，这些策略也成为立项的基础。经营策略包括宣传策略、渠道策略和性价策略。

（4）前端部门立项

企业前端部门，包括市场部、销售部、研发部，根据年度经营计划策略开始立项，确定部门的预算支出及资源分配，并将自己的需求传递给后端部门。通常是前端部门向生产部提出生产需要，向财务部提出财务需求，然后，销售部、研发部、生产部、财务部再向人力资源部提出人才需求，向行政部提出行政需求。

立项原则：

1. 以实现营销目的为导向；

2. 围绕关键问题与机会，突出重点；

3. 项目要落实到部门工作中。

（5）后端部门立项

后端部门，包括生产部、人力资源部、行政部、财务部，这些后端部门接收到前端部门提出的需求后，经过内部讨论分析后进行优先级排序，将其落实为项目，一一解决前端部门的需求。

前端部门、后端部门的不断立项，就生成了战略型项目、改善型项目，注意战略型项目数量控制在 10 个左右，改善型项目控制在 20 个左右。因为常规型项目每年都差不多，做计划的时候一般不再重复讨论，直接将上年的常规型项目（一般 70 个左右）加进来就可以了，这样 100 个项目加在一起就形成了年度经营计划的草案。

（6）年度预算

企业完成年度经营计划的草案后，交由总经理审阅。因为草案中有每个项目的预算，将其相加就有了年度经营计划的总预算。总经理根据企业战略规划及资源，对项目进行一些调整，跟各部门讨论后，最后将年度经营计划确定。

一般年度经营计划的定稿时间要在新财年开始前 10 天，因为要留一些时间给部门经理部署项目。

（7）宣导

年度经营计划定稿后，总经理、副总经理及各部门负责人要在上面签字。签完字的年度经营计划，由总经理面向全体员工进行宣导，宣导内容包括总预算、时间、各部门的项目编号等，这个时间应在新财年开始之前。

制订完成的年度经营计划，一份交给财务部，让其以此为依据控制年度预算；一份交给人力资源部，让其考核项目经理的工作。

（8）监控机制

企业通过一套有效的监控机制监督年度经营计划的实施，如果发现问题马上进行改正，保障计划的顺利实施。

ADP 营销价值链与
年度经营计划的制订

ADP 营销模型将影响交易的三大因素作为变量，综合考虑企业产品的市场占有率，它可以让企业各部门制定的年度经营计划更为精准、更有针对性。

ADP 营销价值链是在动态变化的市场背景下，以客户需求为起点，客户满意为终点，以提供者和客户两大主体为核心要素组成的需求满足链，它可以优化核心业务流程，降低组织的经营成本，提升企业的市场竞争力，帮助企业建立一套与市场竞争相适应的量化管理模式，从整体上降低组织成本，提高业务管理水平和经营效率。

企业所有计划都要指向客户需求，只有充分满足客户需求，不断创造价值，企业经营才有持续性。企业在做计划定战略时，也需要从客户需求着手，只有抓住客户需求，才能制订切实可行的计划，否则即便完成了一系列计划指标，也无法衡定这些计划指标到底能给企业带来哪些有益变化。

在 100 多年的发展历程中，可口可乐成功经验难以复制，这家公司早期提出的 3A 营销策略理论，值得研究和借鉴。

（1）买得到

可口可乐是一种冲动性购买产品，消费者在购物时并不会专门将其列入采购清单，更多都是随机购买。如果货架上有足够多的可口可乐，消费者就会产生一种冲动，觉得自己现在需要购买这个产品。

可口可乐公司据此建立了客户触手可及的销售网，这便是可口可乐公司的买得到策略。

（2）买得起

可口可乐的单价必须足够便宜，它不能像珠宝、汽车那样，虽然很诱人，却总是让人望而却步。此外，让消费者保持惯性购买，也是可口可乐买得起策略的一部分。

为此，可口可乐在广告语中加入分享的表述，邀请朋友一同共享可口可乐，这样，每次招待朋友时，可口可乐便自然而然成为聚会饮料选择之一。

（3）愿意买

消费者在购买饮料时选择很多，他们既可以喝矿泉水，也可以喝果汁、牛奶，要让他们购买可口可乐，那就必须在心理层次上给予他们特殊的满足。为此，可口可乐将这种满足建立在质量素质和品牌素质的基础之上，用质量和品牌吸引消费者。

买得到、买得起、愿意买这三个因素是相对独立的，根据行为学理论，将这三个因素转化为企业经营相关的范畴，就建立了 ADP 营销模型，这是当前解决市场营销策略的通用模型。

其中，买得到解决的是产品分销（Distribution）问题，买得起解决的是产品性价（Profit）问题，愿意买解决的是客户态度（Attitude）问题。进一步研究发现，市场容量（Market size）也是影响市场营销的关键性要素。于是，一个关于市场营销的量化公式就建立了：

市场占有率(S) ＝ 消费者态度指数（A）× 渠道综合指数（D）× 价格综合指数（P）× 当量（Su）× 市场容量（Ms）

$$S = A \times D \times P \times Su \times Ms$$

愿意买	你听说过的牌子	·知名度
	你购买过的牌子	·尝试率
	下一次购买时，你的选择集合	·重复购买率

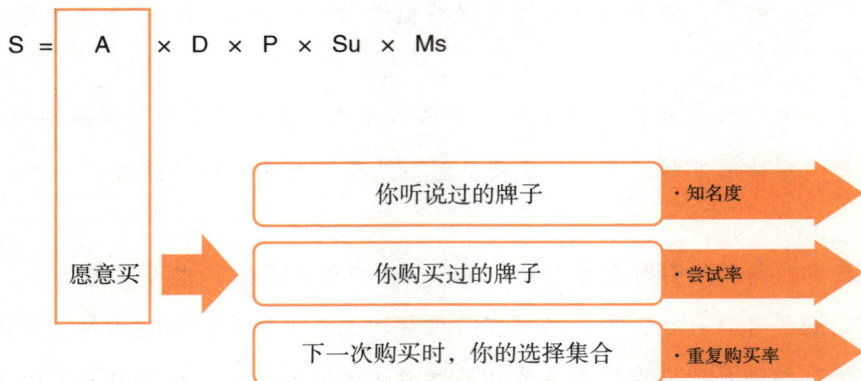

在这个公式中，如果消费者态度指数（A）为零，那其他数据的数值再高，也没有用。比如，某知名商超出售变质肉，看到这一新闻后，消费者自然不愿意购买这个商超的肉了。

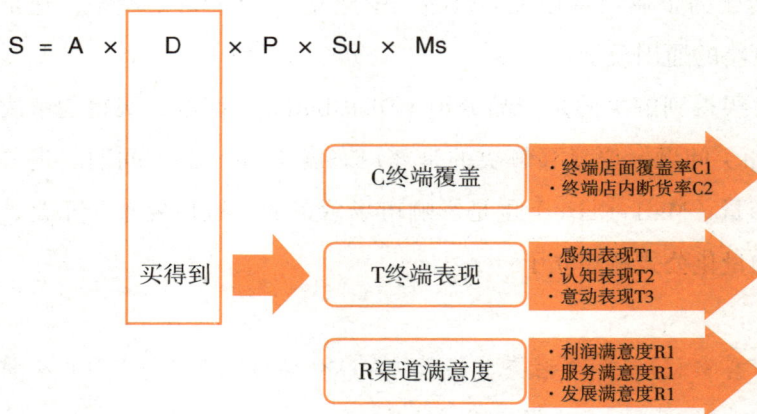

$$S = A \times D \times P \times Su \times Ms$$

买得到	C终端覆盖	·终端店面覆盖率C1 ·终端店内断货率C2
	T终端表现	·感知表现T1 ·认知表现T2 ·意动表现T3
	R渠道满意度	·利润满意度R1 ·服务满意度R1 ·发展满意度R1

渠道综合指数（D）为零，其他数据的数值无论是高是低，也都无法改变其市场占有率（S）为零的结果。比如，某企业生产一款手机，性价比很高，产品质量也很好，消费者对其青睐有加，很多人都愿意买它，但这款手机却只针对亿万富翁群体，即使你有购买这款手机的钱，不是亿万富翁，也根本买不到。

$$S = A \times D \times \boxed{P} \times Su \times Ms$$

买得起 →

整体满意度　→　· 总体满意度 OR

各个方面满意度　→　· 分项满意度 AR

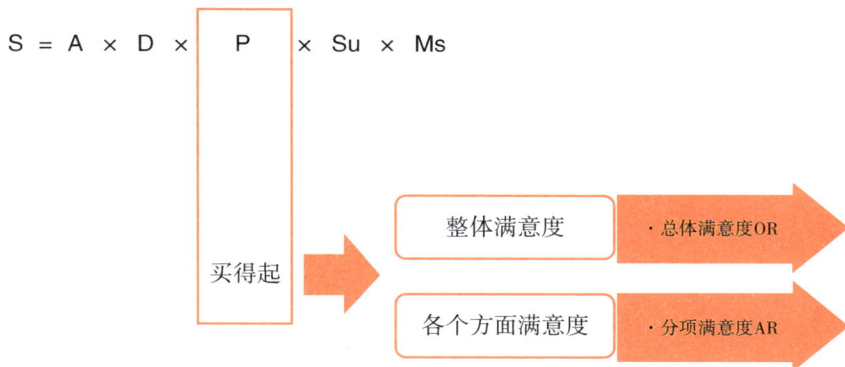

以此类推，在上面五个因素中，只要有一项为零，最终的市场占有率就会为零。因为市场容量（Ms）和当量（Su）是一个客观指数，短期内很少被主观因素所控制，所以可以看成是一个不为零的常数。所以对于市场部来说，想要制订出可行的年度经营计划，解决市场部的策略和态度问题，就一定要从客户态度、渠道状态和价格指数三个因素入手。

> 营销的直接目的是促进消费者与企业达成交易并保持稳定，通常情况下，影响交易的三大主要因素如下：
> A：**消费者的态度**。即消费者对产品的相对喜好程度——愿意买；
> D：**渠道 / 终端因素**。即消费者获得产品的难易度——买得到；
> P：**价格因素**。即消费者获取产品的代价——买得起。

事实上，客户态度（A）问题才是市场部要解决的本质问题，渠道状态（D）是销售部需要解决的问题，价格指数（P）则是研发部要解决的问题。但前面也提到过，市场部要给销售部和研发部提出解决问题的策略，而不能让它们自己分析，所以市场部还要综合考虑这些方面的问题。

企业的市场部要分析整个市场环境，提出产品渠道策略、宣传策略。有些企业家一直都有一个错误的观念，那就是认为销售策略是销售部提出来的。其实，销售的情况要根据市场需求决定，既然涉及市场需求，那就应当由市场部负责。

一个足够强大的市场部，能够让销售部的职能变得更为纯粹。

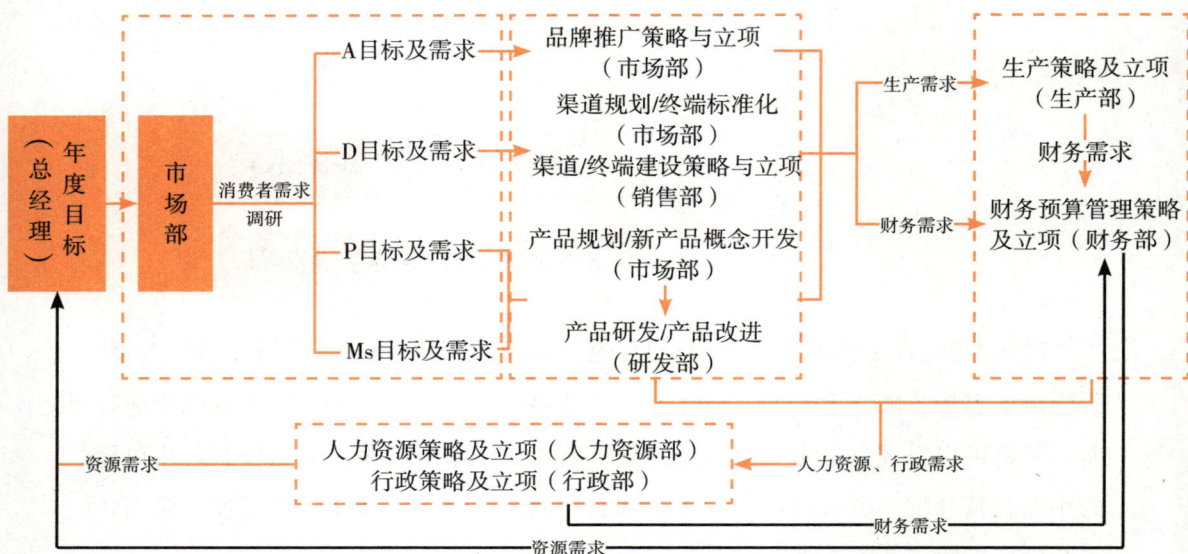

市场部在企业内部作用强大，在 ADP 营销价值链中，其处于第一环节，主要负责了解客户需求，并生成三个方面的策略：

第一个策略是关于渠道层面的策略，主要是对渠道管理提出一系列要求，防止出现断货的情况，这一策略需要传递给销售部。

第二个策略是关于产品方面的策略，主要是生产多少产品，要如何改进产品等一系列内容，这一策略需要传递给研发部和生产部。

第三个策略是宣传推广方面的策略，主要是广告该怎么做，要针对谁，由谁代言等一系列内容，这一策略要传递给推广宣传部。

当市场部将三个方面的策略传递出来后，销售部、研发部和推广宣传部就要将市场部当成客户对待，它们必须服务于自己的客户，并严格执行客户的需求。具体来说，这些部门要通过全面项目化的方式将全年所有工作都用具体的项目形式表现出来，比如，今年三月到四月要分别做一次年度促销、季度促销项目，七月、八月要开展一个攻关项目等。

全面项目化后，根据这些具体的项目，便会产生一系列资源需求，比如关于生产的资源需求，关于预算和费用的财务需求，此时生产部和财务部便要将销售部等前端部门当成客户对待，将这些需求转化为一个个具体的项目。

当生产部和财务部完成立项之后，新的需求便又会产生，此时一个是人力资源方面的需求，另一个是环境方面的需求。举例来说，人力资源的需求产生后，人多了，食堂餐位就不够用了，要扩建食堂，这就是环境的需求。为此，人力资源部和行政部也要根据前端部门的需求完成自己的立项工作。

从这里可以看出，企业中每个部门的工作不是自己定的，也不是领导者安排的，而是根据前端部门的需求确定的。整个企业都以市场需求为中心，各个部门间相互配合，最终才能实现企业发展的长远目标。而将各个部门根据市场部需求建立的项目组合在一起，便能够得到企业的年度经营计划。

年度经营计划的整合制订需要由总经理负责，当几个部门完成立项工作，并做出成本预算后，总经理要根据战略规划目标和成本预算判断企业预期的经营利润，衡量年度经营计划是否可行。如果发现问题，就要将目标提升或降低，而在这个过程中，有些项目会被砍掉，预算也由此减少，其最终目的都是为了获得最大利润。

年度经营计划调整得差不多后，便可以进入项目管理阶段了。各个部门需要制订并发布《年度经营计划》，各部门负责人要在领会《年度经营计划》内容的基础上签字确认，如此年度经营计划才算以契约的形式正式确定。

年度经营计划的预算及调控

年度经营计划的预算并不是所有项目预算的简单叠加，而是综合考虑各个项目的具体情况后制定的一套系统完善的预算方案。

在完成项目的确立后，企业各部门还需要以项目为单位，做出具体的资源需求预算，并最终汇总到年度经营计划 CPS 表单之中。

由于财务状况、人力状况和外部环境等因素，企业没办法对所有部门的所有项目给予足够的预算支持，这就要求企业必须对当年的所有项目进行汇总分析，根据企业当前的实际情况，精确预算每个项目所需要的资金、人力和技术资源，并及时对某些项目进行优化调控，减少不必要的年度经营项目。

在年度经营计划中，与预算相关的概念主要有三个，即总预算、项目预算和机动预算。下面分别对这三类预算进行简要说明。

（1）总预算

总预算是基于年度目标测算的。简单来讲，就是下一年度企业要达成什么样的目标，为了达成这样的目标，可能需要花多少钱，这笔可能要用到的钱，就是年度总预算，其由项目预算和机动预算两部分构成。

（2）项目预算

项目预算就是企业中所有项目的预算。常规型项目的预算、改善型项目的预算和战略型项目的预算，企业各部门所有类型项目预算的综合就是项目预算，一般来说，它会占到总预算的 85% 到 95%，占比相对较高。

（3）机动预算

机动预算就是在总预算中去除项目预算剩余的部分，主要是为了应对突然产生的费用支出。比如市场环境变化，导致原有的项目预算不够；或是项目完成后追加新的项目，需要一定的预算支持。一般来说，这类预算会占到总预算的 5%

到 15%，越是项目管理经验丰富的企业，留出的机动预算越少。

从上面的介绍也可以看出，在年度总预算固定的情况下，机动预算与项目预算是一种此消彼长的关系，机动预算占比多，那项目预算占比就会减少，究竟是多留机动预算好，还是少留机动预算好，还要看企业的实际情况。

如果项目预算预估得比较准确，而且项目管理做得非常好，那机动预算并不需要留太多；但如果对项目预算预估不那么准确，而且项目管理经验比较少，那相对多留一些机动预算也是可以的。15% 这个比例已经是比较高了，超过 20% 的机动预算就属于不正常了。

各部门在将每个项目的预算都做出来后，企业管理层会对各部门上报的项目进行评判，看其是否符合企业经营目标，看其预算是否合理，并且还要看各部门上报的项目预算之和，加上留给总经理的机动预算有没有超过总预算，如果超过总预算，那便要适当删减项目，或是降低某些项目的预算，使两方的预算能够达到平衡。

在增删项目，或是调整项目预算时，企业不能看哪个项目的预算高就削减哪个，而是要遵循一些基本的原则，其中最主要的一个，就是要让需求传递符合营销价值链的流转过程。

通过营销价值链，企业将客户需求从前端部门传递到后端部门，最后变成各个部门的工作项目。企业在增加或删除项目时也要考虑该项目是否在营销价值链流转过程之中，只有那些不在需求传递过程中的项目才可以删减，如果某个项目处于营销价值链之中，那就不能随意将其删减。

附录

完美进化，企业量化管理模式的导入

改变观念、行为的惯性十分艰难。

有些企业有一套已经成为习惯的管理方法。有时候，尽管意识到这套管理方法很难赢得竞争，但是也不愿意贸然改变已经建立的组织秩序。

因此，量化管理体系必须建立一条实现路径，否则就是纸上谈兵。专业棋手和业余棋手最大的差距，而在于专业棋手每天都用心打谱——既然想完成赢的目标，就必须在棋谱中找到赢的路径。

没有基础、没有准备的改革是盲目的，明智的领导者在改变现有管理方式之前，一定要反复衡量实现路径的问题。这就像在医院看病，先要查明病源在哪里，然后斟酌如何用药，最后才能按疗程用药。

明白未必做得到，看见未必拿得到，量化管理需要分阶段、分步骤进行，企图全部展开、一步到位是不现实的。企业在组织进化的路上，必须遵循客观规律，也要充分考虑环境的限制。

战略规划契约、制度契约、期权契约、年薪契约、项目管理契约、岗位职责契约、职业发展契约、薪酬契约、组织架构契约以及年度经营计划契约，是量化管理体系的十大契约，所有管理者都需要在这十个方面与执行者达成共识，共同承担企业运营发展的责、权、利。

企业量化管理十大契约建立在全面项目化和职业素养量化的基础之上。这两项工作是将企业对事的管理和对人的管理重新区分，使之脱离先前主要依靠经验的状态，使用科学管理和持续发展的标准重新度量企业管理的重要手段。

企业组织进化，是一项系统、复杂、庞大的管理变革工程，我们很难将这些纷繁复杂的工作同时展开，也很难在短时间内梳理出企业所有的事务工作。人们的思想观念也无法转变那么快，员工们不可能马上就完全按照领导者的意图配合改造和适应全新的量化管理体系，如果大部分员工无法顺利进入角色，那企业的组织进化便无法实现。

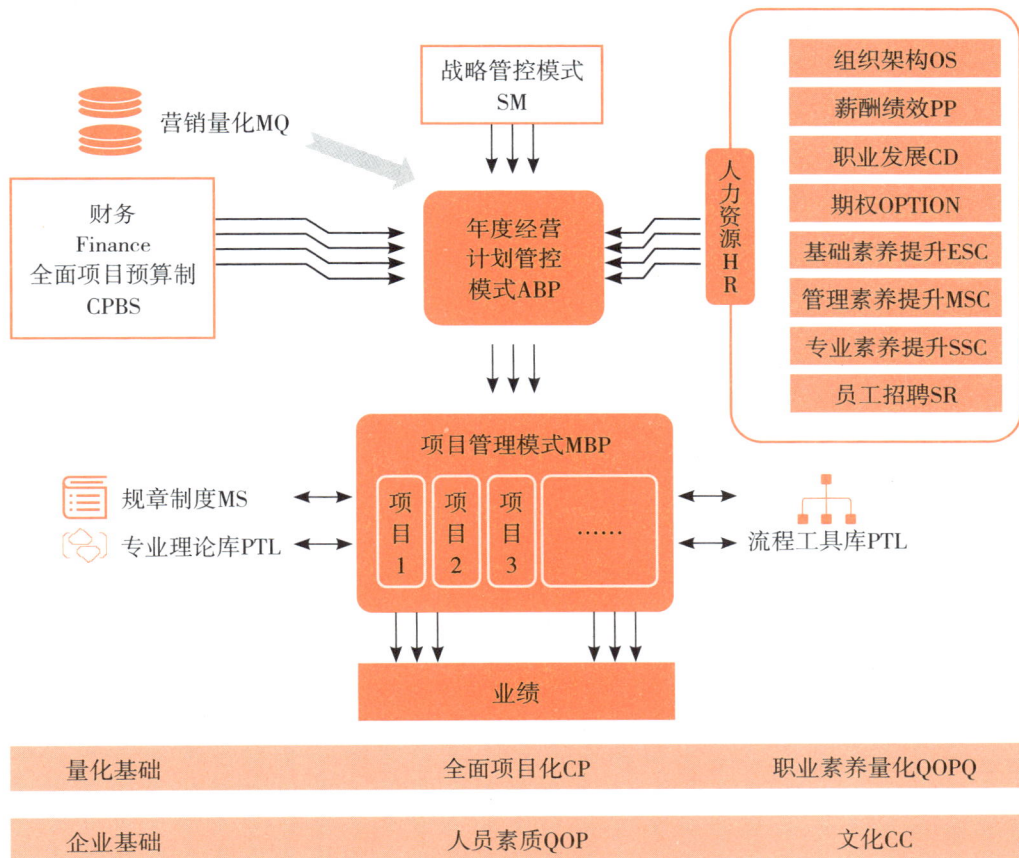

企业运营系统图

面对这种窘境，企业领导者必须思考如何分阶段、分步骤导入量化管理体系，必须解决改革次序问题。企业组织进化如同生命形态进化和科技发展一样，都会经历一个从简单到复杂的过程，其中必然出现一系列具有代表性的阶段，在这一过程中，企业必须遵循一些重要的原则。

在企业组织进化过程中，平衡性是一项非常重要的原则。所谓平衡性原则，就是指企业各个层级、部门、职能同时改进以推动组织整体向更高阶段发展的管理学理论。

飞机的发动机没办法装在汽车上，就是装上了，也用不了，二者是不适配的；汽车的其他部件也无法与飞机发动机协同工作。管理亦是如此，把其他企业优秀的市场部搬到自己的企业中是没用的，因为其他部门很难与市场部配合。

有些企业热衷于搞培训，今天学销售技巧，明天开发平衡记分卡跟踪评估战略，后天又引入六西格玛提升质量控制，一番培训后，有些部门的效率确实提升了，但企业整体的效率却并没有出现相应增长。

难道是企业培训的这些理论和方法不好吗？不是，之所以有些企业搞培训、做咨询没取得预期效果，主要是因为这些理论与方法没有被系统应用到管理实践中，没有真正落地，真正内化为企业自己的管理方法。现在有些企业过分注重在表面技术上做文章，而忽略了自身体制是否能发挥技术优势的问题。

在量化管理体系之下，企业组织的进化之路需要以"协作—专业—精英"的平衡发展进化顺序推进，不能颠倒次序，也不能避重就轻。

1. 协作阶段

企业组织进化的第一阶段是建立协作组织，这是十分重要的一个阶段，忽视这一阶段而盲目开展专业化建设是违背平衡性原则的，很多时候都会得到事与愿违的结果。企业员工在还没有建立协作意识的情况下，进行职能专业化改造是十分危险的。

管理要解决的根本问题，不是那些涵盖了制度、规范、标准等管理方法的问题，而是人的观念问题。管理的作用就是将不同专长的人协调起来，而这以观念统一为必要前提，只有统一了人的观念，才能进一步统一思想和行为方式，才能让人们更好地配合，发挥出一加一大于二的效果。

要解决人的观念问题，企业首先需要分析组织由哪些人组成，而后再去考虑如何影响人的行为方式。一般来说，企业组织由领导者、管理者和执行者组成，专业分工的不同，决定了他们在企业中扮演的角色也有所不同。

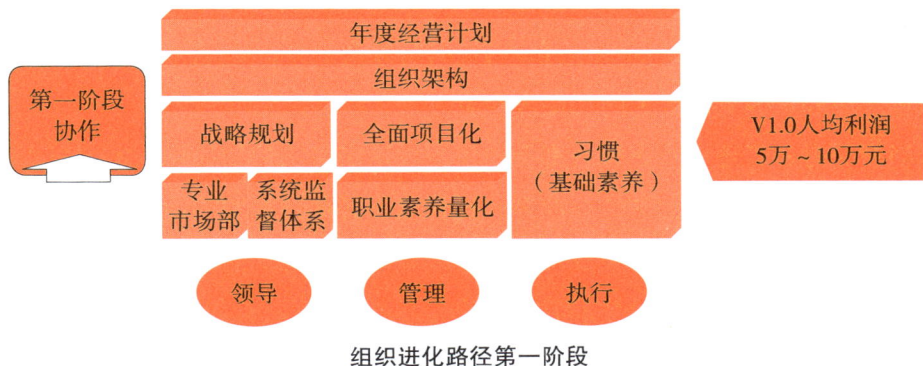

组织进化路径第一阶段

领导者不能跑到生产一线手把手指导执行者具体的工作步骤，更不能自己披挂上阵取代基层执行者。他们是企业决策的制定者，要认真分析各种问题产生的原因，并找到本质性的解决方法，最后将其落实到制度建设上，这才是他们应该扮演的组织角色。

管理者的工作重点是管理，他们不能代替基层执行者完成工作，更不能每时每刻都在讨论战略方针。那些带领团队工作在一线的管理者，并不一定就比运筹帷幄、坐镇指挥的管理者优秀。

执行者需要完成自己所负责的工作，他们可以对企业发展提出建议，却不能将自己当成是战略制定者。

在企业日常经营过程中，职能错位的情况并不少见，究其根本，观念不统一是主要原因。因此，建立协作组织的第一项工作就是实现职能回归。

领导者要时刻掌握企业的发展方向，他们要从战略角度思考企业未来的发展。对于领导者来说，战略规划的制定和执行是他们的主要职责，领导者应建立一个高效的市场部，统筹企业其他部门。此外，领导者还要在组织内部建立系统监管体系，监督管理改革在组织内部的实施情况。

管理者要建立量化管理的两大基础，即全面项目化和职业素养量化，这两项工作的落实，对后续十大契约的建立有着至关重要的影响。

执行者在组织进化第一阶段的主要工作就是养成基础素养，他们要培养一种职业习惯，从最基础的听、说、读、写、行等素养开始，先把小事情做好，而后再慢慢了解和掌握更高水平的职业素养能力。

当领导者、管理者和执行者都能在组织中确定自己的职能后，便可以用组织架构契约将这三类角色协调统一起来，这样组织各部门的职能便可以顺利被企业成员所接受，部门的职责也会变得清晰。如果没经过这个阶段，盲目开始调整组织架构，那最终搭建的只会是一个空架子。

企业完成组织架构契约的导入后，就可以着手执行年度经营计划契约了。组织架构契约既解决了部门分工问题，也解决了年度工作安排问题，这为年度经营计划契约的执行提供了必要条件。

当企业有能力制订并执行年度经营计划契约时，企业内部的协作体系也就正式形成了，这也意味着企业组织进化第一阶段"建立协作组织"工作的顺利完成。在进入这一阶段后，企业也就开始了从经验型管理向科学型管理的计划之路，接下来要做的便是从协作向专业转变，也就是企业组织进化的第二阶段工作。

2. 专业阶段

企业组织进化第二阶段的主要任务是建立并完善组织制度体系，制度看上去好像是管理者的事，但实际上，制度背后所反映的是组织价值观、原则性的问题，其中也蕴含领导者的观念。

（1）领导者的专业

领导者要参与制度建设，并不是指制度契约的建立要以领导者的个人意志为转移，恰恰相反，领导者作为最容易破坏制度体系的人，应该严格约束自己的行为。优秀领导者的专业性正体现在这一方面，他们不仅要为制定企业战略方向作出贡献，还需要根据战略方向建立、完善制度体系。

专业的领导者应该更多将自己当成局外人协调企业的各种内外关系，当局者迷是任何一个人都无法避免的，只有把自己当成一个局外人，反观局内的变化，才能真正做到客观公平，也才能营造一种和谐的组织环境。

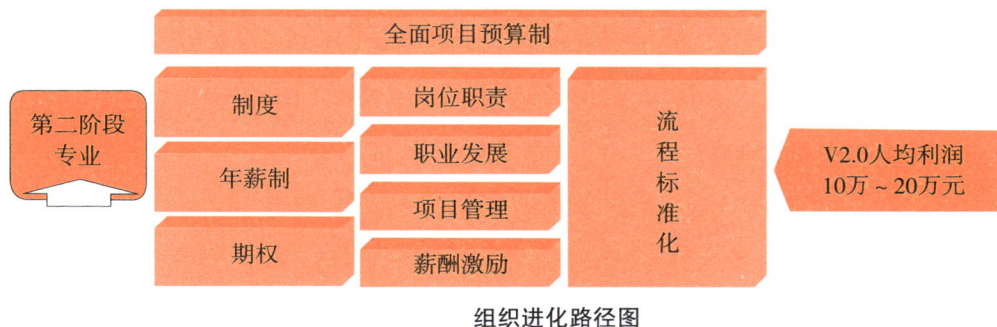

组织进化路径图

在组织进化的第一阶段，这样是可行的，企业领导者作为强力的监督者审视组织架构契约和年度经营计划契约的构建与执行；但到了第二阶段，这份监督权力就应交由制度体系管束，再依靠一个人或几个人监控，很容易出现不公平的情况，严重的还会损害企业的组织活力。

在制度契约之外，企业领导者还需要在第二阶段设计期权契约和年薪契约，这也要求领导者站在局外，给自己和企业高层管理者建立合理的薪酬契约，既要确保高级人才的利益，又不损害企业的利益，这对领导者的专业素养要求是非常高的。

（2）管理者的专业

在领导者之外，管理者的观念也要在这一阶段提升到专业水平，这主要体现在建立职业发展规划契约、岗位职责契约、项目管理契约和薪酬契约上。如果说第一阶段时，管理者的主要工作是对企业的"人"和"事"的管理进行细分，那到了第二阶段，管理者的工作就变成对组织秩序的维护。

职业发展规划契约与岗位职责契约的完善，是对组织与人之间环境的架构，这种环境是企业为员工提供的一种发展空间，员工不应成为企业这艘巨轮上随意更换的零件，而应成为与领导者、管理者一同助力巨轮前行的搭档。只有为员工构建一个公平环境，才能让员工甘心为企业付出。

项目管理契约和薪酬契约的建立，是对组织与事之间环境的架构，这两个专业契约建立了对事务管理的公平性，员工的职业素养能力有多高，为企业做了多少工作，成果怎么样，都会影响企业给予员工的报酬，这种薪酬契约对任何人都是公平的。

（3）执行者的专业

至于执行者的专业，通过刻苦钻研专业技术成为技术专家，自然称得上是专业，但企业并不能要求每一个执行者都朝着技术专家的方向发展。在企业组织进化的第二阶段，执行者应该将第一阶段的行为习惯固化为标准的流程规范，这便是执行者专业水平的体现。

想要让执行者变得专业，常规的方法就是将具体的工作标准化、流程化，最后形成一套可被复制、科学、高效的行为规范。每一个执行者都要按部就班地依据规范进行操作，只要将这套规范化操作流程烂熟于心，那执行者便可以算是一位专业人士了。

在一些自动化水平较高的工厂中，几位基层执行者在几个小时内便可以完成一辆汽车的组装，这就是执行者专业化的表现。在一些智能水平更高的工厂中，基层执行者只要按照规范化流程完成设备操控工作，便能让智能机器人自行完成生产工作，这也是执行者专业化的表现。

（4）企业整体的专业

除了以上三方面的专业，企业组织进化的第二阶段还要求企业整体应具有专业性，这主要表现在建立全面预算制的管理体系上。这是用财务考量的方式将领导者、管理者和执行者的专业水平综合在一起的管理方式。企业建立十大契约体系后，对财务预算的控制能力就会显著增强，每年需要花多少钱，要达到什么目标，取得多少利润，都能以财务方式计算出来。

3. 精英阶段

如果企业组织进化达到了专业阶段，那企业也多半进入了行业头部队列，这是大多数企业通过量化管理都能实现的。但管理是没有止境的，在量化管理之路上，还有一种更高的终极进化形态，那就是精英型组织。

这种精英型组织并不多见，通常这种组织会在行业中处于垄断地位。在这种组织形态中，企业领导者的经营观念已经远超专业水平，其目光不再聚焦在企业的具体任务上，而是更多关注企业的经营文化和组织文化，将精力更多用在企业的文化传承上。

管理者在这一阶段也将维护组织秩序的职能进一步整合，企业拥有了自己的管理大学，可以持续为企业输送合适的人才。在管理大学中，企业员工可以得到专业、有针对性的培养，逐步发展成为企业需要的各种精英人才。

执行者在这一阶段也跳脱了规范化的执行标准，可以充分发挥个人的创新意识，他们在标准的基础上创新，不断自我改良标准，新的规范慢慢取代旧的规范，企业的执行效率也得到显著提高。

知易行难，组织在进化的路途中，在量化管理体系全面实践的过程里，总会遇到各种各样的阻力与困难。企业应该逐渐走向科学管理和科学营销，让企业真正实现基业长青，成为百年企业。

对于我来说，希望大家跟我一起把科学管理、量化管理的思想慢慢推广，让它能够逐步扎根，真的成为企业经营管理和营销的主流思想，让那些以感性、经验为核心的模式能够慢慢地减少，这样企业发展的质量和稳定性才会大大提高。

我在清华大学读书的时候，每天早晨起来都会跟自己说：锻炼身体，健康地为祖国工作50年。我现在已经为祖国工作30年了，还有20年要去工作。

在未来，我将继续和大家一起努力，改变企业的经营管理思想、营销思想，让更多的企业走向科学管理。

企业量化管理表格模板汇总

1. 战略契约模板

战略规划模板

目录
一、关于本战略规划的说明
二、企业发展远景（Vision）
三、企业使命（Mission）
四、企业价值观（Value）
五、战略原则（Principle）
六、公司战略OGSM
一、关于本战略规划的说明
二、企业发展远景（Vision）
三、企业使命（Mission）
1.对社会
2.对消费者
3.对股东
4.对员工
5.对合作伙伴
四、企业价值观（Value）
××××、×××× 诠释：
五、战略原则（Principle）
1.
2.
3.

六、公司战略OGSM

战略目标（Objective）：
1.实现销售额×元
2.成为×行业前×强
3.人均利润率达×元/人

阶段目标（Goal）	执行策略（Strategy）	评估标准（Measurement）
第一阶段——××阶段（20××—20××年） （注明本阶段主题）		
	营销策略： A（消费者态度）类： 1.　　　2.　　　3. D（渠道）类： 1.　　2.　　3.　　4. P（性价比）类： 1.　　　2. 组织类策略： 1.　　　2.　　　3. 资源类策略： 1.　　　2.　　　3.	1.销售额： 2.总利润： 3.人均利润率：

阶段目标（Goal）	执行策略（Strategy）	评估标准（Measurement）
第二阶段——××阶段（20××—20××年） （注明本阶段主题）		
	营销策略： A（消费者态度）类： 1.　　　2.　　　3. D（渠道）类： 1.　　2.　　3.　　4. P（性价比）类： 1.　　　2. 组织类策略： 1.　　　2.　　　3. 资源类策略： 1.　　　2.　　　3.	1.销售额： 2.总利润： 3.人均利润率：

续表

阶段目标（Goal）	执行策略（Strategy）	评估标准（Measurement）
第三阶段——××阶段（20××—20××年） （注明本阶段主题）		
	营销策略： A（消费者态度）类： 1.　　2.　　3. D（渠道）类： 1.　　2.　　3.　　4. P（性价比）类： 1.　　2. 组织类策略： 1.　　2.　　3. 资源类策略： 1.　　2.　　3.	1.销售额： 2.总利润： 3.人均利润率：

2. 期权契约相关模板

期权管理原则模板

期权管理原则

一、总则

第一条　公司原发起人股东将其一定股权比例所对应的利润利益授予公司集中管理，作为期权的来源。符合条件的受益人与发起人股东签订期权赠予协议，成为期权持有人。

第二条　期权的目的是激励高层员工与公司一起实现战略义务。

第三条　本管理原则适用于公司范围内从事期权管理工作及享有期权的在职人员。

第四条　本管理原则的最终解释权归属于×××有限公司股东会(以下简称××股东会)。

二、期权授予

第五条　期权是所有者与经营者的一种契约，但不是所有者必须履行的义务，期权给予属于所有者的赠予行为。

第六条　初始份额授予根据不同职级、入职年限、学历、国家级职称有所差异。

三、期权调整

第七条　期权份额总数的调整与公司年度经营状况紧密相连，根据公司每年经营状况，由××股东会决定是否进行期权总数调整。

第八条　特殊情况的期权调整由××股东会决定。

四、期权分红

第九条　在保证股东利益的同时，对特定员工起到激励作用。

第十条　期权分红金额来源于年度经营利润，××股东会根据业绩利润及下一年度财务预算，确定期权奖金分配总额。

五、期权转股

第十一条　期权转股的规则以××股东会邀约函为依据。

第十二条　期权转股程序符合国家法规。

期权管理规定模板

期权管理规定

一、期权授予

第一条　M1及以上级别享有期权，T5由总经理选择性授予。

第二条　初始期权份额及积分计算标准，详见《期权分配与记录表》。

第三条　员工个人期权授予金额及相关事项，详见《期权授予通知书》。

二、期权调整

第四条　员工个人期权调整的时间为员工的积分变动时或期权追加时。

第五条　员工个人期权追加的上限：员工期权追加后的个人总期权数额不超过该员工上一级职位的初始期权数额。

第六条　当员工的职位发生变动时，所持有期权数额按变动后的岗位初始期权授予数额进行补足或减少，补足或减少部分源（归）于期权池。

第七条　员工个人期权调整，由××部起草《期权调整通知书》，总经理审批，具体流程请详见《期权管理流程》。

三、期权分红

第八条　当期利润是否分红，由甲方三的股东大会决议。如果甲方三的股东大会决议对当期的利润进行分红时，乙方享有分红权。乙方每份期权的价格如何确定，将根据××有限公司（以下简称××公司）当年经营状况及××公司股东大会决议执行。

第九条　员工期权分红金额，以员工当期所持期权数额进行计算。

第十条　员工个人期权分红金额及发放时间，以《期权分红通知书》为准。

第十一条　员工个人期权分红金额由人力资源部核算，财务部发放，并扣除相应的税额。

第十二条　期权分红流程详见《期权管理流程》。

四、期权转股

第十三条　乙方在持有股权期权期间，如果接到甲方一、甲方二共同签署的《期权转股邀请函》时，乙方正式进入股权期权行权期。

第十四条　乙方的行权期为3个月。

第十五条　××公司期权转股采用现金申购方式。××公司股东会出让部分股份，员工个人按约定价格购买获得与可转化期权数额同等份额的××公司股份，由××公司财务部负责工商登记。

第十六条　期权转股流程请详见《期权管理流程》。

第十七条　出现下列情况之一时，员工丧失股权期权及行权资格。

1.不限于因辞职、辞退、解雇、退休、离职等原因与××公司的《劳动合同》终止；

2.丧失劳动能力、民事行为能力或死亡；

3.依法被追究刑事责任；

4.履行职务时，违反国家法律法规，违反职业道德，故意损害××公司及股东利益其中之一的行为；

5.执行职务时的错误行为，致使××公司利益遭受重大损失；

6.出现严重违反××公司规章制度的行为；

7.未完成当年规定的业务指标，并且考核未达标而被公司调整工作岗位的，且该工作岗位又没有被列在××公司《期权管理原则》规定范围内的；

8.员工将股权期权用于设定抵押、质押等担保，或用于出售、交换、赠与及还债等情形一旦被发现时；

9.因严重亏损导致公司资不抵债而宣布破产或解散时；

10.××公司股东大会决议撤销股权期权激励制度，收回股权期权时；

11.××公司与员工协商一致解除本协议；

12.法律法规规定的必须终止股权期权的其他情况出现。

五、附则

第十八条　本细则的修订权和解释权归××公司股东会所有。

第十九条　本细则于20××年××月××日起施行。

期权分红通知书

期权分红通知书

×××先生/女士：

　　关于您的期权分红信息如下：

　　■职位：×××
　　■您现有的受赠予的期权为××万股。
　　■××××年××月××日向乙方分红金额为××元。
　　甲方一：（签字）　　　　　　　　_____年_____月_____日
　　甲方二：（签字）　　　　　　　　_____年_____月_____日
　　甲方三：（盖章）　　　　　　　　_____年_____月_____日
　　乙　方：（签字）　　　　　　　　_____年_____月_____日

提醒：有关期权的信息属于公司的机密，您可以与直接经理或负责的HR经理（×××）讨论上述的相关信息，但不要向其他人士披露或讨论有关期权的信息。

期权调整通知书

期权调整通知书

×××先生/女士：

　　关于您的期权调整信息如下：

　　■职位：×××
　　■××××年××月××日向乙方赠予数量为×万股的期权。您原有受赠予的期权为××万股，加上上述赠予的××万股期权，您现有的受赠予的期权为××万股。

　　甲方一：（签字）　　　　　　　　_____年_____月_____日
　　甲方二：（签字）　　　　　　　　_____年_____月_____日
　　甲方三：（盖章）　　　　　　　　_____年_____月_____日
　　乙　方：（签字）　　　　　　　　_____年_____月_____日

提醒：有关期权的信息属于公司的机密，您可以与直接经理或负责的HR经理（×××）讨论上述的相关信息，但不要向其他人士披露或讨论有关期权的信息。

期权转股邀请函

期权转股邀请函

×××先生/女士：

　　××××年××月××日向乙方提出期权转股邀请，邀请信息如下：

　　■职位：×××
　　■您现有的受赠予的期权为××万股，其中可以转为股份的数量为××万股，转为股份的认购价格为××元/股。支付方式为现金支付。
　　■您的行权期为3个月。

甲方一：（签字）　　　　　　＿＿＿＿年＿＿＿＿月＿＿＿＿日
甲方二：（签字）　　　　　　＿＿＿＿年＿＿＿＿月＿＿＿＿日
甲方三：（盖章）　　　　　　＿＿＿＿年＿＿＿＿月＿＿＿＿日
乙　方：（签字）　　　　　　＿＿＿＿年＿＿＿＿月＿＿＿＿日

提醒：有关期权的信息属于公司的机密，您可以与直接经理或负责的HR经理（×××）讨论上述的相关信息，但不要向其他人士披露或讨论有关期权的信息。

期权分配与记录表

2020—2024年期权分配表（单位：万股）

		股东期权	员工期权	期权池	合计
2020年	实际持权数				
2021年	新增期权数				
	应减期权数				
	实际持权数				
2022年	新增期权数				
	应减期权数				
	实际持权数				
2023年	新增期权数				
	应减期权数				
	实际持权数				
2024年	新增期权数				
	应减期权数				
	实际持权数				

3. 制度契约相关模板

企业制度结构范例

第一章 总则

第一条 为了加强公司的规范化管理，保障公司长期稳定的发展，制定本制度。

第二条 本制度对公司的经营活动、员工与工作职责相关的行为进行规范。

第三条 所有员工在公司制度前一律平等，必须遵守公司制度。

第四条 公司的价值观为：诚信正直、纪律严明、突破自我、传承协作。

第二章 公司内部管理

第五条 每位员工都必须尊重他人。

    1.不对他人进行言语侮辱；

    2.禁止产生由于性别、年龄或残疾所引起的骚扰或胁迫；

    3.禁止员工在工作场所产生任何形式的暴力行为。

第六条 每位员工都有责任发展自己和他人。

    1.每位员工有责任接受培训和培训他人，掌握和提升工作岗位上所需的技能。

    2.每位员工必须基于事实评价他人的工作表现。

第七条 我们以团队协作的形式完成工作，不鼓励个人英雄主义。

    1.团队成员应分享完成工作所必需的信息；

    2.按照设定的流程作出决策（不得议而不决）；

    3.团队成员服从组织的需要，共同实现团队的目标。

第八条 严禁员工利用公司的资源谋取个人的私利。

    1.不接受供应商、客户向个人提供的大额馈赠；

    2.向上级汇报从供应商、客户得到的个人利益。

第九条 员工必须如实地提供公司要求的数据和信息，包括营销、生产、财务和人力资源所需的数据和信息。

第十条 公司为员工提供安全的工作场所。

第十一条 公司必须尽可能地精简和标准化当前的工作，提升管理效率。

第十二条 公司必须重视和奖励优秀的专业技能和卓越的执行能力。

第三章 公司外部管理

第十三条 所有员工不能以任何形式欺骗消费者。

第十四条 公司在互惠互利的基础上与供应商和客户形成合作伙伴关系。

第十五条 不恶意诋毁竞争对手。

第十六条 我们的商品必须符合法律法规对产品安全、质量和包装标注的要求。

第十七条 公司的经营活动必须符合环境保护法律法规的要求。

第十八条 公司依照清晰阐述的目的、达成共识的策略进行经营管理，为股东带来长期而稳定的回报。

第四章 附则

第十九条 本制度的修订由总经办负责。

第二十条 本制度于20××年×月×日开始执行。

4. 年薪契约相关模板

年薪责任书模板

年薪责任书（M类）

姓名：_____

从____年____月____日起至____年____月____日年薪的考核及发放按以下规定执行：

1. 固定薪酬按月度发放，考核内容与制度管理有关，遵照《公司通用奖惩规定》执行。
2. 绩效薪酬按照公司财政年，根据年终绩效考核结果计算后一次性发放，若中途离职，则不享有当年的绩效薪酬；若入职未满一年，则按绩效薪酬实际任职月数进行折算。

计算公式：

绩效薪酬[1] = 总年薪 × 绩效薪酬权重（　）× 公司利润目标达成率 × 个人绩效考核分

您个人承担的绩效考核指标及权重如下：

指标	公司销售目标达成率	公司利润目标达成率	公司人均利润目标达成率	部门年度计划项目达成率	客户（前端部门）满意度	部门组织提升	部门流程建设
占个人绩效分百分比	%	%	%	%	%	%	%

1）公司销售目标：

2）公司利润目标：

3）公司人均利润目标：

4）部门年度计划项目数量：

5）部门M类人员人均素养分提升：

6）部门流程建设数量：

总经理：　　　　　　　　　　　　　年薪制员工：

日期：　　　　　　　　　　　　　　日期：

_____

当公司利润目标达成率≥80%，且个人绩效考核分≥70%时，才可享有绩效薪酬。

年薪责任书（E类）

姓名：_____

从____年____月____日起至____年____月____日年薪的考核及发放按以下规定执行：

1. 固定薪酬按月度发放，考核内容与制度管理有关，遵照《员工手册》执行。

2. 绩效薪酬按照公司财政年，根据年终绩效考核结果计算后一次性发放，若中途离职，则不享有当年的绩效薪酬；若入职未满一年，则按绩效薪酬实际任职月数进行折算。

计算公式：

绩效薪酬^2=总年薪×绩效薪酬权重（　　）×公司利润目标达成率×个人绩效考核分

您个人承担的绩效考核指标及权重如下：

指标	技术目标达成情况 （职责范围内）	客户需求满意度
占个人绩效分的百分比	%	%

1）公司利润目标：

2）技术目标：

总经理：　　　　　　　　　　　　年薪制员工：

日期：　　　　　　　　　　　　　日期：

_____

当公司利润目标达成率≥70%，且个人绩效考核分≥70%时，才可享有绩效薪酬。

5. 岗位职责契约相关模板

市场总监岗位职责说明书

第一部分：职位信息

职位基本资料

职位名称	市场总监	级别	
岗位定员	1人	所在部门	市场部
职位等级	总监	直接上级	总经理
审核方	人力资源部	确认方	总经理
审核日期		确认日期	

职位主要职责

1.作为项目经理推动下列项目的进展
1）SC08 新品牌上市；
2）SC10 公司年度经营计划制订。
2.组织建设
1）建立并完善市场部的整体操作系统；
2）建立数量合理、素质优良的市场建设队伍；
3）建立并完善市场部各经理的培训系统。
3.跨部门协作
1）确保市场部同销售中心工作协同一致；
2）确保市场部与其他部门的紧密合作。

对外及对内联系

对外	客户、第三方公司
对内	公司领导、各部门

监督与管理(直接下属情况)

·职位名称	在职者人数
·品牌经理	1人
·市场推广经理	1人
·总监助理	1人

第二部分：任职要求

为胜任该职位，良好地完成各项职责所需具备的典型的资历要求

工作经验

从事工作年限	3年
相关行业工作经验及年限	不限
本专业工作经验及年限	不限
其他相关经验	项目管理经验

文化程度

学历	本科以上学历
专业要求	不限
其他专业认证资格要求	无

综合素质和能力

1.对市场营销工作有深刻认知；
2.具有敏锐的市场感知、把握市场动态和市场方向的能力；
3.熟悉公关媒体品牌推广运作，具备大型活动的现场管理能力，具有较高的品牌策略能力及整合传播技巧；
4.正直、坦诚、成熟、豁达、自信；
5.高度的工作热情，良好的团队合作精神，优秀的沟通、协调、组织与开拓能力；
6.熟练操作办公软件。

6. 职业发展契约相关模板

员工职业素养卡模板

员工职业素养卡							
初始资料							
建档时间	姓名	部门	岗位	分类	定级	描述	员工签名

职业素养变动记录表				
日期	变动方式	变动内容	结果描述	员工签名

提案书模板

提案书（职业素养量化文案修订时使用）

编号_____

提案背景：

问题分析：

建议解决方案（可另附件）：

备注：

提案人：

提案书（员工职业素养量化时使用）

编号_____

提案背景：

员工职业素养量化结果(可另附件)：

备注：

提案人：

处理意见书模板

处理意见书

处理意见：

审核人：

组织公告模板

组织公告
撰写需要公告的内容
签字： 日　期： 总经理：＿＿＿＿＿ 副总经理：＿＿＿＿＿ 人力资源部：＿＿＿＿＿

述职汇报模板

述职汇报

内容纲要
1.岗位职责
2.过去三个月的工作内容及总结
3.未来一年的学习及发展计划

岗位职责
谈自己所在岗位的职责及理解

过去三个月的工作内容及总结
1.描述过去三个月的主要工作及进展
2.结合个人的理解阐述知识/理论
1）成功经验提炼总结
2）失败案例分析改进

未来一年的学习及发展计划

述职汇报评估表模板

述职汇报评估表

姓名：_____　　　　入职时间：_____

原级别：_____　　　　述职级别：_____

综合评价

A.述职演讲评估

类别	内　容	最差→最好				
关于述职内容	1.知识理解 对专业知识的理解正确					
	2.内容与工作的结合 课程内容兼顾理论与实际相结合	1	2	3	4	5
	3.案例设计 述职所使用案例与知识点/主题联系紧密、贴切	1	2	3	4	5
	4.逻辑 述职主体逻辑性强，结构明了	1	2	3	4	5
关于演讲技巧	1.演讲技巧 讲解详细、生动，能深入浅出地对知识点进行剖析	1	2	3	4	5
	2.处理问题能力 详细耐心地解答听众提问，灵活回应演讲中出现的各种问题	1	2	3	4	5
	3.互动 能适当进行提问，注意与听众互动，结合听众反馈调整语速及表达方式	1	2	3	4	5
	4.培训工具的应用 能合理运用课室培训工具，例如白板	1	2	3	4	5

总得分：_____

说明：各评委直接根据演讲者的表现打分

评估者：_____　　　　_____年___月___日

B.管理素养评估

素养点	事实/证据	权数	0~5分	得分
1.责任心与使命感				
2.分析与解决问题				
3.领导能力				
4.沟通能力				
5.优先设置能力				
6.计划能力				
7.团队精神				
8.创造能力				

备注:

总得分: _____

说明:
1. 管理素养由参加述职演讲的评委打分,主要根据日常工作表现展示出来的能力进行评估。
2. 请各级评估者根据被评估者在日常工作中的表现给各项打分。
3. 各项素质评分的最低分是0分,最高分是5分,请在相应的格子填写数字,把每一项的得分乘以相应的权数,相加为被评估者的素质总得分。
4. 前三项的权数是1,从第四项到第六项的权数是0.8,最后两项的权数是0.6。满分为33分,评委平均分为18分的员工视为合格。
5. 如有需要请在评分栏前记录试用期内观察到的支持您打分的事实和证据,作为参考数据。

专业素养汇报评估表

专业素养汇报评估表			
汇报者：		素养点：	
评分维度		得分	备注
概念（满分30分）	完整性（满分20分）		
	准确性（满分10分）		
逻辑点（满分30分）	关键问题（满分15分）		
	根因的分析（满分15分）		
创新（不设上限）	思想理论（5分一个）		
	理论对应的流程实操性（5分一个）		
总得分			
评委		评估日期	

注：总得分在80分或以上视为通过。

7. 项目管理契约相关模板

项目单模板

项目名称		项目编号	
项目目的			
项目目标及权重	说明：项目总监按单个目标达成的难度、不可控性、耗时设置目标的权重		
项目预算（上限）		项目起止时间	
项目经理		项目基准分	分（T：O：U：）
特殊技术要求	说明：指项目计划书是否需要经过首席顾问和项目总监审核、需要审核的事项		
备注			

任务单模板

任务单			
任务名称		任务经理	
归属项目		任务起始时间	
任务目标			
任务积分			

项目经理签字：　　　　　　　　　　任务经理签字：

日期：　　　　　　　　　　　　　　日期：

任务评分表模板

任务评分	
任务实际起始时间	
任务目标完成情况	
是否提交任务信物	
任务总结与建议	
任务评分及意见（项目经理填写）	

任务经理签字：

日期：

节点任务表格模板

项目节点任务

项目名称：＿＿＿＿＿＿＿＿　　准备日期：＿＿＿＿＿＿＿＿

节点任务名称：						编号：	

工作描述：

里程碑事件：
1.
2.
3.

到期日：

编号	活动	资源	人工		物资		总成本

质量需求：

验收标准：

技术信息：

合同信息：

活动清单表格模板

<table>
<tr><td colspan="3" align="center">活动清单</td></tr>
<tr><td colspan="3">项目名称：_____   准备日期：_____</td></tr>
<tr><td align="center">编号</td><td align="center">活动</td><td align="center">工作描述</td></tr>
<tr><td></td><td></td><td></td></tr>
<tr><td></td><td></td><td></td></tr>
<tr><td></td><td></td><td></td></tr>
</table>

项目简报模板

<table>
<tr><td colspan="8" align="center">×××项目简报——第×周</td></tr>
<tr><td colspan="8">目的：</td></tr>
<tr><td colspan="8">目标：
1.×××××
2.×××××
3.×××××</td></tr>
<tr><td colspan="8">项目计划起止时间：</td></tr>
<tr><td colspan="8">项目经理：</td></tr>
<tr><td colspan="8">关键路径图：
要求：1.含任务经理名称及任务起始日期　2.拖延的任务需要标红，提醒跟进</td></tr>
<tr><td>简报周期</td><td>已完成的任务</td><td>上一简报周期完成的工作</td><td>上周未完成的工作与事由</td><td>下一步的工作</td><td>阶段性成果</td><td>遇到的主要问题/关键过程记录</td><td>拟采取的措施</td></tr>
<tr><td></td><td></td><td></td><td></td><td></td><td></td><td></td><td></td></tr>
<tr><td></td><td></td><td></td><td></td><td></td><td></td><td></td><td></td></tr>
<tr><td></td><td></td><td></td><td></td><td></td><td></td><td></td><td></td></tr>
</table>

项目结束确认函模板

<table>
<tr><td colspan="4" align="center">项目结束确认函</td></tr>
<tr><td>项目编号</td><td></td><td>项目名称</td><td></td></tr>
<tr><td>项目经理</td><td></td><td>项目类型</td><td></td></tr>
<tr><td>已达成目标</td><td colspan="3"></td></tr>
<tr><td>项目成功</td><td colspan="3"></td></tr>
<tr><td>启动日期</td><td></td><td>实际完成日期</td><td></td></tr>
<tr><td>项目成本</td><td></td><td>人力成本</td><td></td></tr>
<tr><td>项目归档确认</td><td colspan="3">签字：　　　　　日期：</td></tr>
<tr><td>项目费用报销确认</td><td colspan="3">签字：　　　　　日期：</td></tr>
<tr><td colspan="2">项目经理签字：　　　　日期：</td><td colspan="2">立项人签字：　　　　日期：</td></tr>
<tr><td rowspan="7">积分分配</td><td colspan="3">项目基准分：××分　　T：×分　　O：×分　　U：×分</td></tr>
<tr><td colspan="2" align="center">项目经理</td><td align="center">项目积分</td></tr>
<tr><td colspan="2"></td><td></td></tr>
<tr><td align="center">专家</td><td align="center">工作内容</td><td align="center">专家积分</td></tr>
<tr><td></td><td></td><td></td></tr>
<tr><td align="center">任务经理</td><td align="center">任务名称</td><td align="center">任务积分</td></tr>
<tr><td></td><td></td><td></td></tr>
</table>

8. 薪酬绩效契约相关模板

人员分类定级说明

类　　别	说　　明	对应目前岗位或级别
L类——领导层	负责公司方向性的把控，重方向感与全局观，一般为董事会（可包含总经理）	总经理
M类——管理类	负责公司内的组织、计划、协调	现有管理类人员，及管理素养测评＞15分的储备管理人员
E类——专家类	掌握较高程度的专业技能，重点解决难点技术问题	具有国家高级专业资格，通过管理测评及现有工作技能水平确定人选（如：技术总监）
A类——文职类	具体事情的执行者，文职类	专员，原来职级体系下的S类及部分M类
T类——技术执行类	具体事情的执行者，带有技术属性	设计师、结构工程师、摄影师、模特、视觉专员、程序员等

薪酬结构范例

单位：元

薪酬结构

类别				职级工资	职级工资级差	全勤奖	车补	餐补
M类	A类	T类	E类					
M8			E4	年薪制	–	–	–	–
M7			E3					
M6			E2					
M5			E1					
M4		T8		13 800	2 000	200	300	400
		T7		11 800	1 500	200	300	400
		T6		10 300	1 100	200	300	400
M3	A5–3	T5–3		9 200	800	200	300	400
	A5–2	T5–2		8 400	800	200	300	400
	A5–1	T5–1		7 600	800	200	300	400
M2	A4–3	T4–3		4 800	600	200	300	400
	A4–2	T4–2		6 200	600	200	300	400
	A4–1	T4–1		5 600	600	200	300	400
M1	A3–3	T3–3		5 000	400	200	300	400
	A3–2	T3–2		4 600	400	200	300	400
	A3–1	T3–1		4 200	400	200	300	400
	A2–3	T2–3		3 800	300	200	300	400
	A2–2	T2–2		3 500	300	200	300	400
	A2–1	T2–1		3 200	300	200	300	400
	A1–3	T1–3		2 900	200	200	300	400
	A1–2	T1–2		2 700	200	200	300	400
	A1–1	T1–1		2 500		200	300	400

备注：M类人员职级薪酬与素养分相关，实行宽带薪酬制，上表仅仅作为在整体
薪酬中的示意，详细工资结构查阅以下表格

续表

薪酬结构

超时奖	超额奖	岗位津贴	项目积分将	年终奖基数 （=系数×职级工资）
				职级工资×4
				41 400
				35 400
				30 900
				27 600
1.超时奖（加班费）按国家规定以职级工资作为基准计算（平时1.5倍，周末2倍，节假日3倍） 2.加班以7.5小时封顶，超出7.5小时的加班转调休	针对设计师、结构工程师、摄影师、运营专员等	针对特定岗位	1.纳入项目组，承担项目经理/任务经理/专家角色才可获得项目积分 2.结合项目管理实施，待年度经营计划确定积分总数后确定奖金系数	25 200
				22 800
				13 600
				12 400
				11 200
				10 000
				9 200
				8 400
				3 800
				3 500
				3 200
				2 900
				2 700
				2 500

备注：M类人员职级薪酬与素养分相关，实行宽带薪酬制，上表仅仅作为在整体薪酬中的示意，详细工资结构查阅以下表格

M 类人员职业素养分与职级工资范例

M类人员职业素养分与职级工资

级别	级别名称	最低职业素养分	最高素养分	素养分薪酬绩效	职级工资（最低）（元）	职级工资（最高）（元）	全勤奖（元）	车补（元）	餐补（元）	超时奖	超额奖	岗位津贴	项目积分奖	年终奖基数（=系数×职级工资）
M1	见习任务经理	11	14	350	3 850	4 900	200	300	400					职级工资1
M2	任务经理	13	19	375	4 875	7 125	200	300	400	1.超时奖（加班费）按国家规定以职级工资为基准计算（平时1.5倍，周末2倍，节假日3倍）2.加班以7.5小时封顶，超出7.5小时的加班转调休	无	针对特定岗位	结合项目管理实施，待年度经营计划确定积分总数后确定奖金系数	职级工资2
M3	初级项目经理	18	26	400	7 200	10 400	200	300	400					职级工资2
M4	中级项目经理	24	33	425	10 200	14 025	200	300	400					职级工资3
M5	高级项目经理	30	39	450	13 500	17 550	200	300	400					职级工资3
M6	总监			年薪制			200	300	400					
M7	副总经理						200	300	400					职级工资4
M8	总经理						200	300	400					

备注：职业素养分包括：基础素养、专业素养、管理素养，三者加总为总体的职业素养分
M类职级工资=该级别职业素养分×该级别素养分薪酬绩效

9. 组织架构与部门职能契约相关模板

市场部职能及项目示例

职　　能	类　　别	项　　目
市场信息研究部	营销支持调研类	××品牌年度品牌跟踪调研
		各品牌消费者需求研究调研支持
		各品牌产品测试调研支持
		各品牌广告测试调研支持
		年度渠道综合指数监测调研
	宏观研究类	行业政策与发展研究
		行业竞品研究
品牌管理	品牌计划类	品牌定位
		品牌发展规划制订
		品牌管理手册及流程制订与修订
		品牌年度经营计划
		销售渠道规划
		产品规划
	新品上市类	战术性新品上市（如老品升级）
		战略性新品上市
	品牌传播类	广告开发
		品牌型公关活动策划与执行监控
		日常促销策划支持
	品牌维护类	品牌日常监测与管理

续表

职　能	类　别	项　目
媒介与公关管理	媒介计划类	媒介计划制订
		全年媒介采购
		媒介分析与趋势研究
	媒介渠道管理类	传统媒体关系维护
		政府关系维护
		新媒体管理
		自媒体运营维护（官方微博、微信）
		危机公关管理
		商标管理、广告审批
	广告投放与监控类	电视广告投放与监控支持
		平面广告投放与监控支持
		网络广告投放与监控支持
部门综合支持	设计、物料支持	物料设计支持项目
	部门法务支持	合同管理
	部门内行政支持	部门事务行政支持
	部门人力资源支持	人员招聘管理
		人员培训管理
		人员绩效与薪酬管理
	部门财务预算管理支持	部门财务预算管理支持

部门岗位职责说明示例

角　色	主要包含模块	说　　明	撰写建议
部门负责人（项目总监）	1）管辖本部门职能	描述管辖部门的业务范围	将部门职能/工作分类打包中的一级职能输入。表述简洁，有需要时，工作分类打包作为附件
	2）作为项目总监的职责	与项目管理挂钩，明确在项目管理中担任的主要角色与职责。一般一级部门负责人为项目总监，二级部门负责人为高级项目经理	项目总监通用，可在示例基础上作补充
	3）部门组织提升	重点在于部门内的人员设置、培养与发展晋升	部门负责人通用，可在示例基础上作补充
	4）内部客户协作支持	后端部门以响应需求、服务前端为主，前端部门以沟通协调为主	部门负责人通用，可在示例基础上作补充
	5）流程建设	在部门中承担流程建设的具体职责说明	部门负责人承担推进本部门流程建立与优化的职责
经理级（项目经理）	1）作为项目经理负责的项目	描述所负责的业务项目	从全面项目化成果（工作分类打包）中输出
	2）部门组织提升	对直接下级的培养	管理层级人员通用，可在示例基础上作补充
	3）流程建设	在部门中承担流程建设的具体职责说明	制定和优化所负责项目的任务流程
主管级（任务经理）	1）作为任务经理负责的关键任务	描述所负责的业务任务	从全面项目化成果（工作分类打包）中输出
	2）流程建设	在部门中承担流程建设的具体职责说明	制定和优化所负责任务的活动流程
专员级（活动人员）	作为活动经理承担的活动	描述具体的执行性活动	从任务中的关键活动聚类

部门素养要求说明示例

素养类别	说　　明
基础素养	基本的商务能力要求，主管级及以上需要掌握听、说、读、写、行五方面的基础素养，活动人员可依据岗位需求进行选择。 基础素养参考： 听——商务聆听 说——商务演讲 读——商务概念 写——商务写作 行——初级项目管理、会议管理、软件技能等 基础素养可结合××公司职业化手册内容进行修订补充
管理素养	管理层人员适用。组织、协调、领导的能力要求，可结合××公司导入的领导力体系 经理级及以上人员建议掌握中级项目管理
专业素养	基于本部门职能或所负责的项目/任务/活动明确所需的专业能力，选择各项专业能力需掌握的程度 掌握的程度可分为三类： 1）掌握理论、方法论及流程：专家、中高层管理人员适用 2）掌握方法论及流程：中层管理人员适用 3）掌握流程：基层管理人员、活动人员适用

10. 年度经营计划契约相关模板

年度经营计划模板

公司2022年年度经营计划模板

一、背景与战略回顾

本文件的制定旨在明确_____公司2022年的工作内容，其中包括公司年度目标与预算上限、年度策略、需求传递、年度公司项目列表和时间排期、项目数量与预算汇总表及年度经营计划的应用。总经理对年度总目标和总预算负责，部门负责人有权对本部门年度计划的项目进行整体统筹。

经战略回顾，公司2022年为战略_____期，主题是_____。

本文件适用于_____公司。

本文件自总经理与部门负责人签名当日起生效。

本文件的解释权归_____公司。

总经理签名：　　　　　　　　各部门负责人签名：

日期：　　　　　　　　　　　日期：

二、公司年度目标与预算上限

1.本财年销售收入（人民币）：_____元。

按_____月_____日至_____月_____日到账金额为准。

2.本财年总支出预算上限（人民币）：_____元。

即，占2022年度销售预计收入目标的_____%。

其中：

1）上述预算支出的_____%（_____元）作为实施年度经营计划的经费支出。

2）总预算支出的_____%（_____元）作为预留费用，由总经理调配支出。

三、年度策略

类别	关键问题	策略	所属部门

四、需求传递

内部需求列表			
提需求部门	接受需求部门	需求	实例

战略改善项目需求列表				
接受部门	问题/改善型项目需求传递	问题/需求解决		需求部门
		项目	项目目的	

五、年度公司项目列表和时间排期

1._____部门:

项目编号	项目类型	项目背景	项目名称	项目目的与目标	项目经理	起止时间	项目预算

2._____部门:

项目编号	项目类型	项目背景	项目名称	项目目的与目标	项目经理	起止时间	项目预算

3._____部门:

项目编号	项目类型	项目背景	项目名称	项目目的与目标	项目经理	起止时间	项目预算

4.总经办：

项目编号	项目类型	项目背景	项目名称	项目目的与目标	项目经理	起止时间	项目预算

六、项目数量和预算汇总表

公司										
类型	部门	部门	部门	部门	部门	部门	部门	总经办	项目数量	项目预算（元）
常规型										
改善型										
战略型										
合计										

七、年度经营计划的应用

年度经营计划用来指导年度工作，项目经理在执行项目过程中应严格遵守项目管理规定，部门项目总监对部门内各项目进行监控，总经办每月抽查项目执行情况，并组织核心资源召开年度经营计划监控会议，保证年度经营计划的顺利实施。

年度经营计划应在遇到以下情况时提出修改：

1.市场中心负责人在年度经营计划监控会议上提出并一致决议修订策略；

2.部门负责人在年度经营计划监控会议上提出并一致决议调整项目名称、目的与目标、预算、起止时间、项目经理。

_____公司

_____年_____月

参考文献

[1] 黄朴民 . 论语 [M]. 合肥：安徽文艺出版社，2021.

[2]C 泰勒 . 科学管理原理 [M]. 马风才译 . 北京：机械工业出版社，2021.

[3] 赫拉利 . 人类简史：从动物到上帝 [M]. 林俊宏译 . 北京：中信出版社，
2017.

[4] 卢梭 . 社会契约论 [M]. 钟书峰译 . 北京：法律出版社，2012.

[5] 伯恩 . 蓝血十杰 [M]. 海口：海南出版社，2020.

[6] 徐业帆 . 关于现代企业管理中组织文化的思考 [J]. 东方企业文化,2014(5).

[7] 马克思，恩格斯 . 马克思恩格斯选集 [M]. 中共中央翻译局译 . 北京：人民
出版社，1995.

[8] 张银岳，董立群 . 西方管理思想史的解读方式及其演进的经济学资源 [J].
管理科学文摘，2005（7）：14-16.

[9] 郭咸纲 . 西方管理思想史 [M]. 北京：经济管理出版社，2004.

[10] 诺斯 . 经济史中的结构与变迁 [M]. 陈郁，罗华平等译 . 上海：上海人民
出版社，1994.